臺灣歷史與文化 研究輯刊

四 編

第 21 冊

臺灣客語勸世文之研究
——以〈娘親渡子〉為例（下）

楊寶蓮 著

花木蘭文化出版社

國家圖書館出版品預行編目資料

臺灣客語勸世文之研究——以〈娘親渡子〉為例（下）／楊寶蓮 著 — 初版 — 新北市：花木蘭文化出版社，2013〔民102〕

目 8+268 面；19×26 公分

（臺灣歷史與文化研究輯刊 四編；第 21 冊）

ISBN：978-986-322-503-4（精裝）

1. 客家民謠　2. 勸善

733.08　　　　　　　　　　　　　　　　102017411

ISBN-978-986-322-503-4

9 789863 225034

臺灣歷史與文化研究輯刊

四　編　第二一冊　　　　　　ISBN：978-986-322-503-4

臺灣客語勸世文之研究
——以〈娘親渡子〉爲例（下）

作　　者	楊寶蓮
總 編 輯	杜潔祥
出　　版	花木蘭文化出版社
發 行 所	花木蘭文化出版社
發 行 人	高小娟
聯絡地址	235 新北市中和區中安街七二號十三樓
	電話：02-2923-1455／傳眞：02-2923-1452
網　　址	http://www.huamulan.tw 信箱 sut81518@gmail.com
印　　刷	普羅文化出版廣告事業
初　　版	2013 年 9 月
定　　價	四編　22 冊（精裝）新臺幣 50,000 元

臺灣客語勸世文之研究
——以〈娘親渡子〉為例(下)

楊寶蓮　著

目
次

譜　例

第六章 〈娘親渡子〉的襯字、行腔做韻

　　客語說唱要受聽眾歡迎，除了內容要精彩之外，聲情更是重要，聲情主要是展現歌者的襯字與行腔做韻的功力。客家山歌詞一般都是七言四句的整齊句，假使整首說唱也是整齊的詩句，難免呆板無變化，故歌者在說唱時會加入襯字，形成詞曲風格的什唸化，並注意行腔做韻，使詞情、聲情達到更好的配合。〈娘親渡子〉的七位歌者處理襯字、行腔做韻的方式不同，即產生不同的風格。本章即針對此一問題探討之。

第一節 〈娘親渡子〉襯字技巧

　　徐扶明《元代雜劇藝術》中指出：在規定的字數之外，由填曲者、演唱者自由增入的字，叫做「襯字」。燕南芝庵《唱論》稱爲「添字」[註1]，後世戲曲又稱爲「墊字」。襯字的運用，早在《詩經》就有了。唐代敦煌俗曲也有用襯字的。說唱文學中往往增入較多的襯字，因爲有了襯字，既可使呆板句式變得靈活一些，以利於表達思想、內容；又可以在唱時分別正、襯，使音節有輕有重，聲音更婉轉動聽。宋元時代，無論南曲戲文，或者北曲雜劇，都普遍地採用襯字。後世戲曲，除曲牌體用襯字外，板腔體也用襯字。[註2]

〔註1〕〔元〕燕南芝庵〈唱論〉，收錄中國戲劇出版社：《中國古典戲曲論著集成》第1集（北京：中國戲劇出版社，1982年11月4版），頁162。

〔註2〕徐扶明：《元代雜劇藝術・第十三章　襯字》（臺北：學海出版社，1997年5月），頁305～321。

王驥德《曲律》說：「古詩餘無襯字，襯字自南北二曲始。北曲配弦索，雖繁聲稍多，不妨引帶。南曲取按拍板，板眼緊慢有數；襯字太多，掄帶不及，則調中正字反不分明。」〔註3〕詩、詞、曲是同源，故本論文亦兼用詩的角度來探討〈娘親渡子〉。

一、襯字位置、用字及數量

若以楊玉蘭的〈娘親渡子〉（即〈玉蘭勸世歌〉）版本爲基準，全文共 128 句，以正字來算，其句長及句數，分配如下：

〔表6-1〕〈娘親渡子〉句長、句數分析表

句 長	三言	四言	五言	六言	七言	九言	十言	十一言
句 數	12	2	32	3	65	9	2	3
百分比	9.4	1.6	25	2.3	50.8	7.0	1.6	2.3

王驥德《曲律》：「凡曲，自一字句起，至二字、三字、四字、五字、六字、七字句止；惟【虞美人調】有九字句，然是引曲，又非上二下七，則上四下五。若八字、十字以外，皆是襯字。今人不解，將襯字多處亦下實板，致主客不分。」〔註4〕王驥德認爲一個曲子，若是八字、十字以外，皆是襯字。

〈娘親渡子〉以七言爲主，以五言爲輔，正字有九言、十言、十一言的。藝人在演唱時，往往會加上襯字，加何種襯字？位置又是如何安插？茲以筆者整理的楊玉蘭、邱玉春、李秋霞、胡泉雄、黃鳳珍、古華光、連仁信的唱詞來探討其處理方式：

（一）三言

謝榛《四溟詩話》：「〈江有汜〉，乃三言之始。迨〈天馬歌〉，體制備矣。」〔註5〕嚴羽《滄浪詩話》：「三言起于晉夏侯湛」〔註6〕三言詩起源得很早，《詩

〔註3〕 〔明〕王驥德著，陳多、葉長海注：《曲律·論襯字第十九》（長沙：湖南人民出版社，1983 年 9 月），頁 126～127。

〔註4〕 〔明〕王驥德著，陳多、葉長海注：《曲律·論襯字第十九》，頁 126～127。

〔註5〕 〔明〕謝榛、王夫之：《四溟詩話》（北京：人民文學出版社，1961 年 6 月）。

〔註6〕 〔宋〕嚴羽：〈滄浪詩話〉，王雲五主編：《叢書集成初編·娛書堂詩話及其他三種》（上海：商務印書館，1926 年），頁 10。

經・江有汜》即是三言詩，最慢在晉代也普遍可見了。

　　在〈娘親渡子〉中三言的句子不多，如：「游得過，　个貨」、「又愛樵，又愛草」、「分子食，分子嚐」、「子來笑，哀來笑」，事實上，它是七言拆成 33 的變化體。各歌者對此類襯字的情形如下表：

〔表 6-2〕〈娘親渡子〉三言襯字處理表

楊　版	邱　版	李　版	胡　版	黃　版	古　版	連　版
游得過，_就个貨	游得過，_就个貨	游得過，_就个貨	游得過，_就个貨	游得過，_就个貨	游得過，_就个貨	游得過，_就个貨
又愛樵，又愛草	又愛樵，又愛草	又愛樵_來，又愛草	又愛樵，又愛草			
_就揸子食，_就來揸子嚐	就分子來食，个分子嚐	就分子食，分子嚐	就分子來食，个分子嚐			
子來笑，哀來笑	子來笑，_乜哀來笑	子來笑，_就哀來笑	子來笑，_乜哀來笑	子來笑，哀來笑		

　　由上表可知：

1. 三言若有襯字，大都增一字，變成四言且放在句首當發語詞，有過渡性質。連同前一句，就變成一般七言的山歌詞了，邱玉春、李秋霞、黃鳳珍等把它稱爲「探橋」，如同要渡河到對岸，要涉水而過，多所不便且危險，所以架設一小「便橋」，以便過渡。唱歌也是如此，有襯字時較易表現歌的韻味及意義。

2. 三言的襯字，常用虛字「就」、「來」、「个」、「乜」，也有用實字的代名詞「　」（華語「我」），例如：邱版、胡版：「又愛樵，　又愛草」。

3. 照中國詩歌的語言旋律，三言一般也可細分成「2－1」的音步，所以邱、胡二人在唱「分子食」時，除了在句首增「就」字外，在「分子」和「食」之間增「來」字，形成「_就／分子／_來／食」，比「_就／分子／食」多一個音節。

（二）四言

　　《詩經》是中國北方最早的民歌總集，以四言爲定格，以實字爲主。〈娘親渡子〉中，四言的句子，只有「籃子　等」、「就有目的」等，各歌者對此類襯字的情形如下表：

〔表6-3〕〈娘親渡子〉四言襯字處理表

楊　版	邱　版	李　版	胡　版	黃　版	古　版	連　版
籃仔<small>就來</small>等	籃子　等	籃子　等	籃子　等			
還有目的	阿姆<small>就</small>有目的	阿姆<small>就</small>有目的	阿姆<small>就</small>有目的		阿姆<small>就</small>有目的	阿姆<small>就</small>有目的

　　在韻文學中，音步是以兩字爲一音節，四言可分成「2－2」結構。「籃仔等」，楊、邱、李、胡皆無襯字，楊在「籃仔」和「　等」之間加「就來」。「就有目的」，邱、李、胡皆增實詞的名詞「阿姆」。

　　由此也知，〈娘親渡子〉的四言也類似《詩經》的四言，相對穩定，多不加襯字，否則增二字，形成六言。

（三）五言

　　五言詩起於李陵蘇武。〔註7〕魏晉南北朝是中國五言詩的黃金時代〔註8〕，〈娘親渡子〉中的五言句不少，歌者對此類襯字的情形：

1. 2－3

　　大部分是照意義結構「2－3」來分節，然後在「2」、「3」之間加襯字，形成六言，常用的襯字有虛字「就」、「个」、「來」。如：

〔表6-4〕〈娘親渡子〉五言襯字處理表之一

楊　版	邱　版	李　版	胡　版	黃　版	古　版	連　版
阿姆<small>个</small>肚屎大	阿姆<small>个</small>肚屎來大	阿姆<small>个</small>肚屎來大	阿姆<small>个</small>肚屎來大	阿姆<small>个</small>肚屎大	阿姆<small>个</small>肚屎大	阿姆<small>个</small>肚屎來大
燒个<small>都</small>毋敢食	燒个<small>就</small>毋敢食	燒个<small>就</small>毋敢食	燒个<small>就</small>毋敢食	燒个<small>來</small>毋敢食	燒个<small>就</small>毋敢食	燒个<small>就</small>毋敢食
冷个<small>就</small>毋敢嚐	冷个　<small>就</small>毋敢嚐	冷个<small>就</small>毋敢嚐	冷个　<small>就</small>毋敢嚐	冷个<small>就</small>毋敢嚐	冷个　<small>就</small>毋敢嚐	冷个　<small>就</small>毋敢嚐

〔註7〕　〔宋〕嚴羽：〈滄浪詩話〉，王雲五主編：《叢書集成初編・娛書堂詩話及其他三種》，頁10。

〔註8〕　魏晉南北朝是中國五言詩的黃金時代。它從建安時期奠定了堅實的基礎，再經過阮籍、左思、陶潛等一系列詩人的努力，不僅作家、作品日益增加，藝術技巧也不斷提高。

子兒就愛下世	子兒就愛下世	子兒就愛下世	子兒就愛下世	子兒就愛下世	子兒就愛下世	子兒就愛下世
阿姆个肚屎痛	阿姆个肚屎痛	阿姆个肚屎來痛	阿姆个肚屎來痛	阿姆个肚屎痛	阿姆个肚屎來痛	阿姆个肚屎來痛
得人就雞酒香	得人个雞酒香	得人个雞酒香	得人个雞酒香	得人个雞酒香	得人个雞酒香	得人个雞酒香
得人就四塊板	得人个四塊板	得人个四垤枋	得人个四塊枋	得人个四塊枋	得人个四塊枋	得人个四塊枋
子兒就下男了	子兒就愛下世	子女就來下世	子女就來下世	子兒就來下世	子兒就愛下世	子兒就愛下世
得人个四塊板	也係來手腳少	也係來手腳少	也係就手腳少			
轉到就半路項	轉到來半路項	轉到來半路項	轉到來半路項			
遽遽就解下來	阿姆斯解下來	阿姆就解下來	阿姆就解下來			
第一就先換子	第一就先換子	第一就先換子	第一就換子			
河壩就慢慢洗	河壩就慢慢洗	河壩就慢慢洗	河壩就慢慢洗	河壩來慢慢洗		
洗到就血洋洋	洗到个血洋洋	洗到就血洋洋	洗到个血洋洋	洗到來血洋洋		
壁上就慢慢披	壁上來慢慢披	壁上就慢慢披	壁上來慢慢披			
竹篙來慢慢晾	竹篙个慢慢晾	竹篙就慢慢晾	竹篙个慢慢晾			
流下就無流上	流下就無流下	流下就無流上	流下就無流上		流下就無流上	流下就無流上
霜雪就輪流當	富貴輪流當	富貴輪流當	富貴輪流當		富貴輪流當	富貴輪流當
降著就有孝子	降著个有孝子	降著个有孝子	降著个有孝子	降著來有孝子	降著个有孝子	降著个有孝子
降著个不孝子	降著个不孝子	降到个不孝子	降著个不孝子	降著來不孝子	降著个不孝子	降著个不孝子

燒个　毋敢食→燒个／就／毋敢食

得人　雞酒香→得人／个／雞酒香

得人　四塊板→得人／个／四塊板

也係　手腳少→也係／來／手腳少

轉到　半路項→轉到／來／半路項

河壩　慢慢洗→河壩／就／慢慢洗

圳溝　慢慢盪→圳溝／就／慢慢盪

霜雪　輪流當→霜雪／就／輪流當

大部分襯字爲虛詞，有些襯字爲實詞，如：「　就」（華語「我就」），如「冷个／　就／毋敢嚐」。

2. 2－2－1

部分是把「2－3」再分爲「2－2－1」，在實字之間插入襯字，如邱、李、胡、古、連之版本：

〔表6-5〕〈娘親渡子〉五言襯字處理表之二

楊　版	邱　版	李　版	胡　版	黃　版	古　版	連　版
阿姆个肚屎大	阿姆个肚屎來大	阿姆个肚屎來大	阿姆个肚屎來大	阿姆个肚屎大	阿姆个肚屎來大	阿姆个肚屎來大

阿姆　肚屎　大→阿姆／个／肚屎／來／大

楊、黃版是「肚屎大」緊密連在一起，邱、李、胡、古、連之版本則將「肚屎」和「大」拆開，中間再插入「來」字，如此一來就多了一個音節。

3. －2－3

有些襯字也是放在句首，如下表：

〔表6-6〕〈娘親渡子〉五言襯字處理表之三

楊　版	邱　版	李　版	胡　版	黃　版	古　版	連　版
圳溝就慢慢盪	圳溝就慢慢盪	圳溝就慢慢盪	圳溝就慢慢盪	水溝慢慢盪		
一山過一山	个一山就過一山	一山就過一山	就一山就過一山			
來一岡就過一岡	一岡个過一岡	一岡就過一岡	一往就過一往			
子啊佢都笑洋洋	佢就來笑洋洋	佢就來笑洋洋	佢就來笑洋洋			

邱版、胡版： 圳溝_就慢慢溫→

楊版：_{子啊}佢都笑洋洋→_{子啊}

邱版：_个一山_就過一山→第一個「个」

胡版：_就一山_就過一山→第一個「就」

楊版：_來一岡_就過一岡→第一個「來」

其中，「　」為代名詞，「子」為名詞，兩者皆為實詞。其它的「个」、「就」、「來」為虛詞。「就」、「个」、「來」都是含有齊齒音 i，有【蘇萬松調】的味道。

值得特別提出來討論的是「个一山過一山」的「个」的用法：有些學者專家認為「凡句首的『个』，應是代名詞，類似『該』字，華語『那麼』、『那』，並非襯字」。但是，筆者把它當成句首虛詞襯字，無意義，其理由如下：

1. 邱版作「_个一山過一山」，胡版作「_就一山_就過一山」，可見句首的「个」和「就」位置相同，有相同的作用。又邱版的「轉到該屋下，_个壁上來慢慢披。」的「該」才是華語的『那』之義，「个」無『那麼』、『那』之義。又邱版的「降著个有孝子，有目的；降著个不有孝子，毋當屙屎落屎缸」的「个」則有『那麼』、『那』之義。

2. 再以楊寶蓮《臺灣客語說唱》為例，黃連添的說唱作品〈銀票世界〉（頁 302～306）、〈勸世貪花〉（頁 312～314）、〈八七水災〉（頁 344～346）就有許多句首虛詞襯字「个」的用例。如〈銀票世界〉就總共用了約 180 個「个」：

_个人情、_个兩事、_个錢做主，_个身無、_个銀票、_來百樣無。

_个大家，若係知得這個真情事，_个大家省儉到老毋使做。

_个南北、_个兩路、_來自由去，百樣光景若係看得到。

_个出門，社會算來、_个分高低，_个人生貧窮、_个富貴、_來差真多，

毋過有人在_來世間，_个三妻、_來並四妾，_个有人、_个愛情、_來一世都_來無。

很明顯地，句首的「个」是虛詞，無義，和「來」作用一樣，加強說唱藝術音樂的復沓效果罷了。又如〈八七水災〉：

_个惡心賺錢來買田地，_个善良之人來保佢身。

若逢天災來末劫到，_个天地來照常來兩分明。

人生不知來修行道，个耕牛都知來救災民。

个爲人在世來無道德，來害子來害孫就難出身。

个莫道陰司來無人見，个日月來三光來做證明。

來千謀萬謀來兒孫福，个死在地獄來無六親。

个生理來買賣愛來憑秤斗，个莫來个罪惡帶上身。

句首的「个」和「來」同屬虛字的襯字，無義。

　　基於以上證據，在〈娘親渡子〉中，筆者仍認爲句首的「个」是虛詞，無義，較符合實際說唱的聲情。

（四）六言

　　六言詩是舊詩的一種體裁，起於漢司農谷永〔註9〕，全詩都是六個字一句，不太流行。在《詩經》中已有萌芽。其後詩人也偶爾寫過六言四句的短詩，如王維〈田園樂〉：「桃紅復含宿雨，柳綠更帶朝煙。花落家童未歸，鳥啼山客猶眠。」(《全唐詩》卷128) 故〈娘親渡子〉中，六言的句子，也只有「有福之人降子」、「無福之人降子」、「阿姆驚子寒壞」三句：

〔表6-7〕〈娘親渡子〉六言襯字處理表

楊　版	邱　版	李　版	胡　版	黃　版	古　版	連　版
有福夫人就來降子	有福之人就來降子	有福之人就來降子	有福之人就來降子	有福之人就來降子	有福之人就來降子	有福之人就來降子
無福夫人就來降子	無福之人就來降子	無福之人就來降子	無福之人就來降子	無福之人就來降子	無福之人就來降子	無福之人就來降子
阿姆就驚子來寒壞	阿姆驚子就來寒壞	阿姆驚子就來寒壞	阿姆驚子就來寒壞			

　　由上可知，六言的句子有的是照意義「4－2」來分節，然後在「4」、「2」之間加襯字，如：

有福夫人　降子→有福夫人／就來／降子

無福夫人　降子→無福夫人／就來／降子

阿姆驚子　寒壞→阿姆驚子／就來／寒壞

另外，楊玉蘭也曾把它細分爲「222」，在「2」與「2」之間加襯字，便形成

─────────

〔註9〕　〔宋〕嚴羽：〈滄浪詩話〉，王雲五主編：《叢書集成初編・娛書堂詩話及其他三種》，頁10。

了「阿姆／就／驚子／來／寒壞」。

（五）七言

七言詩起於漢武柏梁〔註10〕，每句七字或以七字句為主。起源於先秦和漢代的民間歌謠。不過，漢、魏之際七言詩極少，在南北朝時期至隋漸有發展，直到唐代，才真正發達起來，成為中國古典詩歌一種主要形式。七言詩包括七言古詩、七言律詩和七言絕句。

依照中國詩歌的語言旋律，七言常以4－3或2－2－3或2－5等呈現，所以襯字往往安排在句子中間停頓處，筆者把它稱作見縫插「字」。茲分4－3或2－2－3，2－5等探討〈娘親渡子〉之襯字：

1. 4－3

所謂「4－3」就是在前四個字和後三個字之間，插入襯字。茲將較重要的句子，整理如下：

〔表6-8〕〈娘親渡子〉七言襯字處理表之一

楊　版	邱　版	李　版	胡　版	黃　版	古　版	連　版
來娘親渡子就係來苦難當(唱【平板】)	娘親渡子就苦難當(唱【平板】)	娘親來渡來子佢就苦難當(唱【平板】)	娘親渡子就苦難當(唱【平板】)	一想渡子來苦難當(唱【平板】)	一想來渡子佢就無恁該(唱【平板】)	娘親來渡子你就苦難當(唱【平板】)
娘親渡子就苦難當(唱【平板什唸子】)	娘親渡子就苦難當(唱【平板什唸子】)	娘親渡子就苦難當(唱【平板什唸子】)	娘親渡子就苦難當(唱【平板什唸子】)	一想渡子來苦難當(唱【平板什唸子】)	娘親渡子就苦難當(唱【平板什唸子】)	娘親渡子就苦難當(唱【平板什唸子】)
艱難辛苦就個娘	艱難辛苦就個娘	艱難就來辛來苦個來娘	艱難辛苦就個娘	艱難辛苦來個娘	千難辛苦就個娘	千難辛苦就個娘
三朝七日就無奶食	三朝七日就無乳食	三朝七日就無乳食	三朝七日就無乳食		三朝七日就無乳食	三朝七日就無乳食
夜夜就跍起來愛飼糖	朝朝夜夜斯愛飼糖	朝朝夜夜就愛飼糖	朝朝夜夜斯愛飼糖		朝朝夜夜斯愛飼糖	朝朝夜夜斯愛飼糖
嘴項鐵釘就咬得斷	嘴个鐵釘就咬得斷	嘴項个鐵釘就咬得斷	嘴項个鐵釘就咬得斷	嘴項个鐵釘咬得斷	嘴項个鐵釘就咬得斷	嘴項个鐵釘就咬得斷

〔註10〕〔宋〕嚴羽：〈滄浪詩話〉，王雲五主編：《叢書集成初編・娛書堂詩話及其他三種》，頁10。

天上無囓都強愛上	天上無門就強愛上	天上無門就想愛上	天上無門就想愛上	天上無門想愛上	天上無門就想愛上	天上無門就想愛上
揹籃乜上山岡	揹籃就上山岡	揹籃就上山岡	揹籃就上山岡			
聽著幼子來嗷洋洋	聽到幼子就嗷洋洋	聽到幼子就嗷娘娘	聽到幼子就嗷娘娘			
乳仔搵開就揢子食	乳子解開就分子來食	乳子搵開就分子食	乳子搵開就分子來食			
子哀摘等來笑一場	个子哀摘等就笑一場	子哀摘等就笑一場	个子哀攬等就笑一場	子哀摘等來笑一場		
籃仔起邏邏轉家堂	慢慢等就轉家堂	慢慢等就轉家堂	慢慢等就轉家堂			
衫褲裙仔都洗得好	衫褲裙子就來洗好	衫褲裙子就來洗好	衫褲裙子就來洗好			
大腸枵到就變小腸	大腸枵到來變小腸	大腸餓到就變小腸	大腸餓到來變小腸			
又聽子兒都嗷洋洋	又聽幼子嗷洋洋	又聽幼子就嗷i娘娘	又聽幼子嗷娘娘	聽著來个子來嗷洋洋		
右手牽子就愛來騙	右手牽子就愛來拐	右手牽子就愛來拐	右手牽子就愛來拐			
冷菜冷飯就食落肚	冷菜冷飯就食落个阿姆肚	冷菜冷飯就食落肚	冷菜冷飯就食落个阿姆肚			
个阿姆冷肚就合冷腸	阿姆冷肚就合冷腸	阿姆冷肚就合冷腸	阿姆冷肚就合冷腸			
爺娘想子就長江水	爺娘想子就長江水	爺娘想子就長江水	爺娘惜子就長江水		爺娘惜子就長江水	爺娘想子就長江水
子想爺娘無支擔竿長	子想爺娘無个就擔竿長	子想爺娘無个就擔竿長	子想爺娘無个就擔竿長		子想爺娘就無个擔竿長	子想爺娘無个就擔竿長
總係僑僑愛做就人子女	總係大家愛做个人子女	大家愛做就人子女	總係大家就愛做个人子女			
僑僑愛做就人爺娘	大家就愛做个人爺娘	大家愛做就人爺娘	大家就愛做个人爺娘			

由表中，可得到一些訊息：

（1）如「艱難辛苦／就／个娘」、「衫褲裙仔／都／洗得好」、「聽著幼子／來／嗷洋洋」、「朝朝夜夜斯愛飼糖」、「又聽幼子／／嗷洋洋」、「籃仔起／邏邏／轉家堂」、「夜夜／就跍起來／愛飼糖」等都是典型

的「4－3」結構。襯字有虛字的「就」、「來」、「都」、「斯」、「个」。也有實詞，如名詞的「阿姆」（華語「母親」）；代名詞的「　」、「佢」（華語「他」、「她」）；動詞的「就跂起來」（華語「就起床」）；有意義的副詞「遽遽」（華語「快快」）、「乜」（華語「也」）。可見藝人在處理襯字時，大都是隨興。

(2) 這裡的襯字除放在句中外，也有放在句首的情況，如「／个／子哀攬等／就／笑一場」、「／總係／僑僑愛做／就／人子女」、「／ 个／阿姆冷肚／就／合冷腸」。「个」、「總係」、「 个」即是句首的襯字，「總係」（華語「總是、總之」）、「 个」（華語「我們的」）屬於有意義的襯字。

(3) 一般的山歌辭大都是七言四句，在演唱時，並非非襯字不可，黃鳳珍最不喜歡襯字，所以她的唱本簡樸。如【榮興團】的演員在唱戲文時也甚少加一些無意義的襯字，也許是因為黃鳳珍長期待在【榮興團】有關。

(4) 襯字多少和音樂大有關係，【平板】的速度大約比【平板什唸子】慢兩倍，所以雖是同樣唱詞，它有較充裕的時間與空隙加入襯字。所以，就是同一人、唱同一歌詞，因為音樂速度的不同，增入的字數也會不同，如：

〔表6-9〕〈娘親渡子〉七言襯字處理表之二

楊 版	邱 版	李 版	胡 版	黃 版	古 版	連 版
來娘親渡子就係來苦難當(唱【平板】)	娘親渡子就苦難當(唱【平板】)	娘親來渡來子佢就苦難當(唱【平板】)	娘親渡子就苦難當(唱【平板】)	一想渡子來苦難當(唱【平板】)	一想來渡子佢就無恁該(唱【平板】)	娘親來渡子你就苦難當(唱【平板】)
娘親渡子就苦難當(唱【平板什唸子】)	娘親渡子就苦難當(唱【平板什唸子】)	娘親渡子就苦難當(唱【平板什唸子】)	娘親渡子就苦難當(唱【平板什唸子】)	一想渡子來苦難當(唱【平板什唸子】)	娘親渡子就苦難當(唱【平板什唸子】)	娘親渡子就苦難當(唱【平板什唸子】)

「娘親渡子苦難當」用【平板什唸子】演唱時，他們七人都是只增一字。但是用【平板】演唱時，楊增 4 字，邱增 2 字，李增 4 字，胡增 2 字，黃只增 1 字，古增 3 字，徐增 3 字。戲諺有所謂「襯不過三」〔註11〕，意思是說，

〔註11〕王季烈：《螾盧曲談》（臺北：商務印書館，1971 年）。

一句唱詞襯字以「不超過三字爲原則」。但是李秋霞、楊玉蘭（如「　　夜夜／_{就跍起來}／愛飼糖」）並不受此限制，加襯字至 4 個字。

　　用【平板】唱「娘親渡子苦難當」時，每個藝人處理的方式也不盡相同：楊是「_來／娘親渡子／_{就係來}／苦難當」，分 4 個音節；邱是「娘親渡子／_就／苦難當」，分 3 個音節；李是「娘親／_來／渡／_來／子／_{佢就}／苦難當」，分 7 個音節；胡是「娘親渡子／　_就／苦難當」，分 3 個音節；黃是「一想渡子／_來／苦難當」，分 3 個音節。因音節多寡以及襯字用字不同，即形成不同的曲風。

　　2. 2－2－3

　　「2－2－3」其實是將「4－3」的「4」再細拆成「2－2」罷了。

〔表 6-10〕〈娘親渡子〉七言襯字處理表之三

楊　版	邱　版	李　版	胡　版	黃　版	古　版	連　版
行路_就闖碰_來又闖碰	行路闖碰又闖碰	行路闖碰_就又闖碰	行路闖碰_來又闖碰	行路闖碰又闖碰	行路闖碰_來又闖碰	行路闖碰又闖碰
十月_就懷胎_斯娘辛苦	十月懷胎_个娘辛苦	十月懷胎_就娘辛苦	十月懷胎_个娘辛苦	十月懷胎_就娘辛苦	十月懷胎_就娘辛苦	十月懷胎_个娘辛苦
可比_就利剪_㫉來剪腸	可比_个利剪_就來剪腸	可比利剪_就來剪腸	可比_个利剪_就來剪腸		可比_个利剪_就來剪腸	可比_个利剪_就來剪腸
腳著个皮鞋_㫉蹬得穿	腳著_个皮鞋_就蹬得穿	_个腳著_就皮鞋_就蹬得穿	腳著_个皮鞋_就蹬得穿	腳著繡鞋_就蹬得穿	腳著_个皮鞋_就蹬得穿	腳著_个皮鞋_就蹬得穿
地下_就無門_都強愛鑽	地下無門_就強愛鑽	地下無門_就強愛鑽	地下無門_就強愛鑽	地下無門強愛鑽	地下無門_就強愛鑽	地下無門_就強愛鑽
三日_都食娘_就九合漿	三日食娘_个九合漿	三日食娘_就九合糧。	三日食娘_就九合糧			
遽遽_就揹等_來在背囊	將子揹等_就在背囊	將子揹等_就在背囊	將子揹等_就在背囊			
肩到_就阿姆_斯一背囊	肩到阿姆_斯一背囊	肩到阿姆_就一背囊	肩到阿姆_就一背囊			
盪得_就衫褲_都裙仔淨	_个盪得_就衫褲裙子來淨	盪得衫褲_就裙子_就來洗淨	_个盪得_就衫褲裙子來淨	盪得來衫褲淨		
降女_就正知_斯娘難當	降女_就正知_个娘難當	降女正知_就娘難當	降女_就正知_个娘難當		降女正知_个娘難當	降女正知_个娘難當

廳下个交椅斯輪流坐	廳下个交椅就輪流坐	廳下个交椅就輪流坐	廳下个高椅就輪流坐		廳下个交椅就輪流坐	廳下高椅就輪流坐
靈前个果子斯件件有	門前个果作斯件件有	靈前个果子就件件有	靈前个果子就件件有		靈前个果子就件件有	靈前个果子就件件有
再來就奉勸安到就世上人	再來奉勸你就世間人	老妹奉勸佢就世間人	愛來奉勸你就世間人		愛來奉勸來就世間人	老妹奉勸俚世間人 na
食娘就來身上佢个都心頭血	細細食娘佢就身上血	細細食來娘佢就身上血	細細食娘佢就身上血	還細食娘若个心頭血	細細食娘佢个身上血	細細食娘佢就身上血 na

　　由上表，進一步來研究：

(1) 由意義結構來看，有些「4」是不能拆開的，如「十月懷胎」是一專門詞組，把「十月」和「懷胎」拆開，就和原意不同。「十月懷胎娘辛苦」要加襯字應成「4－3」，如李、黃的「十月懷胎就娘辛苦」；邱、胡的「十月懷胎个娘辛苦」。不過楊把「十月」和「懷胎」拆開，便成為「十月／就／懷胎／斯／娘辛苦」，「2－2－2」的形式，站在音步〔註12〕的觀點是可以如此處理的，因為「音步」是以兩個字為一單位。

又如「再來奉勸世間人」的「再來奉勸」；「細細食娘身上血」的「細細食娘」；「地下無門強愛鑽」的「地下無門」等這些四言的短語，以意義結構來看，都不能再分成「2－2」，以音步觀點可分成「2－2」。

四言的短語，如果「2－2」之間，有一個「2」是另一「2」的修飾語，則意義結構和音步結構會一致，如：「靈前果子件件有」的「靈前果子」，意指「靈前的果子」，所以唱成「靈前个果子斯件件有」或「靈前个果子就件件有」。華語的「的」對應客語，本來就是用「个」。又如「廳下交椅輪流坐」的「廳下交椅」，意指「客廳的交椅」，對應客語為「廳下个交椅」，所以「廳下个交椅就輪流坐」或「廳下个交椅斯輪流坐」都沒問題。

(2)「4－3」的「3」，根據意義結構，有些是不能再細分的，如「件件

〔註12〕音步：格律詩的詩句中一個字（音節）一頓，稱為單音步。一個五言詩句中，一般有兩個雙音步和一個單音步；七言詩句中，則有三個雙音步和一個單音步。

有」、「一背囊」（華語「整個背部」）、「蹬得穿」、「強愛鑽」。遇到可以再切割時，藝人在演唱時有時也會把「3」再分爲「2－1」處理，在中間停頓處再加襯字，例如邱版、胡版的「个湯得就衫褲裙子來淨」，他們把「裙子淨」分成「裙子」和「淨」，而在中間增「來」字。而楊版「湯得就衫褲都裙仔淨」，在「裙仔」和「淨」之間不加襯字。

(3) 句首襯字大都用「个」字，如邱版、胡版的「个湯得就衫褲裙子來淨」，以及李版的「个腳著就皮鞋就蹬得穿」。

(4) 句中襯字除了像前揭文，用「个」、「就」、「來」、「斯」、「都」、「就來」之外，這邊還用了不少代名詞，如「你就」、「佢就」；以及所有格，如「若个」（華語「你的」）、「佢个」（華語「他的」）。

(5) 楊版「再來就奉勸安到就世上人」的襯字「安到就」（華語「叫做就」），這種動詞、實詞的襯字，一般人甚少用，同時這句有 4 個襯字；「食娘就來身上佢个都心頭血」有 5 個襯字，完全打破「襯不過三」的限制。

3.2－5

「2－5」其實是「2－2－3」中，把後半部的「2－3」連結在一起。

〔表 6-11〕〈娘親渡子〉七言襯字處理表之四

楊 版	邱 版	李 版	胡 版	黃 版	古 版	連 版
你都還細就頭燒額又痛	若是頭燒佢就額又痛		若是頭燒佢就額又痛		若是頭燒佢就額又痛	
眞像人利刀來割肚	个眞像來利刀就來割肚	眞像利刀就來割肚	个眞个像利刀就來割肚		个眞个像利刀就來割肚	个眞像來利刀就來割肚
親像人蟻公游鑊壁	可比个蟻公就游鑊壁	可比蟻公就游鑊壁	可比个蟻公來游鑊壁	可比蟻公來游鍋壁	可比个蟻公來游鑊壁	可比蟻公來游鑊壁
阿姆就會去見閻王	阿姆个性命會見閻王	阿姆个性命會見閻王	阿姆个性命會見閻王	阿姆个性命來見閻王	阿姆个性命會見閻王	阿姆个性命會見閻王
一日斯食娘三合奶	一日食娘就三合乳	一日食娘就三合乳	一日食娘就三合乳			
堵著就屋下子嫂多	堵著个屋下斯子嫂多	堵著屋下就子嫂多	堵著个屋下子嫂多			
晾得个衫褲裙仔好	晾得个衫褲就裙子來好	晾得衫褲裙子好	晾得个衫褲裙子來好			

左手就牽子愛來拐	左手牽子就愛來騙	左手牽子就愛來騙	左手牽子就愛來騙			
降子就毋知娘辛苦	降子就毋知个娘辛苦	降子毋知就娘辛苦	降子就毋知个娘辛苦		降子就毋知个娘辛苦	降子就毋知个娘辛苦
毋信就但看河江水	毋信但看河江水	毋信來看个河江水	毋信但看个河江水		毋信但看就河江水	毋信但看河江水
較輸就屙屎落屎缸	个毋當屙屎就落屎缸	就枉費阿姆佢來撫來養	个枉費阿姆佢就來撫來養	來枉費來為哀辛苦一場	个枉費阿姆佢就來撫來養	个枉費阿姆佢來撫養

由上面的分析可知：

（1）「2－5」的形式以楊版較普遍，如「眞像人利刀來割肚」、「親像人蟻公游鑊壁」、「一日斯食娘三合奶」、「降子就毋知娘辛苦」等，別版大都會以「4－3」或「2－2－3」處理，如：

2－5	4－3	2－2－3
眞像人利刀來割肚 →	眞像利刀就來割肚（李版）、	个眞像來利刀就來割肚（邱版）
親像人蟻公游鑊壁 →	可比蟻公就游鑊壁（李版）、	可比个蟻公來游鑊壁（胡版）
一日斯食娘三合奶 →	一日食娘就三合乳（邱、李、胡版）	
降子就毋知娘辛苦 →	降子毋知就娘辛苦（李版）、	降子就毋知个娘辛苦（邱、胡版）

（2）句首的襯字，有虛字「个」、「就」、「來」，也有實詞「你就」。楊版的句中襯字曾用名詞「人」，如「眞像人利刀來割肚」、「親像人蟻公游鑊壁」、這是其他地方少見的現象。

（六）九言

九言體詩是繼二言、三言至五言、七言詩體之後出現的又一種中國傳統詩體，它起於高貴鄉公〔註13〕。一般說來，全詩每句九字，句數不限，以偶數句式爲主，節奏均依傳統體式。具體可以分爲九言古風、古言格律詩與新九言詩以及變體九言詩四種。〈娘親渡子〉中的九言，依意義結構大致分爲「6－3」和「2－2－2－3」兩種：

〔註13〕〔宋〕嚴羽：〈滄浪詩話〉，王雲五主編：《叢書集成初編・娛書堂詩話及其他三種》，頁10。

〔表6-12〕〈娘親渡子〉七言襯字處理表之五

楊 版	邱 版	李 版	胡 版	黃 版	古 版	連 版
坐得高來驚怕就倒　轉	坐得高來驚怕會倒　轉	坐得高來驚怕會倒　轉	坐得高來驚怕會倒　轉	坐得高來驚怕來倒　轉	坐得高來驚怕倒脈轉	坐得高來驚怕會倒　轉
坐得矮來驚怕就搵內傷	个坐得矮來又驚會搵內傷	坐得矮來又驚會搵內傷	个坐得矮來又驚會搵內傷	坐得矮來又驚會搵內傷	个坐得矮來又驚搵內傷	个坐得矮來又驚會搵內傷
點點食娘身上个心頭血	點點食娘身上个心頭血	點點食娘身上个心頭血	點點食娘身上个心頭血			細細食娘佢就身上血
又愛就番薯豬菜就轉家堂	个又愛番薯豬菜　就轉家堂	又愛番薯豬菜就轉家堂	又愛番薯豬菜　就轉家堂			
將到幼子就揹等來在背囊	將子揹等就在背囊	將子揹等就在背囊	將子揹等就在背囊			
尋有个番薯豬菜就籃肚張	尋有番薯豬菜就籃子張	尋有番薯豬菜就籃子張	尋有番薯豬菜　就籃子張			
衰過阿姆十隻斯手指頭	衰過阿姆个十隻就手指脈	阿姆手指	衰過阿姆个十隻就手指脈	衰過阿姆十隻手指		
阿姆个肚屎就枵到來變背囊	阿姆个肚屎就枵到个變背囊	阿姆个肚屎餓到就變背囊	阿姆个肚屎就枵到个變背囊	衰過阿姆个肚屎枵到，強強來變背囊		
阿姆个碗飯仔就冷過霜	阿姆个碗飯子就冷過霜	阿姆个飯子就冷過霜	阿姆个碗飯子就冷過霜			

1.6－3

　　意指在前6個字和後3個字之間插入襯字。後面的「3」個字幾乎是不可分割的詞，類似連綿詞，如「倒　轉」（華語「倒栽蔥」）、「搵內傷」、「心頭血」、「手指頭」。所以襯字就加在「6」和「3」之間，如「點點食娘身上 / 个 / 心頭血」（楊、邱、李、胡版）；李版的「又愛番薯豬菜 / 就 / 轉家堂」；「尋有番薯豬菜 / 就 / 籃子張」（楊、邱、李版）。變成了十字句模式。

2.2－2－2－3

　　如：「阿姆 / 个 / 肚屎 / 就 / 枵到 / 个 / 變背囊」（邱、胡版）、「阿姆 / 个

／肚屎／就／枵到／來／變背囊」（楊版）、「阿姆／个／飯子／就／冷過霜」等，每句增 3 個字，句長變成 12 個字。也有句首加襯字的情形，如胡版「　又愛番薯豬菜　就轉家堂」就用第一人稱的「　」。

也並非所有的都用襯字，也有減字的情形。如描寫母親在冰冷的江水洗衣裳，十隻手指頭都凍壞了。楊、邱、胡、黃皆唱「衰過阿姆十隻裳手指頭」或「衰過阿姆个十隻就手指朒」，李版則唱「十隻手指」。可知要增要減，完全由藝人自決，亦可見民間文學的變異性與活潑性。

（七）十言

說唱文學的韻文唱詞可分為「詩讚系」與「詞曲系」，對應音樂則有「板腔體」與「曲牌體」之別。唐宋詩讚系說唱文學，多以七言為主，直到元明詞話產生了十字句，最初是以「三、三、四」十字句組成的唱詞，稱為「攢十字」，即「三、七」句式，包括「三、三、四」和「三、四、三」。〔註 14〕〈娘親渡子〉十言的只有下面兩組：

〔表 6-13〕〈娘親渡子〉十言襯字處理表

楊　版	邱　版	李　版	胡　版	黃　版	古　版	連　版
在生各人愛行孝老爺娘	奉勸大家就愛來个行孝順		奉勸大家就愛來个行孝順	為人子女你愛有孝心	為人子女愛孝心	為人來子女愛孝心
當過死忒門前拜个就大豬羊	當過死忒門前來拜个就大豬羊	當過死忒門前拜个就大豬羊	當過死忒門前來拜个就大豬羊		當過死忒門前來拜个就大豬羊	當過死忒門前來拜个就大豬羊

由邱、胡、古、徐版「當過死忒門前／來／拜／个就／大豬羊」可知此十字句，和一般「攢十字」的形式不同，它是採取「6－1－3」，總共增 3 字，形成 13 字的句長。邱、胡版的「奉勸大家／就／愛來／个／行孝順」則是「4－2－2－3」的模式，增 2 字。

（八）十一言

詩讚系「攢十字」最多只到十言，超過十言的甚少。〈娘親渡子〉中十一言的只有下面兩組：

〔註14〕王友蘭：《薪火相傳——說唱藝術之妙・文學篇》（桃園：蘭之馨文化音樂坊，2006 年 8 月），頁80。

〔表6-14〕〈娘親渡子〉十一言襯字處理表

楊 版	邱 版	李 版	胡 版	黃 版	古 版	連 版
裙仔斯衫褲斯籃仔攎等愛去就到河江	籃子攎等就遽遽个到河江	籃子攎等就來到就大河江	籃子攎等就遽遽來到河江			
還生割得就半斤四兩就落哀肚	在生割了半斤來豬肉就落哀肚	在生割了半斤个豬肉就落哀肚	還生割了半斤來豬肉就落哀肚		還生割了半斤來豬肉就落哀肚	還生割了半斤來豬肉就落哀肚

　　邱、李、胡版「在生割了半斤／來／豬肉／就／落哀肚」是「6－2－3」模式，楊版「還生割得／就／半斤四兩／就／落哀肚」則是「4－4－3」的結構。每句各增2字，句長變13言。

　　楊版「裙仔／斯／衫褲／斯／籃仔攎等／愛去就／到河江」是「2－2－4－3」模式，共增5字，句長變16言。此句，邱版減為「籃子攎等／就遽遽个／到河江」，正字7字，襯字4字，句長11言。李版「籃子攎等就來到就大河江」，正字8字，襯字3字，句長10言。胡版「籃子攎等就遽遽來到河江」，正字7字，襯字4字，句長11言。

二、歌者用襯習慣分析

　　以五、六○年代的唱片顯示：客家山歌較少加襯字，說唱時大都會加襯字。〈娘親渡子〉屬於說唱性質，加襯的情形非常普遍。歌者所用的襯字包括兩種：一為虛詞，如个、就、來、都、就來、就係來、乜、斯；一為實詞，如你、　、佢、你个、　个、佢个等。以下就把各歌者實際用襯的情形，用統計分析方式來了解其實際用襯之異。

〔表6-15〕歌者襯字用字分析表

		虛　　　詞						實　　　　　詞										其他
		个	就	來	都	就來、就係來	乜、斯	你、你就、你愛	、就	佢、佢就	你个	个	佢个	个	安到就	愛去就	就跍起	
楊版	數目（122）	7	63	13	8	6	11	0	0	0	0	0	0	3	1	1	1	8
	百分比	5.7	5.2	10.7	6.6	4.9	9.0	0	0	0	0	0	0	2.5	0.8	0.8	0.8	6.6

邱版	數目（116）	23	56	12	0	4	6	2	10	2	0	0	0	0	0	0	0	1
	百分比	19.8	48.3	10.3	0	3.4	5.4	1.8	8.9	1.8	0	0	0	0	0	0	0	01.
李版	數目（146）	16	76	36	0	7	0	0	1	5	0	0	0	0	0	0	0	5
	百分比	11.0	52.1	24.7	0	4.8	0	0	1.7	3.4	0	0	0	0	0	0	0	3.4
胡版	數目（159）	37	62	28	0	5	2	1	14	3	0	0	1	0	0	0	0	6
	百分比	23.3	39.0	17.6	0	3.1	1.3	0.6	8.8	1.9	0	0	0.6	0	0	0	0	3.8
黃版	數目（44）	5	8	24	0	5	0	1	0	0	0	0	0	0	0	0	0	1
	百分比	11.4	18.2	54.5	0	11.4	0	2.3	0	0	0	0	0	0	0	0	0	2.3
古版	數目（85）	27	28	14	0	2	1	0	3	3	0	0	2	0	0	0	0	5
	百分比	25.9	32.9	16.5	0	2.4	1.2	0	3.5	3.5	0	0	2.4	0	0	0	0	5.9
徐版	數目（78）	21	26	15	0	3	1	1	1	3	0	0	0	2	0	0	0	5
	百分比	26.9	33.3	19.2	0	3.8	1.3	1.3	1.3	3.8	0	0	0	2.6	0	0	0	6.4

由表中，可得到下列訊息：

1. 所有的版本，襯字皆以單字的虛詞，如「就」、「个」、「來」為主。除了虛詞之外，也有用實詞的，楊版用動詞，如「就跍起」、「愛去就」、「安到就」；胡版和邱版用第一人稱的「　」、「　就」；古版和徐版用第三人稱的「佢」、「佢就」。

2. 「就」是襯字中用得最多的字。「就」佔楊版襯字的52%、佔邱版襯字的48.3%、佔李版襯字的 52.1%、佔胡版襯字的 39%、佔古版襯字的32.9%、佔徐版襯字的33.3%，都是囊括第一名。只有在黃版是18.8%，屈居第二，第一名是「來」字，佔54.5%。

3. 「个」和「來」是各版中次要襯字。邱版、胡版、古版、徐版皆以「个」為第二重要襯字、「來」第三重要襯字；李版則相反。

4. 「个」在楊版中，並不是很重要的襯字，而是以「都」代替之。「都」（du）是其他版本不用的襯字，它的主要元音是舌後、圓唇、高元音（－u），和舌前、展唇、高元音的「个」（gie、ge）﹝註15﹞，有不同的

﹝註15﹞「个」字本來應發 ge，但實際聽唱片結果顯示，大部分歌者是發 gie 的音。

語言風格。

5. 各歌者用襯字數不同：楊版 122 個、邱版 116 個、胡版 159 個、黃版 44 個、古版 85 個、徐版 78 個。可見胡版加襯字最多，黃版加襯字最少，只有胡版的 27.7%，襯字雖少並不影響黃版的聲腔之美。

三、襯字產生的語言效果

作品的音樂性呈現的方式很多，最普遍而有效的方式就是「押韻」。〈娘親渡子〉韻腳的分析在前揭文已有討論，筆者就不再贅述。茲討論襯字在〈娘親渡子〉中的重要性。

襯字在〈娘親渡子〉中的重要性主要表現在「正文」【平板什唸子】部分，因爲它速渡較快、長短句且帶唸帶唱，所以語言旋律比音樂旋律更顯重要。〈娘親渡子〉襯字主要「就」（qiu）、「个」（gie、ge）、「來」（loi）、「都」（du）是在此往往具有下列幾種效果：

（一）「句中韻」的效果

所謂「句中韻」就是一個句子當中，有些字可以互相協韻，進而產生語言旋律之美。例如胡版：

又愛草　又愛番薯豬菜　就轉家堂

老弟　奉勸　就大家人

其中的「　」、「　就」互押。又：

个眞个像利刀就來割肚

阿姆个肚屎就枵到个變背囊

兩個「个」重複出現，「个」（gie、ge）、「就」（qiu）主要元音爲（–i），其實也是有押韻，聽唱時就會有押韻之美。又如李版：

个腳著就皮鞋就蹬得穿　→　句中韻「就」（–iu）、「个」（–ie、–e）通押

就枉費阿姆佢就來撫來養　→　句中韻「就」（–iu）

愛知就爺來娘恩義來深　→　句中韻「來」（–oi）

苦心來養大得成來人　→　句中韻「來」（–oi）

又如楊版：

還生割得就半斤四兩就落哀肚　→　句中韻「就」（–iu）

降女就正知斯娘難當　→　句中韻「就」（–iu）、「斯」（–ii）通押

裙仔_斯衫褲_斯籃仔揔等_{愛去就}到河江 → 句中韻「斯」（-ii）、「愛去就」

（oi hi qiu）通押。

又如邱版：

个真像_來利刀_{就來}割肚 → 句中韻「來」（-oi），又「就」（-iu）、「个」

（-ie、-e）通押

堵著个屋下_斯姊嫂多 → 句中韻「个」（gie）、「斯」（ii）通押

又愛草，个又愛番薯豬菜_就轉家堂 → 句中韻「 」、「 就」

阿姆个肚屎_就枵到个變背囊 → 句中韻「就」（-iu）、「个」（-ie、-e）

通押

冷菜冷飯_就食落个阿姆肚 → 句中韻「就」（-iu）、「个」（-ie、-e）

通押

廳下个交椅_就輪流坐 → 句中韻「就」（-iu）、「个」（-ie、-e）通押

門前个果作_斯件件有 → 句中韻「个」（-ie、-e）、「斯」（-ii）通押

（二）「句首韻」的效果

所謂「句首韻」就是相同的字，或可押韻的字擺在每一句話的句首，進而產生語言旋律之美。例如胡版：

个坐得矮來又驚會搵內傷……个真个像利刀_{就來}割肚…… 又愛草，
又愛番薯豬菜_就轉家堂……_就一山_就過一山…… 在手上，乳子搝
開_就分子_來食，个分子嚐……个子哀揇等_就笑一場……个遽遽揇等入間
房…… 圳溝慢慢盪，个盪得_就衫褲裙子_來淨……个拐得_來子兒恬……
个枉費阿姆 ia 佢_{就來}撫_來養。

每句位在句首的「个」、「就」、「 」就有「句首韻」的效果。又如邱版：

个坐得矮來又驚會搵內傷……个又愛番薯豬菜_就轉家堂……个一山
_就過一山……个在手上……个分子嚐……个子哀攬等_就笑一場……个
盪得_就衫褲裙子_來淨……个拐得个子兒恬……。

每句位在句首的「个」即是同字同音的「句首韻」。又如連版：

个坐得矮來又驚會搵內傷……个真像个利刀_{就來}割肚……个枉費阿姆
佢_{就來}撫養。

每句位在句首的「个」也是同字同音的「句首韻」。

（三）同音的重複

無論是音樂或語言的聲音，造成節奏感的最基本原則，就是讓相同或類

似的發音，有規律地反覆出現，產生重沓反覆的音聲之美。〈娘親渡子〉所有的版本，襯字皆以大量單字的虛詞，如「就」、「个」、「來」爲主，在同一句中或不同句中，反覆出現，造成先後呼應搭配的效果。例如楊版：

> 阿姆个肚屎大，行路就闖碰來又闖碰，坐得高來驚怕就倒　轉，坐得矮來驚怕就搵內傷。燒个都毋敢食，冷个就毋敢嚐。十月就懷胎斯娘辛苦，子兒就愛下世，阿姆个肚屎痛，眞像人利刀來割肚，可比就利剪也來剪腸。嘴項鐵釘就咬得斷，腳著个皮鞋也蹬得穿，地下就無門都強愛鑽，天上無囓都強愛上。

句中的「就」、「个」、「都」一再出現，造成一種韻律之美。又如黃版：

> 想愛添著一碗飯就想愛嚐，聽著來　个子來嗷洋洋，先將子來解下，給子來食飽，子兒來笑洋洋，子來笑，哀來笑，子哀揙等來笑一場。降著來有孝子，還較得，降著來不孝子，來枉費ia來爲哀辛苦一場。

句中「來」一再出現，句與句中互相照應，造成一種韻律之美。又如邱版：

> 堵著个屋下斯姊嫂多，也係來手腳少，又愛樵，　又愛草，个又愛番薯豬菜　就轉家堂。揹籃　　就上山岡，將子揹等就在背囊，籃子等，个一山就過一山，一往个過一往。尋有番薯豬菜就籃子張，尋得罅个　等就轉家堂。轉到來半路項，聽到幼子就嗷洋洋。阿姆斯解下來，个在手上，乳子解開就分子來食，个分子嚐。子兒就來食飽，佢就來笑洋洋，子來笑，也哀來笑，个子哀揙等就笑一場。

句中的「个」、「就」一再出現，並且此兩字主要元音爲（−i），所以形成相當大的音響效果。

四、襯字與音樂的關係

　　〈娘親渡子〉的句長，以正字來看，有三言、四言、五言、六言、七言、九言、十言和十一言。藝人在演唱時，往往會在句首或句中停頓處加襯字。襯字的數目，有增一、二、三、四，甚至五個的，所以句長最長有十六個字的。

　　〈娘親渡子〉的襯字，分三類：(一) 副詞、助動詞的虛字，如「个」、「就」、「來」、「斯」、「就來」。(二) 代名詞的實字，如「你」、「　」、「佢」。(三) 動詞的實字，如「愛去就」、「安到就」、「就跍起」（華語「起床」），打破元雜劇襯字不用名詞、動詞實字的藩籬，是因爲文體不同之故。

　　襯字宜多用虛字，因為虛字不能單獨充當句子成分，如此才可以「正襯分明」，否則會喧賓奪主。下面，就來實際看看襯字在樂曲中是如何安排？

　　下圖是胡泉雄《台灣客家山歌——一個民間藝人的自述》中〈渡子歌〉〔註16〕的歌譜內容。（　）內即是襯字，包括（實在）、（就）、（裡个）、（佢就），由譜中可知，這些襯字都安排在「板眼」中的「眼」上，也就是在弱拍上，這樣子才不會喧賓奪主。

〔譜例6-1〕〈渡子歌〉歌譜之一

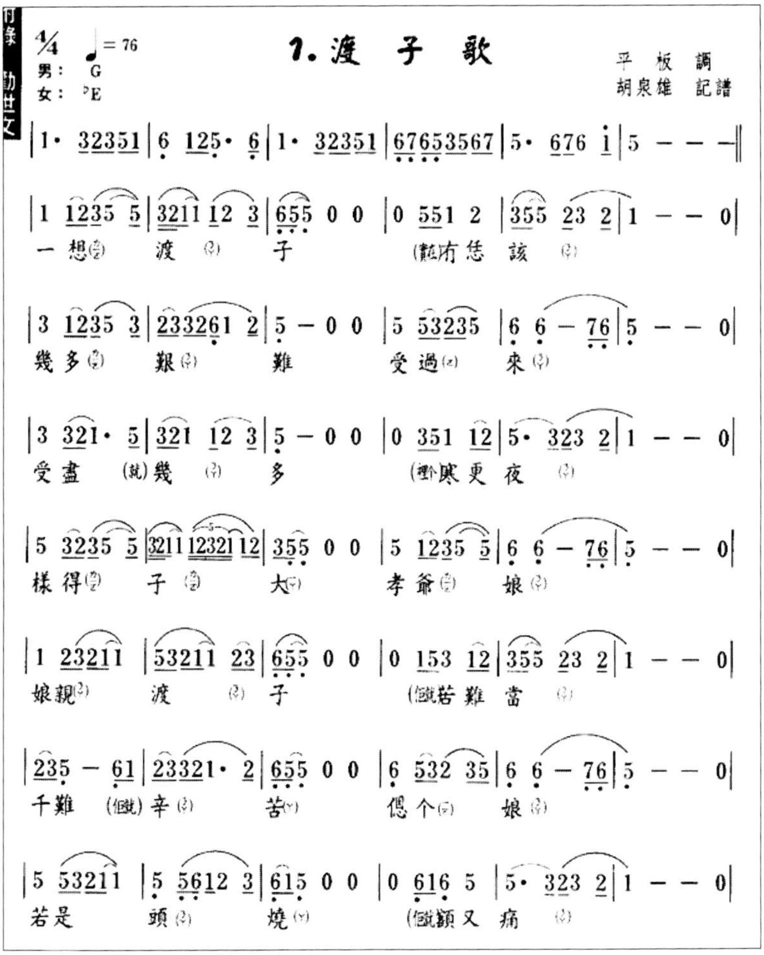

資料來源：胡泉雄《台灣客家山歌——一個民間藝人的自述》，頁110。

〔註16〕胡泉雄《台灣客家山歌——一個民間藝人的自述》（臺北：百科文化，1983年1月），頁110。

　　李漁《曲話》說過：曲文之中，有正字，有襯字。每遇正字，聲高氣長；若遇襯字，則聲低氣短而疾忙帶去。李漁的話也適用於〈娘親渡子〉的說唱技巧上。

　　音樂是說唱的生命，它是主要的藝術手段，因字生腔，樂出既成，曲依調行。有經驗的藝人往往懂得藉由減字、偷聲、攤破〔註17〕、犯調〔註18〕的處理來詮釋劇情。最重要的是要「字正腔圓、聲情並茂」。〔註19〕清徐大椿《樂府傳聲》〔註20〕說：字若不眞，曲調雖和，而動人不易。一般原則是字宜重，腔宜輕，字宜剛，腔宜柔。換句話說要有「味」。

　　所謂偷聲是指增加字數，分割少數的音。攤破指加添或擴展樂句。犯調指聯結不同曲牌的樂句爲一新曲牌。〈娘親渡子〉主要表現在偷聲和攤破上，茲摘錄胡泉雄《台灣客家山歌──一個民間藝人的自述》中所附〈渡子歌〉的歌譜〔註21〕，看看藝人是如何偷聲和攤破？

〔譜例 6-2〕〈渡子歌〉歌譜之二

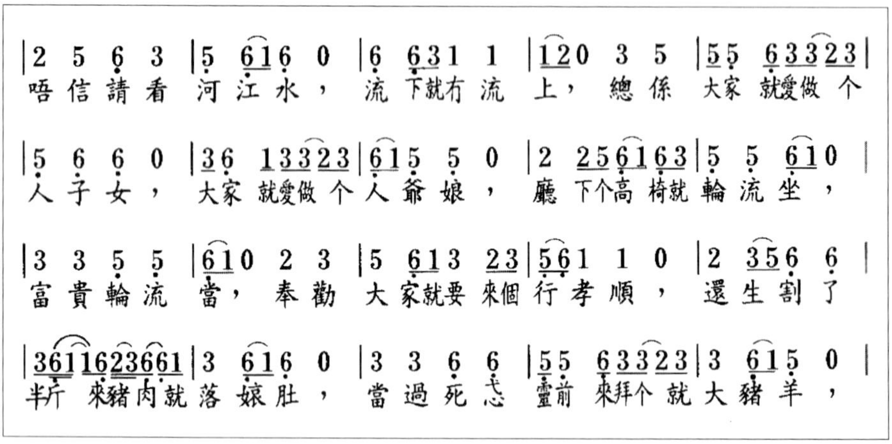

資料來源：胡泉雄《台灣客家山歌──一個民間藝人的自述》，頁 114。

〔註17〕〔明〕王驥德：《曲律》（長沙：湖南人民出版社，1983 年 9 月），頁 45 注釋：「攤犯或稱攤破、攤聲，原爲唐宋曲子詞樂曲的擴展手法。」

〔註18〕犯調：〔明〕王驥德《曲律》，頁 43 注釋，雜犯諸調：「南曲曲牌的一種構成方式。即自同一宮調或有一定關係的不同宮調內選取不同曲牌各摘數句，聯爲新曲：習稱爲『犯調』，或稱『集曲』」。

〔註19〕韓幼德：《戲曲表演美學探討》（臺北：丹青圖書有限公司，1987 年 12 月）。

〔註20〕〔清〕徐大椿：《樂府傳聲》（上海：上海古籍出版社，2002 年）。

〔註21〕胡泉雄《台灣客家山歌──一個民間藝人的自述》，頁 114。

上面第一行和第二行的「就愛做个」，正字是「愛做」，佔 2.5 拍；加了「就」、「个」兩個襯字，變成「就愛做个」，四個字合起來仍是 2.5 拍。又如第二行的「廳下个高椅就輪流坐」，正字是「廳下高椅輪流坐」，襯字「个」和正字「下」共同均分 1 拍；襯字「就」和正字「椅」共同均分 1 拍。又如第三行的「大家就要來個行孝順」，正字是「大家要來行孝順」，襯字「就」和正字「家」共同均分 1 拍；襯字「個」和正字「來」共同均分 1 拍。這些都是偷聲的做法。

在〈娘親渡子〉的什唸子部份，如果是七言的句子，大部分會以兩小節，共 8 拍來處理完，如上面的「唔信請看河江水」。如果遇到增字很多，往往會加添或擴展樂句，例如「還生割了半斤來豬肉就落娘肚」、「當過死忒靈前來拜个就大豬羊」，這兩句正字加上增字長達 13 個字，所以藝人均以增加 1 小節來演唱。

曲有襯字，既可使文義流暢，且使人歌唱時有疏密清新之感，但必須加於板式繁密之處，且須加在句首，或句中，句末三字之內，板式疏落之處，絕不可妄加。北曲中襯字毫無限制，凡板密腔多處，用襯語可以流轉氣韻。襯字且宜用虛詞，不宜用實義。『太和正音譜』北詞正字，凡三百八十餘種，最少者一字，最多者五字。……襯字有時比本調正詞還多，讀曲時分別正襯亦極重要。……南曲亦有襯字，且較北曲為嚴密。北曲襯字無限制，可以挪動板式，襯上加襯。南曲每處襯字不宜多，所謂襯不過三。曲有襯字，猶語有助詞，凡對口曲，無此不能以暢達文理，然不可當作正文。故用襯字不可不慎。〔註22〕

第二節 〈娘親渡子〉行腔技巧

客家戲曲界有個不成文規定：「四縣山歌海陸齋」，就是說唱山歌要用四縣腔，做佛、道教法事一般用海陸腔，〈娘親渡子〉的有聲唱片都是用四縣發音的。

臺灣的客家次方言有四縣、海陸、大埔、饒平、詔安等，各次方言間的聲、韻、調皆有或大或小的出入。茲將客家次方言聲調符號對照表〔註23〕再

〔註22〕陳萬鼐：《中國古劇樂曲之研究》（臺北：史學出版社，1974 年 4 月），頁 114
～115。
〔註23〕引錄自黃玉振：《客語能力認證基本詞彙──中級、中高級暨語料選粹（上冊、
四縣腔）》（臺北：行政院客家委員會，2009 年 7 月），頁 14～17 編輯說明。
其原始資料出處是教育部國語推行委員會之「臺灣客家語拼音方案」。

次羅列如下：

〔表 6-16〕臺灣客家次方言聲調符號對照表

調類 腔調	陰　　平		陽平	上聲	陰去	陽去	陰入	陽入
例　字	夫		扶	府	富	護	福	服
記憶口訣	雞		啼	早	去	賺	八	十
四　縣	v╱24	v+33 （註5.1）	v╲11	v╲31 （註5.2）	v55		vd╲2	vd5
海　陸	v╲53		v55	v╱24	v╲11	v+33	vd5	vd╲2
大　埔	v+33	v╱35 （註5.3）	v╲113	v^31	v╲53		vd^21	vd╲54
饒　平	v╲11		v55	v╲53（註5.5）		v╱24	vd╲2	vd5
詔　安	v╲11		v╲53	v^31（註5.6）	v55		vd╱24 （註5.7）	vd╲43 （註5.8）

　　譜曲、歌唱時需要依照調類來譜曲、歌唱，否則會有「拗腔」的現象。現在就以胡泉雄《臺灣客家山歌》中所附〈渡子歌〉第110頁的歌譜內容爲例，看它是否有「依字行腔」：

〔譜例6-3〕〈渡子歌〉歌譜之三

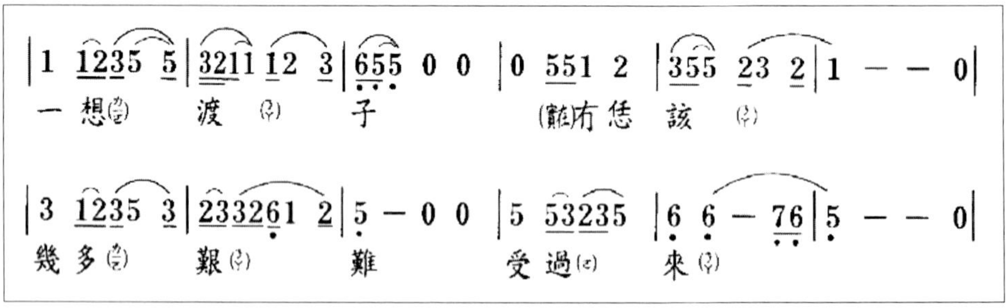

資料來源：胡泉雄《台灣客家山歌——一個民間藝人的自述》，頁110。

標音：id╲ xiong╲ tu zii╲　siid cai　mo╱　an╲ goi╱ na╱
唱詞：一　想　渡　子　　實　在　冇（無）恁　該　ㄋㄚ
　　　gi╲ do╱ gien╱ nan╲　su go lio╱
　　　幾　多　艱　難　受　過　來

　　由上述的簡譜和標音的對照之下，可見大致有符合「依字行腔」原則，不過「想」（xiong ˋ）應唱「31」中降，它卻唱「Lo Re」低升性質，會有拗腔現象。「過」（go）應唱「55」高平，它唱成的「53 235」符合依字行腔。母語是海陸的歌者唱山歌時易有拗腔現象，因為四縣和海陸的調值是 180 度的旋轉，換句話說，四縣腔唸ˊ，海陸腔會唸ˋ；四縣腔唸低平，海陸腔往往會唸高平。所以唱山歌時稍不留意，受到母語影響往往會有拗腔現象。茲再以竹碧華〈台灣北部客家說唱音樂之研究〉中，賴碧霞演唱的〈渡子歌〉譜例〔註24〕為例：

〔譜例6-4〕〈渡子歌〉歌譜之四

標音：id ˋ　xiong ˋ　tu　zii ˋ　tai　gung ˊ　siin ˇ（cang ˇ）
唱詞：一　想　　渡　子　大　功（工）成（程）

　　　m ˇ　sang ˇ　siid　loi ˇ　m ˇ　sang ˇ　min ˇ
　　　唔　成　食　來　唔　成　眠

　　譜例中的「想」（xiong ˋ）字，她唱「Mi Re」的下降音，和客語四縣調性一致，所以就不會產生拗腔問題。不過「渡」（tu）和「大」（tai）應唱「55」高平，她卻唱「La Sol」的下降性質。

　　「成」（sang ˇ）、「眠」（min ˇ）應唱「11」的低平，她卻唱「Lo Re」，所以還是有些拗腔現象。不過「眠」字它從 12 又回到 21，又拖腔 76 76｜5

〔註24〕竹碧華：〈台灣北部客家說唱音樂之研究〉，收錄《復興崗學報》第 63 期，1998年 6 月，頁 302。

——0｜可以矯正拗腔的問題，又可有特殊的韻味。

其它，如「子」（ziiˋ）她唱「Mi Re」下降音；「功」（kungˊ）她唱「Re Mi」上升音；「食」（siid）陽入，她唱「Sol」，這些字都有照依字行腔的規矩。

總之，譜曲、歌唱正字要依字行腔，等正字唱穩之後，虛字拖腔如「啊」、「哪」等，就可自由發揮，不受此限制。

第三節　〈娘親渡子〉做韻技巧

一、做韻的重要性

鄭師榮興在林谷芳編著的《本土音樂的傳唱與欣賞》書中曾談到〈客家音樂之美〉：客家山歌的演唱，演唱者具有好嗓音固然佔有絕大的優勢，但是空有一付好嗓音而缺乏韻味、情感，就沒有欣賞的價值。反過來說，如果行腔做韻能夠婉轉流暢而且具有豐富的感情，即使是破嗓子，也值得品味再三。換句話說，「做韻」才是山歌的精髓，「做韻」的地方，通常在「拖腔」，也就是拖長音演唱的部份，山歌的拖腔大都以「哪」、「喔」、「呀」之類的無意義的虛字來配唱，因此虛字是否唱得有味道，就成爲做韻做得好壞與否的關鍵。俗話有句「軟撩對板會邪（餳）死人」所謂「餳人」（xiangˊ nginˊ），就是勾引人，使人意亂情迷。「軟撩對板」是餳人的必要條件。「對板」是指節奏正確，固然重要。眞正巧妙在於「軟撩」，亦即轉韻之抑揚頓挫是否能引人入勝。〔註25〕

由此可見演唱山歌時，拖腔技巧的重要性。客家大戲的兩個主要唱腔是【山歌子】和【平板】。【山歌子】講究的是音樂的高亢性，【平板】更是考驗演唱者的拖腔技巧。〈娘親渡子〉的唱腔是【平板】和【平板什唸仔】，所以拖腔技巧和襯字同樣重要。

二、做韻的秘訣

鄭榮興〈客家音樂之美〉說：

做韻效果之好壞往往取決於歌者的節奏、音高與力渡的控制能力。以

〔註25〕鄭榮興：〈客家音樂之美〉，收錄林谷芳：《本土音樂的傳唱與欣賞》（宜蘭：國立傳統藝術中心籌備處），2000 年 12 月，頁 170～177。

「哪噯喲」這相當具有代表性的句尾拖腔爲例，從「哪」、「噯」到「喲」，越到後面，虛字所拖的音越長，其轉折也就越豐富多變。雖然骨幹音大同小異，但是歌者卻可以隨個人的喜好或能力添加裝飾音，其節奏快慢不一，音高飄忽不定，力度則時而漸強，時而漸弱，形成繁複而流利的旋律線，令人「眼花撩亂」，即使最詳盡的記譜也無法將它完整記錄出來。這種線條美與書法有「異曲同工」之妙，使人捉摸不定。其動聽之處，猶如少女之嬌嗔，或似熱戀者傾訴衷腸。而「聲情」之千姿百媚，往往令聽者盪氣迴腸，難以自己。〔註26〕

這段文字主要在說明做韻的要領在於節奏、音高與力度的控制能力，即使最詳盡的記譜也無法將它完整記錄出來。就以前揭文「一想渡子無恁个ㄋㄚ」、「受盡幾多寒更夜ㄋㄚ」的拖腔「ㄋㄚ」，簡譜記作「2 3 2̲ | 1 — — 0」，不過藝人唱的韻味不盡相同。又如「幾多艱難受過來ㄋㄚ」、「樣得子大孝爺娘ㄋㄚ」的拖腔「ㄋㄚ」，簡譜皆記作「6— 7̲6̲ | 5 — — 0」，不同藝人唱的韻味也不盡相同。

在〈娘親渡子〉中，最容易聽出歌者做韻功力的地方，莫過於「嘴項个鐵釘就咬得斷」的「斷」、「一山過一山」後面的「山」以及「轉到屋家壁上來慢慢披」的「披」，這三個字，一般簡譜均記爲「1 2 2̲ 2̲3̲2̲1̲ 1」，歌者把它唱成 4 拍。同樣的音高、節奏，每個歌者唱出的曲風也不同。

三、韻的選用

不同正字有不同拖腔；同一正字，不同歌者也會有不同的拖腔，因爲拖腔會受到前面正字的聲符、韻符的影響。茲將客語聲母、韻母表〔註27〕羅列於下，並概說各正字和拖腔的關係。

〔表6-17〕客語聲母表之二

發音方法 發音部位	塞 音		塞 擦 音		鼻音	邊音	擦 音	
	清	次清	清	次清	次濁	次濁	清	濁
	不送氣	送氣	不送氣	送氣				
雙 唇	b 班兵	p 評判			m 滿妹			

〔註26〕鄭榮興：〈客家音樂之美〉，收錄林谷芳《本土音樂的傳唱與欣賞》，頁172。
〔註27〕楊寶蓮上臺北市立教育大學時，古師國順的授課講義。

唇　齒								f 紅火	v 禾黃
舌尖中	d 丁對	t 大道				n 難能	l 來路		
舌尖前			z 做莊	c 草倉				s 沙蘇	
舌尖面			zh 張照	h 唱酬				sh 書城	rh 影樣
舌　面			j 獎進	q	ngi 牛眼			x 四秀	
舌　根	g 講究	k 開球				ng 鵝硬			
喉								h 好漢	φ 阿安

〔表 6-18〕四縣腔韻母表

1. 舒聲韻母

韻尾＼韻頭	開口韻母（陰聲韻母）22							
開　口	ii 自私	a 家花	o 寶島	e 洗細	ai 耐曬	oi 个來	au 吵鬧	eu 偷笑
齊　齒	i 起機	ia 謝寫	io 茄靴	ie 契蟻	iai 街解	ioi □	iau 料跳	ieu 狗扣	iu 九牛
合　口	u 夫婦	ua 瓜誇		ue □	uai 怪快				ui 歸隨

說明：街解（南四縣腔）。

韻尾＼韻頭	鼻音尾韻母（陽聲韻母）24											
	m 韻尾 6			n 韻尾 11						ng 韻尾 7		
開　口	am 膽敢	em 岑森	iim 針深	an 滿蘭	on 端團	en 恩等	ii 陳神			ang 彭莽	ong 光堂	
齊　齒	iam 檢驗	iem 殓	im 欽心	ian 天眼	ion 全軟	ien 〔天眼〕	in 親人	iun 軍訓		iang 請領	iong 相搶	iung 共弓
合　口				uan 關款		耿迥		un 崑崙		uang 梗莖		ung 東公

說明：－ian 天眼，北四縣發音爲 －ien〔天眼〕。

2. 入聲韻母

韻尾＼韻頭	塞音尾韻母（入聲韻母）24										
	b 韻尾 6			d 韻尾 11						g 韻尾 7		
開　口	ii 十汁	ab 搭臘	eb 嗇澀	iid 實質	ad 發達	ed 北則	od 割脫			ag 白石	og 落寞	
齊　齒	ib 及立	iab 接業	ieb □	id 七力	iad 結穴	iad 〔結穴〕	iod 嗝	iud 屈		iag 惜額	iog 略腳	iug 足肉

合　口			uad 括		國		ud 佛骨	uag □		ug 目督

說明：−iad 結穴，北四縣發音為 −ied 結穴。

　　拖腔和音樂速渡大有關係，〈娘親渡子〉的正文部份是韻散夾雜的唱詞，以似唱似唸的【平板什唸子】演唱，速渡較快，多襯字而少拖腔；開篇、結尾唱詞為整齊的七言詩句，以【平板】演唱，速渡較慢，少襯字而多拖腔。

　　拖腔字有的是在句中，有的是在韻腳後，到底个用「啊」、「哪」、「喲」、「呀」、「哩」中的哪個字，是否有一規律？茲將各歌者實際演唱的開篇唱詞，羅列如下。為了簡明起見，句中襯字將省去，英文字母部份即是拖腔。

〔表 6-19〕歌者拖腔比較表

版　本	開　　篇　　唱　　詞	
楊版	娘親 na 渡 li 子苦難當 ni i， 還細 io 頭 na 燒 a 額又 na 痛 a，	艱難辛 na 苦　个 io 娘 a； 吱吱 io 瀝 o 瀝 a 到天 lio 光 a。
邱版	一想 o 渡 na 子無恁个該 io， 受盡幾 na 多寒更夜 na， 娘親 na 渡 na 子苦難當 na 若是頭 na 燒額又痛 na，	幾多 lio 艱 na 難受過來 na。 仰得 lo 子 o 大 a 報爺 lio 娘 na。 艱難辛 na 苦　个 io 娘 a。 吱吱 io 瀝 o 瀝 a 到天 na 光 na。
李版	娘親 na 渡 ua 子 a 苦難當 na， 受盡幾 na 多 ua 寒更夜 na， 阿姆 io 渡 ua 子 a 苦又 uo 難 na， 又驚 o 渡 na 大無孝順 na，	艱難辛 na 苦 ua　个 io 娘 a。 吱吱 io 瀝 a 瀝 a 到天 na 光 na。 可比躡 la 壁 a 一般 na 般 na。 喊　老 ua 哩 ia 愛仰 io 般 na！
胡版	一想 o 渡 na 子無恁个 na， 受盡幾 na 多寒更夜 na， 娘親 na 渡 na 子苦難當 na， 若是頭 na 燒額又痛 na，	幾多 lio 艱 na 難受過 o 來 na。 仰得 io 子 lio 大 ia 孝爺 lio 娘 na。 艱難辛 na 苦 ua　个 io 娘 na。 吱吱 io 瀝 io 瀝 a 到天 na 光 na。
黃版	一想 a 渡 ua 子 a 苦難 na 當 a， 還細 o 食 a 娘心頭血 la，	艱難辛 na 苦　个 ia 娘 a； 仰得長 a 大 ia 報答娘 na。
古版	一想 lio 渡 na 子無恁个 na， 受盡幾 na 多寒更夜 na， 娘親 na 渡 na 子苦難當 na， 若是頭 na 燒額又痛 na，	幾多 lio 艱 na 難受過 lio 來 na。 仰得 lio 子 o 大 ia 孝爺 lio 娘 na。 艱難 lio 辛 na 苦 ua　个 io 娘 a。 吱吱 lio 瀝 io 瀝 a 到天 lio 光 na。
連版	娘親 na 渡 na 子苦難當 na， 受盡幾 lio 多寒更夜 na， 阿姆 io 渡 na 子苦又 lio 難 na， 又驚 o 渡 na 大 ia 無孝順 na，	艱難辛 na 苦 ua　个 io 娘 a。 吱吱 io 瀝 lio 瀝 a 到天 na 光 na。 可比躡 la 壁 a 一般 lio 般 a。 喊佢老 lio 哩 ia 愛仰 na 般 na！

　　由上表可知，拖腔主要由〔a〕、〔e〕、〔i〕、〔o〕、〔u〕等元音等單獨存在、複元音或元音和子音（又稱「輔音」）的結合組成。所謂元音是在發音過程中由氣流通過口腔而不受阻礙發出的音；所謂子音是指發音氣流在發音器官某一部分受到完全或部分阻礙。元音是影響聲情最主要的因素，下面是人類舌位元音圖。舌位愈低，聲音愈宏大。其主要特徵及例字如下：

〔表 6-20〕元音舌位圖 （註 28）

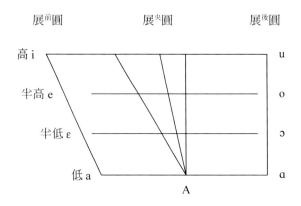

　　〔i〕前、高、不圓唇。客語「衣」「宜」皆念（–i）。
　　〔e〕前、半高、不圓唇。客語「姆」「北」皆念（–ei）。
　　〔a〕前、低、不圓唇。客語「阿」「挖」皆念（–a）。
　　〔u〕後、高、圓唇。客語「烏」（vu）。
　　〔o〕後、半高、圓唇。客語「窩」（vo）。

　　（–a）是表示驚愕情態的語助詞，也是開口渡最大、最容易做韻的字，其他的（na）、（ua）、（ia），幾乎是從此衍生出來的。

　　1.（–a）（即是「啊」）

　　楊版、邱版後一章、李版前一章、胡版後一章，韻腳皆爲「當」（dong∕）、「娘」（ngiong∨）、「光」（gong∕）；黃版的韻腳爲「當」（dong∕）、「娘」（ngiong∨），他們的韻腳均押（–ong），照理說拖腔應唱（–o）或（–ng），結果他們唱（a）或是（na）。因爲後、半高、圓唇的（o）舌位壓低、前化即成前、低、展唇的（a）了，所以他們拖腔用（a）是很自然的事。

　　「娘」（ngiong∨）的拖腔，楊版、李版唱（a）；邱版、胡版唱（na）；黃

〔註 28〕唐作藩：《音韻學教程》，頁 42～56。有關元音的種類、圓展、開合都有詳細的介紹。

則有時唱（a）有時唱（na）。唱（na）主要是受到「娘」字聲母（ng-）的影響，因為（n-）為舌尖中鼻音，（ng-）為舌面鼻音，發音部位相近，所以有時唱（a）有時唱（na）也是很自然的現象。

2.（o）（即是「喔」）

形容嬰幼兒吵鬧不停的狀聲詞「吱吱瀝瀝」的「瀝」，唸作 lag，它的元音是（-a），所以它的拖腔照理說應用（-a）。不過（-a）高化之後可變成（-o），所以它的拖腔也就變成（-o）了。例如：楊版、邱版的「吱吱瀝 o 瀝 a 到天光」的「瀝」字之拖腔，前一個用（-o），後一個用（-a）。又胡版「吱吱瀝 io 瀝 a 到天光」的「瀝」之拖腔，前一個用（-io），後一個用（-a）。李版「又驚 o 渡大無孝順」的「驚」（giang∕）主要元音為（-a），拖腔照理也應用（-a），也是因為（-a）高化變成（-o）了。

3.（na）（即是「哪」）

正字「親」（qin∕）、「辛」（xin∕）、「艱」（gien∕）、「天」（tien∕）、「般」（ban∕）、「難」（nan∕）的韻尾是（-n），和（-a）結合就成為（na），所以這些字的拖腔就用（na），如：

　　楊版：娘親 na、艱難辛 na 苦。
　　邱版：艱 na 難受過來、艱難辛 na 苦。
　　李版：艱難辛 na 苦、阿姆渡子苦又難 na、可比蹶壁一般 na 般 na、
　　　　　喊　老哩愛仰般 na。
　　胡版：幾多艱 na 難受過來、娘親 na 渡子苦難當、艱難辛 na 苦　个
　　　　　娘、吱吱瀝瀝到天 na 光。
　　黃版：一想渡子苦難 na 當、艱難辛 na 苦　个娘 a。

4.（io、lio）（即是唷喲或呦）

正字主要元音為（i）的字，如果（i）和（a）結合，它的拖腔便成為（ia），如黃版的「仰得子大 ia 孝爺娘」、「艱難辛苦　个 ia 娘」；如果（i）和（o）結合，它的拖腔便成為（io）。如：「吱吱（ji∕ji∕）吱吱」的「吱吱」之後的拖腔便常用（io）。

又如个（gie）、天（tien∕）、个（goi∕）、爺（ia∕）、姆（mei∕）、哩（li∕）仰（ngiong﹨），因為它的主要元音是（i），所以拖腔也常用（io）。又因為天（tien∕）的尾韻（-n）和（-l）發音部位相同，所以（io）也常加一聲母（-l）成為（lio）。以下是各歌者的拖腔用字：

楊版：艱難辛苦　个 io 娘、吱吱 io 瀝瀝到天 lio 光。

邱版：一想渡子無恁个 io、仰得子大報爺 lio 娘、艱難辛苦　个 io 娘、吱吱 io 瀝瀝到天光。

李版：艱難辛苦　个 io 娘、吱吱 io 瀝瀝到天光、阿姆 io 渡子苦又難。喊　老哩 ia 愛仰 io 般。

胡版：幾多 lio 艱難受過來、仰得 io 子 lio 大 ia 孝爺 lio 娘、艱難辛苦　个 io 娘、吱吱 io 瀝 io 瀝 a 到天光。

黃版：艱難辛苦　个 ia 娘、仰得長大 ia 報答娘。

值得留意的是，胡版的「子」（zii`），它的韻尾本是空韻（-ii），它變成前、高、不圓唇的（-i），所以它的拖腔也用（lio）。

5.（ua）（即「哇」）

正字的主要元音為（-u）時，它的拖腔往往用（ua）。例如：

李版：娘親渡 ua 子苦難當、艱難辛苦 ua　个娘、受盡幾多 ua 寒更夜、阿姆渡 ua 子苦又 uo 難可比、喊　老 ua 哩愛仰般。

胡版：艱難辛苦 ua　个娘。

黃版：一想渡 ua 子苦難當。

「渡」（tu），主要元音為（-u）；「苦」（ku`），主要元音為（-u）；「又」（iu），主要元音為（-u），所以拖腔都用（ua）。至於「多」（do′）、「老」（lo`），主要元音為（-o），照理說拖腔會用（-o），不過也因為（-o）的高化變成（-u），所以拖腔也用（ua）了。接下來再來看看各歌者尾篇的拖腔，以下是尾篇的唱詞：

〔表 6-21〕〈娘親渡子〉尾篇歌者拖腔比較表

版　本	尾　　篇　　唱　　詞
楊版	再來奉 o 勸 na 世上人 na，爺娘 lio 面 no 前 na 愛孝 ua 心 ma； 食娘 lio 身 na 上 na 心頭血 le，養　no 長 a 大 ia 得成 io 人 na， 若係 io 此 na 恩 na 不 o 報答 lio，枉為來 na 做 o 世間 no 人 na， 二來 lio 奉 a 勸父母人 na，做人爺 na 哀 io 愛平 na 心 ma， 個個都 uo 係身下落 o，一定 no 毋 mo 好各樣 io 心 ma， 爺娘 o 心 ma 肝不平 lio 等 na，兄弟 io 一 no 定不和 lio 心 ma。
邱版	再來 na 奉 a 勸世間人 na，做人 no 子 o 女 a 愛孝 o 心 ma； 為人 no 細 io 子毋行孝 na，枉來 io 世 io 間來做 o 人 a。 老妹奉 na 勸大家人 na，愛知 io 父 na 母 a 恩義深 ma。 細細食 na 娘身上血 na，苦心 mo 養 o 大得成 na 人 na。

李版	老妹奉 na 勸世間人 na，爲人 no 子 ia 女 a 愛孝 ua 心 na； 爲人 no 子 a 女 a 毋行孝 a，仰般 no 來世 ia 間 na 來做 uo 人 na。 再來 io 奉 a 勸大家 lio 人 na，愛知 io 爺 na 娘 a 恩義 io 深 ma。 細細食 na 娘 ia 身上血 na，苦心 mo 養 a 大 ia 得成 na 人 na。
胡版	愛來 na 奉 na 勸世間人 na，做人 o 子 lio 女 a 愛孝 o 心 na； 爲人 no 子 io 女 a 毋行孝 a，仰般 io 世 na 間 a 來做 o 人 na。 老弟奉 na 勸大家人，愛知 io 父 na 母 a 恩義深 na。 細細食 na 娘身上血 na，苦心 mo 養 na 大 ia 得成 lio 人 na。
黃版	一來 ia 奉 a 勸 la 世間 na 人 na，爲人 na 子 a 女有孝心 ma， 爲人 na 子 a 女毋行孝 ua，枉費 ia 世 a 間來做 ua 人 na！
古版	愛來 ia 奉 na 勸來就世間人，爲人 lio 子 o 女 a 愛孝 lio 心 ma； 爲人 na 子 na 女 a 若是毋行孝 a，仰般 io 來世 na 間 a 來做 o 來人 na。 老弟　來奉 a 勸　就大家人，愛知 lio 來父 na 母 a 佢个恩義深 ma。 細細食 na 娘佢个身上血 na，苦心 lio 來養 na 子 a 得成 a 人 na。
連版	老妹奉 na 勸 na　俚世間人 na，爲人 no 來子 o 女 a 愛孝 uO 心 a； 爲人 no 來子 o 來女 a 若是毋行孝 na，仰般 no 世 o 間 ia 來做人 na。 再來 o 奉 a 勸大家 lio 人 na，愛知 io 爺 na 娘恩義 io 深 ma。 細細食 na 娘佢就身上血 na，苦心 mo 養 na 大 ia 得成 na 人 a。

由表中，可得到一些訊息：

1. 這些正字的拖腔，如（-a）、（-o）、（na）、（io）、（ua）大致和開篇的原則一致。

2. 「奉」（fung）主要元音爲（-u），拖腔照理應用（-u），有些人將（-u）低化成半高的（-o）或低元音（-a），所以拖腔用（-o）、（-a）甚至是（na）：

   楊版：再來奉 o 勸世上人、二來奉 a 勸父母人。

   邱版：再來奉 a 勸世間人、老妹奉 na 勸大家人。

   李版：老妹奉 na 勸世間人、再來奉 a 勸大家人。

   胡版：愛來奉 na 勸世間人、老弟奉 na 勸大家人。

   黃版：爲人子女有孝心 ma。

3. 正字韻尾爲雙唇鼻音（-m）的，如「深」（ciim✓）、「心」（xim✓）拖腔常受其影響，且與（-a）結合成（-ma）或與（-o）結合成爲（-mo），如：

   楊版：爺娘面前愛孝心 ma、做人爺哀愛平心 ma、一定毋 mo 好各樣心 ma、爺娘心 ma 肝不平等、兄弟一定不和心 ma。

邱版：做人子女愛孝心 ma、愛知父母恩義深 ma、苦心 mo 養大得
　　　成人。

李版：愛知爺娘恩義深 ma、苦心 mo 養大得成人。

胡版：苦心 mo 養大得成人。

黃版：為人子女有孝心 ma。

四、歌者的拖腔風格分析

　　同樣的〈娘親渡子〉歌詞，因為不同歌者、不同行腔做韻，也會產生不同風格。茲將〈娘親渡子〉的開篇、尾篇的拖腔合併做個統計，看看各歌者拖腔用法：

〔表6-22〕楊玉蘭〈娘親渡子〉拖腔用字、數量分析表

楊版	拖腔														
	a	ia	ma	na	ua	o	io	lio	mo	no	uo	i	li	ni	其他
數量 （共71）	11	1	4	19	1	8	10	7	1	4	1	1	1	1	1
百分比	15.5	1.4	5.6	26.8	1.4	11.3	14.1	9.9	1.4	5.6	1.4	1.4	1.4	1.4	1.4

〔表6-23〕邱玉春〈娘親渡子〉拖腔用字、數量分析表

邱版	拖腔														
	a	ia	ma	na	ua	o	io	lio	mo	no	uo	i	li	ni	其他
數量 （共50）	9	0	2	23	0	5	5	2	1	2	0	0	0	0	1
百分比	18	0	4	46	0	10	10	4	2	4	0	0	0	0	4

〔表6-24〕李秋霞〈娘親渡子〉拖腔用字、數量分析表

李版	拖腔														
	a	ia	ma	na	ua	o	io	lio	mo	no	uo	i	li	ni	其他
數量 （共60）	8	5	1	24	6	1	7	1	1	3	2	0	0	0	1
百分比	13.3	8.3	1.7	40	10	1.7	11.7	1.7	1.7	5	3.3	0	0	0	1.7

〔表 6-25〕胡泉雄〈娘親渡子〉拖腔用字、數量分析表

胡版	拖腔													
	a	ia	ma	na	ua	o	io	lio	mo	no	uo	i	li	ni	其他
數量 （共 72）	6	2	0	44	1	5	7	5	1	1	0	0	0	0	0
百分比	8.3	2.8	0	61.1	1.4	6.9	9.7	6.9	1.4	1.4	0	0	0	0	0

〔表 6-26〕黃鳳珍〈娘親渡子〉拖腔用字、數量分析表

黃版	拖腔													
	a	ia	ma	na	ua	o	io	lio	mo	no	uo	i	li	ni	其他
數量 （共 29）	10	4	1	8	3	1	0	0	0	0	0	0	0	0	2
百分比	34.5	13.8	3.4	27.6	10.3	3.4	0	0	0	0	0	0	0	0	6.9

　　由上述五個統計表顯示，〈娘親渡子〉的拖腔以開口度最大的前低、展唇元音（－a）爲基調，包括 a、ia、ma、na、ua 五種型式。其中又以 na 佔最大宗：楊版佔 26.8%、邱版佔 46%、李版佔 40%、胡版佔 61.1%。只有黃版是27.6%，反而是 a 佔較多，佔了 34.5%。爲何 na 佔最大宗，主要原因有二：一爲〈娘親渡子〉爲全篇押（－ong）韻到底，照理說凡是韻腳部份拖腔个用nga，不過客語比較少用 nga，而 ng 爲舌根次濁鼻音、n 爲舌尖中次濁鼻音，有共通特性。所以由 nga 而變成 na 是自然的現象。二爲〈娘親渡子〉拖腔以開口度最大的（－a），押韻又是容易造成迴盪共鳴的舌根鼻音（－ong），所以整首曲子是響亮、歡愉的曲風。以純音樂來說，〈娘親渡子〉的骨幹音亦是以低音 Sol、低音 La、Do、Re、Mi、Sol 爲主，宜於表現開朗、輕鬆、愉快、快樂的情緒。

　　拖腔和曲風大有關係，客家民謠界還有所謂的【蘇萬松調】，【蘇萬松調】起因於日治時期的說唱藝人蘇萬松，經常以小提琴自拉自唱，以開口度極細的（－i）、（－ni）爲拖腔的【平板】說唱故事，也錄製不少曲盤，轟動一時，歌者莫不爭先聆聽模仿。前揭文已說明拖腔是和前面正字的聲符、韻符有關。不過，【蘇萬松調】不管正字的聲符、韻符一律用（－i）、（－ni）爲拖腔，完全不用 a、o、u 等元音，聽起來有悲淒之感。

　　楊版〈楊玉蘭勸世歌〉（即〈娘親渡子〉）開篇第一句「來娘親 na 渡 li 子就係來苦難當 ni i」即是以（li）、（ni）、（-i）爲拖腔，和其他句子以（-a）爲拖腔的味道即不同。在前章中，已論證楊版〈楊玉蘭勸世歌〉和蘇萬松〈報娘恩〉、邱阿專〈十月懷胎〉淵源頗深，音樂都用【平板】。同樣是【平板】，楊用（-a）爲拖腔，蘇、邱用（ni）、（-i）爲拖腔，即成爲【蘇萬松調】，曲風就大不相同了。下面是蘇、邱、楊開篇、結尾的比較：

〔表 6-27〕蘇萬松、邱玉春、楊玉蘭拖腔比較表

開篇	蘇版	一勸 na 男 na 女 ni 世間个人 ni i， 一在 na 就个爺 na 哀正來个無價寶 ni i，	做人斯愛來孝雙 na 親 ni i。 歸仙 na 斯刻斯正來無奈尋 ni i。
	邱版	十月 na　就懷 ia 來胎 i 苦難來當 ni i， 阿姆就來降 a 子 ni i 無所來望 ni i，	衰過　就妻个來過來娘 ni i。 枉費　就阿 a 來姆个 ia 心就腸 ni i。
	楊版	來娘親 na 渡 li 子就係來苦難當 ni i， 你都還細 io 就頭 na 燒 a 額又 na 痛，	艱難就辛 na 苦　个 io 娘 a； 吱吱 io 來瀝 o 瀝 a 到天 lio 光 a。
結尾	邱版	這係來你不孝爺哀 ni i，雷公敲出哇腦 na 漿 ni i。	
	楊版	再來就奉 o 勸 na 安到就世上人 na， 食娘 lio 就來身 na 上 na 佢个都心頭血 le， 若係 io 來此 na 恩 na 不 o 報答 lio，	个爺娘 lio 面 no 前 na 愛孝 ua 心 ma， 養　no 長 a 大 ia 得成 io 人 na， 枉爲就來 na 做 o 世間 no 人 na，
		二來 lio 奉 a 勸做人个父母人 na， 個個來都 uo 係　个身下落 o， 爺娘 o 心 ma 肝不平 lio 等 na，	做人就爺 na 哀 io 愛平 na 心 ma， 一定 no 毋 mo 好各樣 io 心 ma， 兄弟 io 一 no 定不和 lio 心 ma。

　　蘇版韻腳「人」（ngin∨）、「親」（qin∨）、「尋」（qim∨）；邱版句中正字「胎」（toi∨）、「个」（gie）和韻腳「哀」（oi∨），因爲它們的主要元音爲（-i），所以後面拖腔用（-i）是理所當然。不過蘇版第三句韻腳「寶」（bo∨）；邱版開篇韻腳「當」（dong∨）、「娘」（ngiong∨）、「望」（mong）、「腸」（cong∨）以及結尾韻腳「漿」（jiong∨），他們主要元音爲（-o），其拖腔照理說會用後半高、圓唇的元音（-o），但是它用前高、展唇細音的元音（-i），或再加上鼻音（n-），所以就形成悽涼的聲情了。李清照〈聲聲慢〉：「尋尋覓覓，冷冷清清，淒淒慘慘戚戚。乍暖還寒時候，最難將息。」其中的「尋尋覓覓，冷冷清清，淒淒慘慘戚戚。」全是元音（-i）的字，更顯出作者際遇的悲悽。【蘇萬松調】和李清照〈聲聲慢〉可說是異曲同工。

　　蘇萬松的弟子有邱阿專、羅石金、賴碧霞等，所以【蘇萬松調】流傳很

廣，今人邱玉春、胡泉雄、黃鳳珍也擅唱此腔。蘇的【平板】本來是取經自客家三腳採茶戲的唱腔，但是蘇自創的【蘇萬松調】大受歡迎後，反而回流於客家三腳採茶戲中，甚至爲目前的客家採茶大戲所採用。

　　另外，許多人亦將楊玉蘭唱的【平板】稱爲【楊玉蘭調】。事實上楊的拖腔用字、音樂骨架和一般【平板】沒什特別不同，只是楊的音色和一般人不同而已。楊的聲音略帶沙啞且渾厚，而且「節奏、音高與力度的控制能力」很好。又因爲她曾得到冠軍，且說唱、採茶作品多，所以也成爲許多歌者爭相模仿的對象。

第四節　小　結

　　襯字的運用，早在《詩經》就有了，唐代敦煌俗曲也有用襯字的。〈娘親渡子〉中曾加不少襯字，既可使呆板句式變得靈活一些，以利於表達思想、內容；又可以在唱時分別正、襯，使音節有輕有重，聲音更婉轉動聽。如果襯字加得好，可有句首韻、句中韻或同音重複的效果。

　　唱〈娘親渡子〉的歌手加襯字的位置和字數不盡相同，並不受傳統「襯不過三」的限制，有從增 2 字、3 字、4 字乃至 5 個字的皆有。常加的襯字大都是虛字，如「就」、「來」、「个」、「乜」，「就」是襯字中用得最多的字，「來」、「个」、「乜」是次要襯字。也有用實字的代名詞，如「　」、「你」等。一般加襯都加在句中停頓或音樂的弱拍子上，有些襯字是放在句首的。襯字和節奏有密切關係，對於增加的襯字，大都採取兩種處理方式：一爲均分拍子，另一爲擴展樂句。

　　演唱〈娘親渡子〉，演唱者具有好嗓音固然佔有絕大的優勢，但是空有一付好嗓音而缺乏韻味、情感，就沒有欣賞的價值。反過來說，如果行腔做韻能夠婉轉流暢而且具有豐富的感情，即使是破嗓子，也值得品味再三。換句話說，「做韻」才是精隨，「做韻」的地方，通常在「拖腔」，也就是拖長音演唱的部份。〈娘親渡子〉的拖腔大都以「哪」、「喔」、「呀」之類的無意義的虛字來配唱，因此虛字是否唱得有味道，就成爲做韻做得好壞與否的關鍵。俗話有句「軟撩對板會邪（饊）死人」所謂「邪（饊）人」即是迷人、吸引人。〈娘親渡子〉的拖腔以開口度最大的前低、展唇元音（–a）爲基調，包括 a、ia、ma、na、ua 五種型式，其中又以 na 佔最大宗。拖腔和曲風大有關係，客

家民謠界還有所謂的【蘇萬松調】,【蘇萬松調】起因於日治斯期的說唱藝人蘇萬松,經常以小提琴自拉自唱,以開口度極細的（-i）、（-ni）為拖腔的【平板】說唱故事,也錄製不少曲盤,轟動一時,歌者莫不爭先聆聽模仿,和一般的【老時採茶】曲風就有所不同。

第七章　〈娘親渡子〉用字探討

俗文學大都是口耳相傳，或出自識字不多的庶民之手，故其用字不太考究，往往使用同音、音近或民間俗字代替，容易造成閱讀上的困惑。〈娘親渡子〉的用字雖經過前輩校訂，但是由於使用的版本不盡相同，而且近二年來教育部主管單位也作了部分修訂，似有據以重新探討的必要。本章主要在說明客語書寫的用字問題，校訂〈娘親渡子〉的用字，並概析〈娘親渡子〉用詞在文化上的意義。

第一節　客語書寫的用字問題

一、客語用字問題的形成

臺灣前輩文人寫詩作文多用文言，近年由於客語寫作漸成風氣，按照「我手寫我口」的原則，有不少口語用字在下筆時難以確定，形成用字書寫問題的原因，主要因為：（一）前輩人很少用口語寫文章，有許多用字沒有成例可循；（二）客語中有些外來的借音詞，本來就沒有一定的漢字，這也是其他漢語所面臨的問題；（三）有些詞彙雖然本有其字，但因長期不在語文教學中使用，需要費時去一一考查才能確定；（四）近二十年來政府和民間出版的客語字詞典雖然不少，但有些用字各有主張，各家所編客語詞典、用字互有差異。基於以上種種原因，客語用字必須予以規範。

行政院客委會在編輯客語認證考試基本詞彙時，曾投入大量時間討論用字問題；其後，教育部國語推行委員會也邀集專家學者進行討論，並推薦過客語用字兩批，以供編輯教科書及文字工作者之參考。

二、客語用字的選用原則

客語是漢語方言之一，使用漢字書寫是理所當然的事。對於漢字的選用，學者們也曾提出許多寶貴的意見。數年前行政院客家委員會爲編輯客語認證考試基本詞彙，在討論用字時，曾綜合各家意見作爲用字選用原則，其後教育部在討論「客語推薦用字」時，也一本這項原則，分爲（一）找本字；（二）採堪用字；（三）選用借代字；（四）選用俗字；（五）用新造字。茲依此舉例如下：

（一）找本字

本字的認定，是指形、音、義都相合的漢字，例如：鑊、「撨」日仔。

煮飯的鍋子，客語叫做「鑊」，《廣韻》：「鼎鑊，胡郭切。」（頁 509）有足謂之鼎，無足謂之鑊，客語音 vog，形音義都合。

又如：擇取日子，客語說「撨日仔」（qiau˅ ngid、 e˅）。「撨」在客語中常用的有三種意義：(1)擇取，如「撨日仔」；(2)略微移動，例如：「這支柱仔無放正，愛撨正來」；(3)情商，例如：「阿登伯个穀當靚，同佢撨一百斤來做種。」平常說的「撨事情」就是屬於這個用法。「撨」，《廣韻·平聲·蕭韻》：「蘇雕切，擇也。」（頁 144）音蕭；又「昨焦切，取也」音 qiau˅，字從「手部」，表示手的動作，也是形音義都合，是本字。

原則上，有本字即用本字，如果本字太過冷僻或難寫者，也可考慮不用，如「擔竿無齾」（ngad、，齒痕、缺口）的「齾」字，即改用音義相近的「囓」字代替。

（二）採堪用字

堪用字是指音義俱同或相近的同源字或古今字。又可分成音同義近、音近義同、音義相近三種情形：

1. 音同義近

例如：「霽」（或萋，新鮮之義）、「戴」等字。

新鮮，客語說「qi ˊ」或以爲即「鮮」字，但是義同音異，容易誤讀。《廣韻》：「霽，七稽切，《說文》：霽謂之霽。」（頁 87）音妻，與客語「qi ˊ魚」同音，其義爲雨過天晴草木剛受雨水洗滌，一片油綠光鮮，能呈現新鮮的樣貌。

又「萋，草盛貌」（頁 87），文學作品中用「萋萋」的例子很多，如：蒹

葭萋萋、維葉萋萋、春服萋萋等，不僅用來形容樹葉和青草，也用來形容衣服亮麗，同樣有新鮮之義。所以取「雯」、「萋」二字，都是音同義近。

又「戴」，《廣韻》：「都代切，荷戴，又姓。」（頁 390）音同「帶」，與客語「dai 臺北」之字同音，本指戴帽子的戴，成語「不共戴天」指不共存於同一個天空底下，所以住在屋子之下也用「戴」字。

2. 音近義同

例如：「比比」行、「堵」頭。

並肩而行，客語說「beˇ beˇ 行」，「beˇ」字用「比」。《廣韻》：「比，校也，並也，卑履切。」（頁 268）音妣。是比有並肩之義，但字音不同，beˇ與比為雙聲，不同韻，用為「比比行」屬於音近義同。

又兩人在路上相遇，客語說「duˇ 頭」，duˇ 字用「堵」，《廣韻》：「堵，垣也，當古切。」（頁 265）音duˋ，本義為垣牆的泛稱，又阻塞、碰面也叫做堵，與「duˇ 車」、「duˇ 頭」之義相同，而聲調有別。

3. 音義相近

例如：「躍」上去、「嫋」妮妮。

一躍而上，客語說「qiogˋ上去」的「qiogˋ」用「躍」字，《廣韻・入聲・藥韻》：「躍，以灼切，跳躍也，上也，進也。」（頁 501）音iogˋ，音iogˋ與 qiogˋ音義相近，為堪用字。

又賣弄風騷，客語說「hieuˇ 妮妮」；愛現的女人，客語說「hieuˇ 頭」；風騷，客語說「發 hieuˇ」。「hieuˇ」字有主張用「姣」、「嫋」二字者。《廣韻》：「姣，胡茅切，姣嫋。」（頁 151）又「姣，古巧切，妖媚。」（頁 300）客語音 gieuˋ。「嫋」，《廣韻》：「嫋，餘昭切，美好。」（頁 148）客語音 ieuˇ，《說文・女部》的釋義是「曲肩行貌」，如同女丑的姿態來取悅人的樣子，較合客家人用語原意。故姣、嫋與 hieuˇ 音義都相近，今客語用字採用「嫋」字。

（三）選用借代字

借代字主要包括借音字和借義字。借音字，例如：「仰」般（ngiongˋban ˊ，如何）、「忒」大（tedˋtai，太大）、佢「兜」（giˇ deuˊ，他們）、「脫」體（todˋtiˋ特別）、打「極樂」（daˋ kid log，打陀螺）、「罅」無底（la mo ˇ daiˋ超出能力範圍）等，是借同音字。面「壢」青（mien lag qiangˊ，生

氣的臉色）、膏膏「渧」（go ˇ go ˇ di ˇ，糾纏不清）、烏「疏疏」（vu ˇ so ˇ so ˇ黑暗的樣子）、半「欄」棧（ban lan cam 半途）等，是音近字。它的好處是可以比較完整保留詞彙的發音。

借義字是指借同義或義近之字代替，並賦予另外的音。例如：一「de」豆腐的「de」，借「塊」來替代；「em ˋ」細人仔的「em ˋ」，借音近義同的「揞」來代替。它的好處是跟其他漢語用法相同，一看就懂。又如「吮」本是「吸吮」字，《廣韻》：「吮，食尹切，吮舐也。」客語音 sun ˋ，今借其字爲「qiog 乳」之字，也是借義字。借義字會使該字多一個音，所以也不宜多用。

（四）選用俗字

所謂俗字，是指客語雜字書、古契約書、山歌書已經出現，或近年來出現，而爲許多文史工作者所採用的字。傳統民間習俗用的通俗字，大多是屬於六書中的「會意」的造字，例如：以「尾子」合爲「屘」字；以長「不大」爲「夭」。目前「夭」字已採用爲「鴨夭仔」之夭，音 ngan ˊ，至於「屘」字則用「滿」字取代。

（五）造新字

字書上沒有記載，不得已的情況下新造出的字，例如：𡳞、蜗、啉等。

男人的陰莖，客語說「hag 卵」的「hag」，昔日皆用新造字「𡳞」來表示，最近專家們又認爲「核」字更貼切，所以「核」、「𡳞」並列。

華語「青蛙」，客語說「蜗仔」（guai ˋ e ˇ），「蜗」是新造字。

華語「喝茶」，客語說「食茶」或「啉茶」（lim ˊ ca ˇ），「啉」即是新造字。

第二節 〈娘親渡子〉的用字校訂

昔日的山歌詞多出自普羅大眾，他們往往只用同音或音近之字，故彼此之間用字差異性頗大，有疑慮的地方亦不少，茲以客委會《客語能力認證基本詞彙》、教育部《臺灣客家語常用詞辭典》、〈客家語書寫推薦用字〉等爲依據來校訂〈娘親渡子〉的用字。本節採用的異本有下列：

1. 2011，楊寶蓮《臺灣客語勸世文之研究——以娘親渡子爲例》論文定本用字，簡稱蓮本。

2. 1999，黃菊芳《渡子歌研究》論文定本用字，簡稱芳本。

3. 1933，賴碧霞《臺灣客家民謠薪傳·勸世歌》，簡稱霞本。

4. 1954，陳火添〈娘親渡子勸世文〉，簡稱添本。

5. 市面上出版的山歌本、卡帶、CD、DVD 等所附〈娘親渡子〉唱詞用
字，簡稱民間本。

接下來就依找本字、找堪用字、選用借代字、找用俗字、造新字來的次
序、原則，來校訂〈娘親渡子〉的用字。

一、據本字校訂

本字的認定，是找出音、義都相合的漢字。例如：盪、分、無、游、樵、
搵等。

（一）盪

〈娘親渡子〉：「tong✓ 得衫褲裙子淨」的「tong✓」，意指將搓好的衣服
置入清水中滌盪。霞本、添本作「湯」；蓮本、芳本作「盪」。

湯，《說文·水部》：「湯，熱水也。从水易聲。」，吐郎切又始陽切。(《說
文》〔註1〕頁 566)。湯有三個音義：

1. 《廣韻·平聲·陽韻》：「湯，湯湯，流皃，式陽切。」(《廣韻》〔註2〕
頁 172)，讀同「商」song✓。這裡的湯湯 song✓ song✓ 是指水流的樣
子。音義皆不合。

2. 《廣韻·平聲·唐韻》：「湯，熱水，又姓，吐郎切」(頁 182) 讀 tong
✓。此為姓湯、茶湯的湯。音合義不合。

3. 《廣韻·去聲·宕韻》：「湯，熱湯也。他浪切。」(頁 428) 讀 tong，
音義皆不合。

盪，《說文·皿部》：「盪，滌器也。」段注：「水部曰：『滌，洒也；洒，
滌也。』此字從皿故訓滌器。凡貯水於器中搖蕩之去滓，或以磋垢瓦石和水
吮潦之皆曰盪。盪者，滌之甚者也。《易》曰：『八卦相盪。』《左傳》：「震盪
播越。」皆引申之義。《郊特牲》曰：『滌蕩其聲。』注：滌蕩猶搖動也。蕩

〔註1〕 本論文所提到的《說文》皆為段玉裁：《說文解字注》(臺北：藝文印書館，
1999 年 9 月七版)。以下僅注明所在頁數，不注書名，以省篇幅。

〔註2〕 本論文所提到的《廣韻》皆為〔宋〕陳彭年等重修、〔民國〕林尹校訂：《新
校正切宋本廣韻》(臺北：黎明文化，2009 年 10 月 21 刷)。以下僅注明所在
頁數，不注書名，以省篇幅。

者盪之假借」（頁 215）《廣韻・平聲・唐韻》：「盪，滌盪，搖動貌。說文曰：『滌器也』，徒朗切（頁 313），又吐郎切（頁 182）讀 tong ˇ。

凡用水搖動、洗滌，都叫做「盪」。音義皆合。故「tong ˇ 得衫褲裙子淨」的「tong ˇ」應以「盪」爲本字。

（二）分

〈娘親渡子〉：「奶子搧開 bun ˇ 子食，bun ˇ 子囓」的「bun ˇ」，意思是「給予」，民間本有用「奔」、「分」、「畀」者，芳本、蓮本作「分」。

奔，《廣韻・平聲・魂韻》：「奔，奔走也。博昆切。」（頁 119）讀作 bun ˇ，音合義不合。又「奔，甫悶切。」（頁 400）讀作 bun ˋ，音義皆不合。

畀，《廣韻・去聲・鼻韻》：「畀，與也。必至切。」（頁 355）「畀」本義爲「給予」，讀作 bi。音近義合。

分，《廣韻・平聲・文韻》：「分，賦也，施也，與也。《說文》：「別也」。無分切又府文切。」（頁 111）今音有 fun ˇ、bun ˇ 二音。fun ˇ 屬輕脣音，bun ˇ 屬重脣音。錢大昕考證輕脣音古讀重脣音。故「奶子搧開 bun ˇ 子食，bun ˇ 子囓」的「bun ˇ」，「分」爲本字，音義皆合。

（三）無

〈娘親渡子〉：「三朝七日 mo ˇ 乳食」的 mo ˇ，相當於華語的「沒有」，蓮本、芳本、霞本、添本皆作「無」，民間本有作「冇」、「沒」者。

冇，「冇」唸作 pang，爲民間俗字，如「冇穀」指穀粒空虛不實在、「打冇嘴」指空口說白話。義合音不合。

沒，《廣韻・入聲・月韻》：「沒，沈也。莫勃切。」（頁 479）讀 mud，音義不合。

無，《廣韻・平聲・虞韻》：「無，有無也。武夫切又遇俱切。」（頁 72）「武」、「微」母字，古讀同「明」母，音 m，故「無」唸作 mo ˇ，與「有」相對，如「無錢」。文讀 mu ˇ、vu ˇ，如「無家可歸」。故「三朝七日 mo ˇ 乳食」的 mo ˇ，本字爲「無」，唸作 mo ˇ，音義皆合。

（四）飼

〈娘親渡子〉：「朝朝夜夜愛 cii 糖」，所謂的「cii」就是華語的「餵人食」。民間本有用「喫」、「吃」、「飷」等；蓮本、芳本、霞本、添本皆作「飼」。

喫，本讀作 kid丶，目前臺灣客語音 kie，指食的動作，如喫雞髀（啃雞腿）。可見「喫」義合音不合。

吃，本義是指講話結結巴巴的樣子，讀作 gid丶音義不合。現代華語的「吃飯」，客語說「食」（siid）飯，不用「吃」字。「飲」是白字。

飼，《廣韻・去聲・志韻》：「飼，食也。祥吏切。」（頁 356）讀作 cii，可當動詞，如飼細人仔（餵小孩吃東西）；可當名詞，讀作 cii丷，如飼料（動物吃的食物）。故「朝朝夜夜愛 cii 糖」的「cii」，以「飼」為本字。

（五）游

〈娘親渡子〉：「可比蟻公 iu丷 鑊壁，iu丷 得過，　个貨」的「iu丷」，民間本有作「游」、「遊」者。蓮本、芳本作「游」。

游，《廣韻・平聲・尤韻》：「游，浮也，放也。」、「遊，上同」、以周切。（頁 204）「遊」為「游」的異體字，讀作 iu丷，音義相同，現代國、客語皆有分流：「遊覽」、「旅遊」、「交遊」、「遊行」用「遊」；人或動物在水面浮行時用「游」字，如「游泳」。故在〈娘親渡子〉的「可比蟻公 iu丷 鑊壁，iu丷得過，　个貨」的「iu丷」字，筆者採取「游」字為本字。

不過，在此，「游」應該不是「游泳」之義，而是指「行走」，如《淮南子・覽冥訓》說：「鳳凰翔於庭，麒麟游於郊。」〔註 3〕「可比蟻公游鑊壁，游得過，　个貨。」是說「（女人生產時）好比行走於熱鍋上的螞蟻，如果安然度過生育的危險，那嬰兒就是我們的了。」

（六）樵

〈娘親渡子〉：「又愛 ceu丷 又愛草，又愛蕃薯豬菜轉家堂」的「ceu丷」字，意指「當做燃料的木材」，蓮本作「樵」，芳本作「柴」，民間本作「紫」。

紫，《廣韻・平聲・佳韻》：「紫，祭天燔柴。士佳切。」（頁 93）「紫」讀作 cai丷，意指燒柴祭天的儀式祭名。音義皆近。

柴，《廣韻・平聲・佳韻》：「柴，薪也，士佳切。」（頁 93）讀作 cai丷，指用來當燃料的木柴；也是姓氏，有一齣亂彈戲名為《柴進寫書》。義合音異。

樵，《廣韻・平聲・宵韻》：「樵，柴也。《說文》：「木也」，昨焦切。」（頁 147）讀作 ceu丷，指用來當做燃料的木材，如「燥樵」；指砍柴的人，叫「樵

〔註 3〕〔漢〕高誘注：《淮南子》（臺北：世界書局，1974 年 7 月），頁 95。

夫」。「楢」字形音義皆合，爲本字。

（七）搵

〈娘親渡子〉：「坐得矮來又驚會 vud丶內傷。」的「vud丶」，意指彎曲拗折。蓮本、芳本作「搵」，民間本有作「鬱」、「勿」、「瘟」的。

鬱，《廣韻・入聲・物韻》：「鬱，香草，又氣也，幽也，滯也，腐臭也，悠思也。《說文》曰：『木叢生者』……紆勿切。」（頁 475）「鬱」本義爲香草名，也指氣滯留不順或憂思之情，也指，讀作 vud，音同義近。

勿，《廣韻・入聲・物韻》：「勿，無也，莫也。文弗切。」（頁 475），「勿」的本義爲沒有或不要之意，客語音 vud，音近義不合。

瘟，《集韻》：「瘟，烏昆切，音溫。疫也。」指人或牲畜所流行的急性傳染病，如豬瘟，雞瘟，客語音 vun／，音義不合。

搵：

1. 《廣韻・上聲・吻韻》：「搵，沒也。於粉切。」（頁 279）讀 vun丶。
2. 《廣韻・去聲・慁韻》：「搵，烏困切。」（頁 399）讀 vun，如「搵豆油」（蘸醬油）、「牛搵水」（牛泡澡或客家美食粢粑的另一種吃法）。
3. 《廣韻・入聲・沒韻》：「搵，手撩物兒。烏沒切，音 vud丶。」（頁 481），本義爲手把物體拗彎，如「將鉛線搵彎」（將鐵絲拗彎）、「搵內傷」（坐太久傷了內臟）。

第三個音義即是「坐得矮來又驚會 vud丶內傷。」的「vud丶」的本字。

二、採堪用字校訂

所謂堪用字就是音同義近、音近義同、或音義皆近的字，實際上就是同一來源，或同時產生，或先後產生的同源字，如晾、摛、衰。

（一）晾

〈娘親渡子〉：「竹篙慢慢 lang∨」的「lang∨」相當於華語的「晾衣服」。「lang∨」字，蓮本作「晾」，芳本作「拎」，民間本有作「朗」、「拎」、「涼」、「晾」者。

朗，《廣韻・平聲・蕩韻》：「朗，明也。盧黨切。」（頁 314）讀作 long丶，如「騎馬朗朗」騎馬很愉悅、舒適的樣子；亦可讀作 long，如「明朗」指明亮、光亮。音近義不合。

拎，《廣韻・上聲・青韻》：「拎，手懸捻物。郎丁切。」（頁 195），讀 lang ˇ，音合義不合，因爲「手懸捻物」即是客語「擐」。《臺灣客語常用詞辭典》未收錄此字。

涼，《廣韻・平聲・陽韻》：「涼，薄也，亦寒冷也。呂張切。」（頁 172），音 liong ˇ。又《廣韻・去聲・漾韻》：「涼，薄也，力讓切。」（頁 424）音 liong ˇ，如「涼水」指冷水或汽水；「悲涼」指冷清、淒涼。又可讀 liong，音義皆不合。

晾，《篇韻》音拱、義闕。《字彙補》：「晾，里樣切。」音亮，曬暴也。《臺灣客語常用詞辭典》：「晾」可讀作 lang ˇ，liong 兩音，如「晾衫褲」指把衣服放置在陽光下曝晒或通風的地方使其乾燥。音近義合爲堪用字。故「竹篙慢慢 lang ˇ」的「lang ˇ」採用「晾」字，爲堪用字。

（二）搧

〈娘親渡子〉：「奶子 bien ˋ 開分子食，分子嚐」的「bien ˋ」，意指「翻找」，蓮本、芳本作「搧」；民間本有作「扁」、「扳」、「撬」者。

扁，《廣韻・平聲・仙韻》：「扁，小舟。芳連切。」（頁 139）「扁」讀作 pien ˊ，意指小船。又《廣韻・上聲・銑韻》：「扁，扁署門戶。方典切。」（頁 289）讀作 bien ˋ。又《廣韻・上聲・銑韻》：「扁，姓也，盧醫扁鵲是也。方典切。」（頁 290）讀作 bien ˋ。《廣韻・上聲・獮韻》：「扁，又辨、篇二音。」可見「扁」有 bien ˋ、pien ˊ 二音，其中的 bien ˋ 和 bien ˋ 開之 bien ˋ 音同義不同。

扳，《廣韻・平聲・刪韻》：「扳，挽也。布還切。又音攀。」（頁 128）讀作 ban ˊ、pan ˊ，指用手扶著，使人或物穩立不倒，如「扳好來」。「扳」音義皆不合。

撬，讀作 kieu，指用棍、刀、錐等工具插入縫或孔中，將他物扳開、挑起，如「撬開來」。「撬」音義皆不合。

搧，《說文・手部》：「搧，搏也。从手扁聲。」（頁 616）讀作 bien ˋ，撫摸之意。《廣韻・平聲・仙韻》：「搧，搧擊。畀連切。」（頁 141）「搧」讀作 bien ˊ 與 bien ˋ 開之 bien ˋ 聲調不同，但其字形从手扁聲，容易聯想。「搧」雖非本字，但可堪用，故教育部及客語認證考試即採用此字。

（三）「衰」過

〈娘親渡子〉：「coi ˇ 過阿姆十隻手指，洗到血洋洋。」華語的「可憐」，

客語口語時說「coiˇ過」。「coiˇ過」的用字，蓮本、芳本作「衰過」，民間本有作「才過」、「財過」、「可憐」者。

才，《廣韻・平聲・咍韻》：「才，用也，質也，力也，文才也。《說文》作才，艸木之初也。昨裁切。」（頁 99）意指一個人的資質、能力，讀作 coiˇ。可見「才」字音合義不合。

財，《廣韻・平聲・咍韻》：「財，貨也，賄也。昨裁切。」（頁 99），意指錢財或賄賂他人，讀作 coiˇ。音近義不合。用「才」、「財」是借其音，但是義不合。《客語認證基本詞彙——中高級暨語料選粹》採用「衰」字。

衰，《廣韻・平聲・支韻》：「衰，小也，減也，殺也。楚危切又所危切。」（頁 50）意指小或減少，和「可憐」義近，讀作 cuiˇ、suiˇ 兩音。如衰麻（cuiˇ maˇ）、等衰（denˋ cuiˇ）即是喪服。又《廣韻・平聲・脂韻》：「衰，微也。所追切。」（頁 55）意指微小、低落之意，讀作 soiˇ。今變其音爲 coiˇ，做爲「coiˇ過」的「衰」，音近義通，爲堪用字。

（四）合

〈娘親渡子〉：「轉到屋家屎 gagˋ尿」、「阿姆冷肚 gagˋ冷腸」的「gagˋ」，即華語連接詞「和」的意思。「gagˋ」的用字，蓮本、芳本用「合」，民間本有作「隔」、「和」。

隔，《廣韻・入聲・責韻》：「隔，塞也。古核切。」（頁 515）「隔」的本義爲阻塞、隔離之意，客語音 gagˋ，用「隔」只是借其音義不合。

合，《說文》：「合，合口也。」（頁 225）《廣韻・入聲・合韻》：「合，合同，亦器名，亦六合，侯閤切，天地四方對也。又州名。……」（頁 534）讀作 hab，「合字」、「合用」之本字。又《廣韻・入聲・合韻》：「合，合集。古沓切。」（頁 534）本義爲合集，讀 gabˋ，「一合米」、「三合糧」、「合共下」之本字。

合，在臺灣客語中有四種讀音及用法：

1. hab，爲「合作社」、「天作之合」之本字。
2. gabˋ，爲「合藥仔」（配藥）、「合家」（勻稱地和在一起）之本字。
3. gagˋ，爲「屎合尿」、「合鬼無相同」（標新立異）、「阿姆冷肚合冷腸」之用字。
4. kab̖ˋ，十合爲一升。〈娘親度子〉：「一日食娘三合奶，三日食娘九合漿。」之本字。其中的「三合」、「九合」就是實際上嬰兒喝母奶的容

量，一合約等於 180ml。

故「轉到屋家屎 gagˋ尿」、「阿姆冷肚 gagˋ冷腸」的「gagˋ」就借「合」的音義，疑即「古沓切」（gabˋ）之變音，音近義同，屬堪用字。

（五）毋

〈娘親渡子〉：「燒个 mˇ敢食，冷个 mˇ敢嚐。」客語對應的「mˇ」即是華語的「不要」，蓮本、芳本作「毋」，霞本作「唔」；民間本「吥」、「不」、「唔」兼用，添本作「不」。

唔，華語讀作 uˊ，客語讀 mˇ，吳語第一人稱「我」之意或粵語中表否定之詞。「唔」本為茶陵、永新、建寧、邵武的贛方言〔註4〕，後為民間習用，大部分在山歌本中流傳。

吥，華語讀作 po，「吸取」之意，音義不合。

不，《廣韻・平聲・尤韻》：「不，弗也。甫鳩切。」（頁 208），義同音異。又《廣韻・入聲・櫛韻》：「不，與弗同。分勿切。」（頁 475）讀作 budˋ。又借音讀作 bud，義合音不合。

毋，《廣韻・平聲・虞韻》：「毋，止之辭。武夫切。」（頁 72）讀作 muˇ或 mˇ，音義皆合。

現在客語已統一用「毋」字來表否定的意思，如「毋識人」、「食毋落」等。「毋」亦可讀 muˇ，亦是表禁止或勸誡的意思，如「毋忘在莒」。「毋」是非常古老的辭彙，《禮記・曲禮上》：「毋側聽、毋噭應、毋淫視、毋怠荒。」這裡的「毋」就是「不要」之意。「唔」是俗字，現已不用。

（六）

〈娘親渡子〉：「baˇ籃　luiˋ愛上山岡。」的「luiˋ」是指一種肚大口小的竹器，舊時多用於採茶的季節，在採茶時，將之背於腰後或繫於身旁用以裝採下的茶葉。

「luiˋ」字的用字，蓮本、芳本作「　」，民間作「蕊」、「籃」。

蕊，《廣韻・上聲・紙韻》：「蕊，草木叢生兒。如累切。」（頁 243）、又上聲旨韻「蕊，草木實節生，如壘切。」（頁 250）。「蕊」本義為草木叢生，客語音 luiˊ，以「蕊」為竹器的「luiˋ」，音近義不合。

〔註4〕溫昌衍：《客家研究叢書・客家與梅州書系》（廣州：華南理工大學，2006 年 1 月），頁 187。

　　簍，《說文·竹部》：「簍，竹籠也。从竹婁聲。洛侯切。」段注曰：「《方言》：『簍，籅也，籅小者南楚謂之簍。』（頁 195）《廣韻·平聲·侯韻》：「簍，籠也。落侯切。」（頁 213）、又上聲麌韻：「簍，小筐。力主切。」（頁 264）、又上聲厚韻：「簍，籠也。《周禮》作『簝』。力侯切。」（頁 327），所謂「簝」是宗廟盛肉竹器「簝」的本義爲竹器，客語音 leuˇ，義合音近。

　　肚大口小的竹器，舊時多用於採茶的季節，在採茶時，將之背於腰後或繫於身旁用以裝採下的茶葉，華語用「竹簍」，客家語則用「　公」（luiˋ gungˊ）二字，「　」字是新造字，因爲一般字典電腦都不錄。事實上，在《廣韻》有其字，《廣韻·上聲·紙韻》：「　，法者，可以網人心。力委切。」（《廣韻》，頁 242），讀 luiˋ。《集韻》：「盛土籠也。魯水切。」也讀 luiˋ。音同義合的本字。

（七）倒「　」轉

　　〈娘親渡子〉：「坐得高來驚怕會倒 mag 轉」，「倒 mag 轉」即是華語的「倒栽蔥」。「倒 mag 轉」的用字，蓮本、芳本作「　」，民間本有作「倒麥轉」讀作 do mag zonˋ 或「倒往轉」do gongˊ zonˋ 者。用「麥」是借音；用「往」是借義。現今客家界學者採「　」來替代「麥」字，《廣韻·入聲·陌韻》：「　，擊也。莫白切。」（頁 510）讀 mag。音義皆合的本字。

三、據借代字校訂

　　借代字可分借音字和借義字兩類。如：「仰」般、镢、肚「屎」、乜皆是借音字。

（一）「仰」般

　　〈娘親渡子〉：「喊　老哩愛 ngiongˋ 般？」華語的「如何、怎樣」客語對應讀作「ngiongˋ banˊ」的用字，蓮本、芳本作「仰般」，民間本有作「怎般」、「樣般」、「仰般」、「樣板」者。

　　客語不用「怎」字。「樣般」讀作 iong banˊ；「樣板」讀作 iong banˋ；只有「仰般」「ngiongˋ banˊ」符合原來的音，所以目前臺灣客家界已取得共識，將華語的「如何、怎樣」客語對應寫作「仰般」，另外如「仰般形」、「仰般寫」、「仰般講」都是借音字。

（二）镢

　　〈娘親渡子〉：「蕃薯豬菜尋得 la」，華語「找夠了」客語對應爲「尋得

la」。「la」，蓮本、芳本作「𦘕」，民間本有作「夠」、「啦」者。

夠，讀作 gieu，義合音不合。

啦，讀作 la✓，音近義不合。

𦘕，《廣韻・去聲・禡韻》：「𦘕，孔𦘕。呼格切。」（頁 421）「𦘕」本義為瓦器的裂痕，客語讀 la，手指𦘕（手指間的縫隙）、腳趾𦘕（腳指間的縫隙），是用其本義。借用「𦘕」la 的音來表足夠之意，如「尋得𦘕」（qim✓ ded✓ la，找夠了）、「𦘕擺」（la bai✓ 足夠）是客語借音之例。

（三）肚「屎」

〈娘親渡子〉：「阿姆肚 sii✓ 大」的「肚 sii✓」，華語作「肚子」，蓮本作「屎」，芳本作「笥」，民間本作「子」或「室」。

子，用「肚子」是其本字，和華語一致，「子」是語尾助詞，無意義。但是「子」客語音 zii✓，並無 sii✓ 的音，只是音近。可見「子」義合音不合。

室，《廣韻・入聲・質韻》：「室，房也。《易》曰：穴居野處，後世聖人易之以官室：《釋名》曰：室，實也，人物實滿其中也。式質切。」（頁 470）讀 siid✓，指人物居住活動的空間，如「校室」、「室內」。故把人體腹部，胸下腿上的部分稱為「肚室」，義近音不合。

笥，《廣韻・去聲・志韻》：「笥，篋也。圓曰簞，方曰篋，竹器也。相吏切。」（頁 356）「笥」本指竹製的方形器皿，讀作 sii，義近音近。

屎，《說文・艸部》：「屎，糞也。本作茵，从艸胃省。」《廣韻・上聲・支韻》：「屎，呻吟聲，喜夷切。」（頁 58）又上聲旨韻「許伊切」（頁 249）。「屎」本義為糞便或呻吟聲。行政院客委會客語認證以「肚屎」、「肚笥」並陳來表華語的「肚子」，「屎」是借音字，「笥」是堪用字。

（四）乜

〈娘親渡子〉：「靈前果子件件有，又 me 無看阿姆轉來噆」的「me」，相當於華語的「也」。「me」的用字，蓮本作「乜」，芳本「ㄇㄟ」、「ㄇㄝ」兼用，民間本有作「ㄇㄟ」、「ㄇㄝ」、「咩」、「默」、「沒」、「哶」等。

默，《廣韻・入聲・德韻》「默，《說文》曰：犬暫逐人也，又靜也，或作嘿。莫北切。」（頁 529）「默」一般指安靜之意，客語 med，音義不合。

沒，前揭文已討論過，指沒入水中，客語 mud，音義不合。

咩，《篇海》：「咩，迷爾切，同哶。羊鳴也。」讀作 me，音合義不合。

哶，《玉篇》：「哶，莫者切。」《集韻》：「哶，母野切，音乜。」《玉篇》：「哶，羊鳴也。」讀作 me，音合義不合。

乜，《廣韻・上聲・馬韻》：「乜，蕃姓，彌也切。」（頁 249）《集韻》：「母也切，音哶。眼乜斜也。」「乜」本義指眼斜視或蕃姓，客語音 mia╱，今變其音爲 me、，音合義不合，是借音字。

「ㄇㄟ」、「ㄇㄝ」、「咩」、「哶」、「乜」都是借音。現在客語用字統一，羊叫用「咩」、「哶」，「靈前果子件件有，又 me 無看阿姆轉來嚐」的「me」用「乜」。

四、據新造字校訂

（一）

第一人稱複數，華語的「我們」，客家語口語對應「en╱」，蓮本、芳本作「　」，民間本作「恩」、「　」。「恩」一般都用在德惠、恩澤，如「報恩」，或指愛、情愛，如「恩愛」。故另造一個「　」字代表「我們」之義。〈娘親渡子〉中用到「　」的機率很多：如「艱難辛苦　个娘」、「養　長大得成人」等。

（二）

華語的「我」，客語說「　」，民間本有作「涯」、「捱」、「崖」等，本論文遵照客委會和教育部國語推行委員會的用法，採用造字「　」。〈娘親渡子〉：「燒个　就毋敢食」、「娘親渡子　就苦難當」就用了許多「　」或「　就」當襯字。

（三）

華語「母雞」、「母牛」客語說「雞 ma╱」、「牛 ma╱」，於是新造「　」字來表雌性的「ma╱」字。「牛子過岡毋知牛　叫」（小牛越過山脊就不理母牛的叫喊，絃外之音是說孩子大了，就忘記母親的恩情）

第三節　用字需形成共識

語言是探索族群歷史與文化的重要密碼，而客語更蘊藏了千年來的文化精隨。從上一節的例子中，可見有許多的客家日常用字是有偏差、訛誤的地方。《客語能力認證基本詞彙暨語料》初級、中高級教材以及教育部公佈的《臺

灣客家語常用詞辭典》、《客家語書寫推薦用字》中的用字，已慢慢取得國人的認同。但仍面臨有仍混用俗字的、有各有主張的，仍需國人慢慢養成正確的閱讀與書寫習慣。

一、有現成俗字不用的

例如：「料、嫽、聊」、「麥、摮」。

華語再見，客語說「正來嶚」（zang loiˇ liau），意指下次再來坐坐聊聊的意思。這個「嶚」字昔日有人用借音字「料」（liau），但音同義不合。有人用廣東話「嫽」（niauˋ）者，本義指糾纏，音義皆不合。有人用「聊」（liauˇ），意義上一看就懂，但是調類不對。更有人用「樂」、「遶」、「嫽」意義更奇特偏狹。經專家討論認定「嶚」字更為恰當，《說文・火部》：「嶚，柴祭天也，力照切」；《廣韻・去聲・笑韻》：「嶚，力照切，《說文》曰：『柴祭天也』」（頁 414）音 liau，「嶚」，與「燎」音義相同。「嶚」不但音同，同時祭祀瞭望祭天的儀式，才更會邀請親朋好友來坐坐聊聊，更符合常民的風俗，故「嶚」字的音義皆合，但是「料」、「嫽」、「聊」沿用已久，頓時改成「嶚」字需要大家取得共識。

華語「倒栽蔥」，閩南語說「倒摔向、倒頭栽」，客語說「倒　轉」（do mag zonˋ），是相當特殊的說法。「　」，昔日有用借音字「麥」（mag）者，也有人造「摮」字者。「麥」字一看就知它的發音，「摮」一看就懂它的音義。上節已討論過，「　」才是它本字，但因為漢語甚少用本字，故要取得共識也需費一番功夫。

二、有各有主張的

例如：衰過（才過、財過、在過）、厥（其）爸、渡子。

華語「可憐」，客語說「coiˇ go」，上節已討論過應以「衰過」為是，客委會及教育部國語委員會也用「衰過」。但是昔日山歌本等都用「才過」（coiˇ go）、「財過」（coiˇ go）或「在過」（coiˇ go），因為這些字一看就能唸出它的音調。更何況「衰」字，一般人乍看之下會唸成 soiˇ，如何將衰過唸 coiˇ go，又將它解釋作「可憐」，要大費周章。故目前衰過、才過、在過的用法，各有擁護者，互不相讓。

華語「他的爸爸」，客語說「giaˇ 爸」；華語「他的哥哥」，客語說「giaˇ哥」這個「giaˇ」字，有「其」、「厥」兩派主張，各有其理論基礎和擁護者。

《廣韻‧上聲‧之韻》：「渠之切，又音基，辝也。」音 gi ✓，本指文物之辭。亦有代詞第三人稱他的、她的、它的、牠的之義，如《易‧繫辭》：「其旨遠，其辭文」、《史記‧本紀列傳》也說：「今者項莊拔劍舞，其意常在沛公也」。《廣韻‧入聲‧月韻》：「厥，居月切，其也，亦短也，《說文》曰：『發石也』」，音 gied ✕，和「其」義通，它亦可用來當第三人稱代詞，如〈賈誼‧弔屈原賦〉：「遭世罔極兮，乃殞厥身」、《魏志‧武帝紀》：「永思厥艱」。厥、其意思相近，皆是借義字，當第三人稱代詞也都早有古例。

華語「帶孩子」、客語說「渡子」，也有人主張用「度子」。度，《說文》：「度，法制也。」段注曰：「《論語》曰：『謹權量，審法度。』《中庸》曰：『非天子不制度，今天下車同軌，古者五度：分、寸、尺、丈、引謂之制。』」（頁117）、《廣韻‧去聲‧暮韻》：「度，徒故切，法度。」（頁367），音 tu，原爲名詞法制之意。又《廣韻‧入聲‧鐸韻》：「度，徒落切，度量也，又音渡。」（頁504），可見度有 tog，tu 兩讀，與「渡」同音。渡，《廣韻‧去聲‧暮韻》：「渡，徒故切，濟也、過也、去也。」（頁367）音 tu，原指過河、前去之意。目前官方是採用「渡子」，因爲「渡子」有撫育小孩之意，正如同佛陀「濟渡、渡引世人自此岸到達彼岸」的宏願，故採用此字。同時，「度」和「渡」的四縣音雖相同，但是海陸音前者屬陽去聲，後者屬陰去聲，故從聲調來看，還是要用「渡」字才同時適用於四縣、海陸。不過長久以來的山歌本多用「度子」，要國人馬上接受誠屬困難。

近年，政府聘請了許多專家研究出許多較精準的客家用字，文字工作者基於自己的用字習慣或成見，並未好好加以運用，以致公帑和專家時間都白白浪費，甚是可惜。仍需國人慢慢形成共識，養成正確的閱讀與書寫習慣。

第四節　〈娘親渡子〉字詞的文化蘊涵

語言，不只是一種工具而已，更是通往深層文化的宮牆門戶。不僅是表現於生活，更是歷史的記載、人類最古老的紀念碑。〔註5〕〈娘親渡子〉中，保存許多可貴的經典雅言，往往是華語、閩南語所沒有的，非常值得探究，例如〈娘親渡子〉：「轉到屋下屎合尿」的「屋」，華語大都說「房子」，閩南

〔註 5〕何石松：〈從客語詞彙‧初探客家文化之內涵〉，收錄於《客家語言文字與教育研討會論文集》（臺北：臺北市民政局，1999 年未註明年月）。

語說「厝」，但是客語一律用「屋」，此種用法在《詩經・豳風・七月》：「誰謂雀無角，何以穿我屋？」就有了。又如〈娘親渡子〉：「燒个毋敢食，冷个毋敢嚐」，客家人將白話否定詞「不要、不」稱爲「毋」，華語口語說「不要」，閩南語用「袂、莫、無愛、毋通」，《論語・子罕》：「毋以與爾鄰里鄉黨乎？」可見「毋」字也是源遠流長，保留在閩、客語中。

　　這一節的重點，就選取〈娘親渡子〉中較特殊的字詞，指出它的原始音義，古漢語和中古詩詞中的用法，和華語、閩南語用法的不同，以及它在文化上的重要意義。爲了便於說明起見，筆者把它分成名詞、代名詞、助詞、動詞、量詞來說明。

一、名詞、代名詞

（一）儕（sa∨）

〈娘親渡子〉：「儕儕愛做人子女，儕儕愛做人爺娘。」

華語的「人人」客語說「儕儕」（sa∨ sa∨）。華語的「誰」，客語說「麼儕」（ma丶 sa∨）；其他如你兩儕（ngi∨ liong丶 sa∨，你兩人）、佢兩儕（gi∨ liong丶 sa∨，他兩人）、各儕（gog丶 sa∨，各人）、一儕（id丶 sa∨，一人）。

《說文・人部》：「儕，等輩也。从人齊聲。」段注：「等齊簡也。故凡齊皆曰等。《樂記》曰：『先王之喜怒哀樂皆得其儕焉。喜則天下和之，怒則暴亂者畏之。注：儕猶輩也。』」（頁 376）《廣韻・平聲・皆韻》：「儕，等也、輩也、類也。士皆切。」讀作 sa∨ （頁 95）可見「儕」本義指同輩、同類的人，如吾儕、同儕，如《左傳・宣公十一年》說：「吾儕小人」，《漢書・卷八十七・揚雄傳上》也說：「儕男女，使莫違」。

客語把「儕儕」當作「人人」是借其義。「儕」目前只保留在客家語中，華語、閩南語都是用「人」字，這是一個非常特殊的詞彙。

（二）子（zii丶）、仔（e丶）

〈娘親渡子〉：「儕儕愛做人子女」、「娘親渡子苦難當」、「籃子擐等到河江」、「盪得衫褲裙仔淨」等。

子，華語有二音：一爲上聲，如：子女、子孫；一爲輕聲，如：桌子、桃子，是名詞的後綴。客語「子」字讀上聲，常用的有二義：一爲子女之子，與華語相同；一爲「小」義，如豬子、鴨子，即小豬、小鴨之意。名詞的後綴之「子」，客語用字定爲「仔」，如桌仔、桃仔、裙仔等，分流使用，比較

清楚，閩南語大致也是採取這種處理方式。

（三）子嫂（ziiˋ soˋ）、心臼（xim↗ kiu↗）

〈娘親渡子〉：「堵著屋家子嫂多。」《梅州文獻第四集》對「子（姊）嫂」、解釋是：

> 婦人對夫之兄弟之妻曰子嫂（妯娌之謂），對弟之妻曰老弟新婦，土音老睇心舅。按爾雅：女子稱兄之妻爲嫂，弟之妻爲婦。郭註猶今言新婦是也。今人稱老弟之弟，音如廣州人讀睇，新婦音如心舅。州人稱弟妻雖同爲新婦，但可言子婦，非弟之妻也。加老弟二字，則與子婦有別矣。〔註6〕

可見，華語的「妯娌」，客語稱爲「子嫂」ziiˋ soˋ，華語的「弟媳」，客語稱爲「老弟（睇）心舅」loˋ tai↗ xim↗ kiu↗。

「新婦」一詞，敦煌吐魯番文書：「右件上物新婦爲阿公佈施。」（阿29-1-60，3-337）可見「子嫂」、「老弟新婦」的稱呼來源甚早。而「心舅」來自廣州土語。今日「心舅」是指「媳婦」；「老弟心舅」是指「弟媳」（弟弟的太太）。現在教育部推薦用字用「子嫂」ziiˋ soˋ，心舅則作心「臼」，以免誤解「舅」字。

（四）爺（ia∨）

〈娘親渡子〉：「做人爺哀愛平心」。「耶」先秦時在句中作助詞。南北朝時用作親屬稱謂詞，指父親，《古文苑‧木蘭詩》：「軍書十二卷，卷卷有耶名」〔宋〕章樵注：「耶，今作爺。俗呼父爲爺」〔註7〕至唐代，父之稱謂有作「耶」字，也有作「爺」字。作「耶」字，如杜甫〈兵車行〉：「耶孃妻子相走送，塵埃不見咸陽橋。」（《全唐詩》卷216）加「父」作「爺」字者，如白居易〈新豐折臂翁〉：「村南村北哭聲哀，兒別爺娘夫別妻」（卷246）杜牧〈別家〉：「初歲嬌兒未識爺，別爺不拜手吒叉。」（卷524）由此可知，「爺」乃後起字，在唐代與「耶」並見，作爲父親的稱呼，現代方言的西南官話、吳語、客語仍承襲此種用法。至於現代中原官話和蘭銀官等方言區以「阿爺」稱祖父，以及現代華語以「爺爺」稱祖父的用法，中古時期未見，應是始於

〔註 6〕丘秀強、丘尚堯：《梅州文獻第四集》（臺北：梅洲文獻社，1977 年 2 月），頁14。
〔註 7〕〔宋〕章樵注：《古文苑》（臺北：鼎文書局，1973 年 1 月），頁 257。

近代。〔註8〕

　　〈娘親渡子〉:「爺娘想子長江水,子想爺娘無支擔竿長」、「二來奉勸父母人,做人爺哀愛平心」,贛南興國〈十月懷胎〉:「父是天來母是地,孝敬父母理當然」,「爺」、「父」都是指父親。不過客家人在口語面稱自己父親時,一般不用「爺」、「父」而用「阿爸」。

(五)哀(oiˋ)、娘(ngiongˇ)、姆(meˊ)

　　〈娘親渡子〉:「艱難辛苦　个娘」、「做人爺哀愛平心」、「阿姆肚屎痛」。華語的母親、媽媽、娘,客家人說娘、哀、阿姆,居父母喪也自稱「哀」。

　　哀,《說文・口部》:「哀,閔也。段注:『閔弔者在門也。引申之,凡哀皆曰閔』」〔註9〕《書・大誥》:「允蠢鰥寡哀哉。」〔註10〕《詩・豳風・破斧》:「哀我人斯。」又《詩・小雅・蓼莪》:「哀哀父母,生我劬勞。」

　　孃,《說文・女部》:「孃,煩擾也。從女襄聲。」段注:「今人用擾攘字,古用孃。」(頁631)故「孃」的本義指煩擾,與稱謂詞無關。南北朝時,「孃」始作親屬稱謂詞,指母親,如《古文苑・木蘭詩》:「旦辭耶孃去,暮宿黃河邊,不聞耶孃喚女聲,但聞黃河流水鳴濺濺。」至唐代,有承襲前代稱母親爲「孃」者,如:「恐孃不識,走入堂中,跪拜阿孃曰:『識兒以不?兒是秋胡。今得事達,報孃汝(乳)哺之恩。』」(985,〈秋胡變文〉)。在南北朝時「娘」本指年輕的女子,在唐代亦可作爲直系親屬母親的稱呼,如:「兒若於慈孝,天恩賜金,交將歸舍,報娘乳哺之恩。」(986,〈秋胡變文〉),可見在唐代,作爲母親稱謂詞的「孃」和「娘」已開始混用。「孃」加前綴「阿」成爲雙音詞,始見於南北朝,而「阿娘」則首見於唐代,如變文「阿娘懷子,十月之中,起坐不安,如擎重擔」(425,〈父母恩重經講經文〉)。自元明時期,「阿孃」出現的情況較少,至清代「阿孃」更爲少見。近代,「阿孃」已被淘汰,只有「阿娘」仍保留在某些方言區中。〔註11〕

〔註8〕洪藝芳:〈敦煌變文中「阿」前綴的親屬稱謂詞——以直系血親稱謂詞爲中心〉,頁112～114。

〔註9〕段玉裁:《說文解字注》(臺北:藝文印書館,1999年9月),頁61上。以下凡是《說文》的資料皆引自此版本,不另作注。

〔註10〕藝文印書館:《重刻宋本十三經注疏・尚書》(臺北:藝文印書館,未註明出版年月),頁192上。以下凡是有關十三經等資料,皆引自中央研究院電子文獻,不另作注。

〔註11〕洪藝芳:〈敦煌變文中「阿」前綴的親屬稱謂詞——以直系血親稱謂詞爲中

　　姆，《廣韻·去聲·候韻》:「女師,《說文》作娒。莫候切。」(頁 438)
指古代教育未婚女子的婦人,讀 meu。《說文·女部》:「娒,女師也。」注釋
「〈士昏禮〉注曰:『娒,婦人五十無子出,不復嫁,能以婦道教人者。』《左
傳》:『宋大災宋伯姬卒待姆也。』何注《公羊傳》曰:『禮後夫人必有傅母,
所以輔正其行,衛其身也。』選老大夫爲傅,選老大夫妻爲母。按母即娒也。」
〔註12〕「母」和「娒」相通。「母」文言讀作 mu˪,口語讀作 me˪。

　　丘秀強、丘尚堯《梅州文獻第四集》對於「娘」、「哀」或「阿姆」也有
詳細的解釋:

> 父母,統稱爺孃,亦稱爺哀。按古〈木蘭詩〉:「不聞爺孃喚女聲。」
> 《玉篇》註:爺,以遮切,俗爲父也;又曰孃,與娘同,讀女良切。
> 《南史竟陵王·子良傳》。子良曰:「娘今何處用讀書。」《北史·韋
> 世康傳》,世康與子弟書曰:「娘春秋已高,溫凊宜奉。」《隋書》,
> 太子勇語衛王曰:「阿娘不與我好婦,亦也可恨。」皆通用娘字,其
> 相混已久。黃釗《石窟一徵》曰:母曰乳讀如哀。《朱子家禮》:母
> 死稱哀子。今州人生以稱其母,蓋哀與愛通。母主慈愛,故有此
> 稱。〔註13〕
>
> ……
>
> 母。曰阿姆。阿媽。阿嫺。按姆爲女師也。《禮記》:「女子十年不
> 出,姆教婉、娩、聽從。」〔註14〕鄭註云:婦人五十無子出,不復
> 嫁,以婦道告人,若今乳母人。《史記倉公傳》:「故齊北王阿姆」,
> 註:服虔曰乳母也。姆以女每聲讀若母同。今州人呼母字以每聲相
> 近,尚作米音,與羊鳴聲相似,此是古音,古晦與母通,惟姆字未
> 變。〔註15〕

由以上可知,華語的「父母」,客語說「爺哀」,「哀」字出現得很早,《朱子
家禮》即記載「母死稱哀子」,客家人繼承舊俗稱自己的母親爲「哀」,華語、

心〉,頁 115～117。

〔註12〕段玉裁:《說文解字注》(臺北:藝文印書館,1999 年 9 月),頁 622 上。

〔註13〕丘秀強、丘尚堯:《梅州文獻第四集》(臺北:梅州文獻社,1977 年 2 月),頁
13。

〔註14〕孫希旦:《禮記集解·卷 7·檀公上》(臺北:文史哲出版社,1990 年 8 月),
頁 772～773。

〔註15〕丘秀強、丘尚堯:《梅州文獻第四集》,頁 13。

閩南語未承襲此用法。「姆」即是「母」，音狀羊叫聲，以婦道教人，客語又習慣稱母親爲「阿姆」，但閩南語的「阿母」才指母親，「阿姆」則是指伯父的妻子或尊稱母輩中年紀較大的女子，和客語用法不同。

（六）乳（nen、i↗）、奶（nai↗、nen）

〈娘親渡子〉：「一日食娘三合 nen」。「nen」有用乳或奶者。

乳，本指「生殖」。《說文‧乚部》：「人及鳥生子曰乳，獸曰產。」（頁 590）《廣韻‧上聲‧語韻》：「乳，柔也。而主切。」（頁 263）讀 nai↘，意指人及鳥生子。《禮記‧月令》：「（季冬之日）鴈北鄉，鵲始朝，雉雊，雞乳。」《史記‧扁鵲倉公列傳》：「菑川王美人懷子　而不乳。」司馬貞《索隱》：「乳，生也。」「乳」在古代還常用來形容哺乳期間的動物。如《莊子‧盜跖》：「案劍瞋目，聲如乳虎。」《荀子‧榮辱》：「乳彘觸虎，乳狗不遠游。」乳虎、乳彘、乳狗是指哺乳期間的母虎、母豬、母狗。後來「乳」又引申有「初生」之意，如韓愈〈食曲河驛〉：「群烏巢庭樹，乳燕飛簷楹。」（卷 341）、李賀〈惱公〉：「曲池眠乳鴨，小閣睡娃僮。」（卷 391）「乳燕」即初生的燕子，「乳鴨」即是初生的小鴨。現在常用的「乳房」、「乳汁」等義，古代也有，如《山海經‧海外西經》：「形天與帝至此爭神，帝斷其首，葬之常羊之山，乃以乳爲目，以臍爲口，操干戚以舞」〔註 16〕、《史記‧卷 96‧張丞相列傳第 36》：「蒼之免相後，老，口中無齒，食乳，女子爲乳母」〔註 17〕等。但是今日華語中已失去「生殖」和「形容哺乳期間的動物」之義。〔註 18〕

奶，古作「嬭」。《說文》未收此字。《廣韻‧上聲‧薺韻》：「嬭，楚人呼『母』。奴蟹切。」（頁 269）讀 nai↘。又《廣韻‧上聲‧蟹韻》：「嬭，乳也。奴蟹切。」（頁 270）同樣讀 nai↘。今人謂乳房爲「奶」，乳汁亦爲「奶」，如《兒女英雄傳‧三十九》：「偏是這當兒，孩子要吃奶。」又當「養」講，如《兒女英雄傳‧二十二》：「戴勤家的笑道：『姑娘就是奴才奶大的。』」也可當「對祖母的尊稱」，如「奶奶最疼我。」或婢僕對主婦的尊稱，多指已婚者而言，如《紅樓夢‧四四》：「鴛鴦笑道：『很不與大奶奶相干，有我呢！』」

〔註 16〕袁珂校注：《山海經校注》（臺北：里仁，1995 年 4 月），頁 207～228。

〔註 17〕〔日〕瀧川龜太郎：《史記會注考證‧卷 96》（臺北：萬卷樓，2006 年 10 月），頁 1096。

〔註 18〕郭錫良等編：《古代漢語‧上冊》（天津：天津教育出版社，1991 年 6 月），頁 115。

王力《同源字典》認爲「奶是乳的音轉。」

現今華語常常是「奶」、「乳」混用，例如「羊奶」、「羊乳」，「牛奶」、「牛乳」。但是客語仍嚴守「奶」、「乳」之區分。「奶」只用在「指養尊處優的高貴婦女」，如「阿奶」a ˇ nai ˇ。而「乳」的應用範圍很廣：

1. 哺育、餵奶，引申爲撫養：乳哀（nen oi ˇ）。
2. 初生尚在哺乳階段的人或動物：乳子（nen zii ˋ）、乳狗仔（nen geu ˋ e ˇ）、乳豬仔（nen zu ˇ e ˋ）。
3. 嬰兒階段的：乳名（nen miang ˇ）。
4. 乳房的俗稱：乳菇〔註19〕（nen gu ˇ）。
5. 乳狀物的總稱：牛乳（ngiu ˇ nen）。
6. 黃豆的加工品，利用黴菌發酵，醃製而成的豆腐」：豆腐乳 teu fu i ˇ。

「乳」的本義是動詞，指母親抱著幼子哺乳，其後才引申爲名詞，如乳菇、牛乳等，而「奶」是後起字，在唐詩、宋詞中仍少見，但今日華語、閩南語「奶」甚至比「乳」活躍許多，客語詞彙大部分都用「乳」字。

（七）坮（de）、塊（kuai）、枋（fong ˇ、biong ˇ）、板（ban ˋ）

〈娘親渡子〉：「無福之人來降子，得人四坮枋。」意指無福的婦人生子，若難產而亡，只落得得「一副棺材」的下場。以「四塊木板」委婉地替代「棺材」。「四坮枋」在其他唱本中有作「四塊枋」、「四坮板」、「四塊板」者。

1. 坮、塊

四方形物品的量詞，客語習慣用「坮」、「塊」，華語用「塊」。

坮，《說文·土部》：「坮，螘封也，从土至聲。」段注：「螘封者，其土似封畍之高，故謂之封。《周禮》注：『聚土曰封』此其意也。《詩·毛傳》曰：『坮，螘塚也。』案：坮之言突也。（頁698）《廣韻》：「坮，蟻封，又曰塚前闕也。」（頁493）。

塊，《說文·土部》：「塊，墣也。」（頁690）《廣韻》：「塊，土塊。」（頁

〔註19〕乳菇：《乳姑不怠》講述了唐代崔山南人家裏已經是做祖母的媳婦用乳汁孝養已經是曾祖母的婆婆，且永不懈怠的孝行。此爲《二十四孝》中第二十二則故事。故有學者主張乳房用字應爲「乳姑」，不過教育部統一用字採「乳菇」。

389）《博物志》：「徐州人謂塵土爲蓬塊。」《左傳・僖二十三年》：「晉公子重耳出亡，過衞，衞不爲禮，出於五鹿。乞食於野人，野人與之塊。」又《儀禮・喪服》：「凡喪居倚廬，寢苦枕塊。」又造物之名曰大塊，如《莊子・大宗師》：「大塊載我以形，勞我以生。」

可見「垤」本指螞蟻窩，「塊」本指土塊。在客語中，專用來計算塊狀或片狀東西的量詞，「垤」、「塊」並用，借「垤」字爲 de，是借其音，「垤」華語、閩南語不用；「塊」字應爲本字，客語有 de、kuai 二音，華語、閩南語仍活絡，華語唸 kuaiˋ，閩南語唸 deˇ。又客家有一喪俗，在喪葬完畢時通常會宴請客人，這種活動，北部的四縣、海陸都說「食大 de／deˇ」，南部四縣人稱爲「食大 kai」，用「塊」字的本音本義。

2. 枋、板

枋，《說文・木部》：「枋，枋木，可作車，从木方聲。」（頁 247）《廣韻》：「枋，木名可以作車，又蜀以木偃魚爲枋，府良切。」（頁 175）平聲陽韻，客語音 fongˊ，語音爲 biongˊ。「樹枋仔」用此字，又借爲「頭枋車」（頭轉車）、「這枋茶」（這一期出產的茶葉）等用字。

板，爲「版」之後起字。《說文・片部》：「版，片也，从片反聲，布綰切。」（頁 321）《廣韻》：「版，《說文》：『判也，布綰切』」（頁 286）屬於上聲潸韻，客語音 banˋ，又借爲「枋」字，如地名「枋橋」讀爲 biongˊkieuˇ。「枋」字在華語中已少見，但在閩南語中就如同客語用法，如：枋模、洗衫枋、枋寮等，「枋」比「板」更活絡。

（八）面（mien）

〈娘親渡子〉：「點點食娘身上血，食到娘親面皮黃。」、「頭無梳來面懶洗」、黃婆變編撰〈十月懷胎〉：「梳頭洗面鏡裡照，面色青黃無精神。」華語的「臉」字，在臺灣客家語中一律都是用「面」字代替。

面，《說文・面部》：「面，顏前也。」段注曰：「顏者，兩眉之中間也，顏前者謂自此而前則爲目、爲鼻，爲目下、爲頰之間。」（頁 427），《廣韻》：「面，向也，前也……顏前也。」（頁 409）爲正面、反面、前面、後面之面。

臉，《說文》未收此字，《廣韻》：「臉，臉朧也」（頁 226）、「臉，臉臉羹屬也。」（頁 336），《集韻》：「臉，頰也。」《韻會》：「臉，目下頰上也。」可見「臉」的本義爲「顴骨」，指「目下頰上」的部位，「臉」的範圍比「面」

窘。古人所說的「面」相當於現在的「臉」,「臉」和「面」的區分在古代是很清楚的,現今華語已變成同義詞了。〔註20〕客語不用「臉」字,如華語的「洗臉」,客語說「洗面」;華語的「沒臉見人」,客語說「無面見人」。閩南語也幾乎不用「臉」,只有「落臉」(失面子、無面子)才用,其他和客語一樣一律用「面」,如:面容、面貌、戀頭戀面等。可見客語、閩南語比華語保存更多的古語用法。

(九)晡(bu╱)

〈娘親渡子〉:「bu╱bu╱夜夜愛餇糖。」的「bu╱bu╱」是指白天的意思。「bu╱」的用字,目前客家已有共識用「晡」字。

《廣韻‧平聲‧模韻》:「晡,申時。博孤切。」(頁85)「晡」是指下午三點到五點的時間,讀 bu╱,故「晡晡」即是「bu╱bu╱夜夜愛餇糖。」的本字。

「晡」是一中古漢語詞彙,《漢書‧卷二十六‧天文志第六》有「昳至晡,爲喬」,東漢《新校搜神記‧搜神記‧卷四》有「眠覺,日已向晡」,《北齊書‧卷三十一‧列傳第二十三‧王晞傳》有「朝晡給予御食」等語句。在唐詩中亦時常出現,如:杜甫〈徐步〉:「荒庭日欲晡」(卷226)、白居易〈宿杜曲花下〉:「寧愁日漸晡」(卷 448)目前華語中甚少見,不過,客語中仍保留其音義,如今晡日(今天)、昨晡日(昨天)、今晡暗晡(今晚)、昨晡暗晡(昨晚)。閩南語中也有頂晡(上午)、下晡(下午)、軟晡(傍晚陽光轉弱的時候)的說法。

(十)鑊(vog)

〈娘親渡子〉:「親像人蟻公游鑊壁」,「鑊壁」指鍋子的內面。

鑊,《廣韻‧入聲‧鐸韻》:「鑊,鼎鑊。胡郭切。」(頁509)意指鼎鑊,讀 vog。《周禮‧天官‧亨人》:「掌共鼎鑊。」注:「鑊,所以煮肉及魚臘之器。」《前漢書‧刑法志》:「有鑿顛抽脅鑊亨之。」《師古注》:「鼎大而無足曰鑊。」

「鑊」屬上古漢語,《儀禮‧少牢饋食禮‧第十六》有「三鼎在羊鑊之西,二鼎在豕鑊之西。」《淮南子‧說山》有「嘗一臠肉,知一鑊之味」之語

〔註20〕 參見郭錫良等編:《古代漢語‧上冊》(天津:天津教育出版社,1991年6月),頁110～111。

句。在唐詩中，「鑊」、「鍋」已併行，如元稹〈四皓廟〉：「秦王轉無道，諫者鼎鑊親。」（卷396）、劉長卿〈樂府雜曲・雜曲歌辭・太行苦熱行〉：「諸將候軒車，元兇愁鼎鑊。」（卷24）李洞〈題慈恩友人房〉：「塔稜垂雪水，江色映茶鍋。」（卷722）、陸龜蒙〈奉和襲美茶具十詠・茶灶〉：「盈鍋玉泉沸，滿甌雲芽熟。」（卷620）。

可見唐代「鑊」、「鍋」兼用，不過仍以「鑊」較多，並且習慣「鼎鑊」連用。到了近代華語「鑊」字已漸爲人所遺忘，華語用「鍋」，閩南語用「鼎」或「鍋」（電鍋）。但在客語裡，只用「鑊」、不用「鍋」字。

（十一） （ngaiˇ）、麼个（maˋ ge）

1. （ngaiˇ）

〈娘親渡子〉：「冷个　就毋敢嚐」、「河壩慢慢洗，圳溝　慢慢盪」。

華語的「我」，客語說「　」（ngaiˇ）非客家人經常將客家話稱爲「　話」或「麼个」話。

客語的第一人稱單數叫「　」（ngaiˇ），第一人稱複數叫「　兜」（ngaiˇ deuˇ）或「　等」（ngaiˇ nenˇ），民間本有作「　」、「涯」、「捱」等。

捱，《說文》《廣韻》未收此字，《集韻》：「捱，宜佳切，音厓。拒也。又俗謂延緩曰捱。」意指拒絕或拖延，讀 ngaiˇ，是借其音，義不合。

涯，《廣韻・平聲・支韻》：「涯，水畔也。又五佳切。」（頁 45）意指水邊，讀 ngaiˇ。又《廣韻・平聲・佳韻》：「涯，水際。五佳切。」（頁 93）亦是指水邊，讀 ngaiˇ。把「涯」讀 ngaiˇ，是借其音，義不合。

會用「涯」、「捱」僅是電腦打字方便，文史工作者應是要打「　」字，「　」就是新造字。一般人認爲用「吾」（ngaˇ／ngaˋ、ngˇ／ng）、「我」（ngoˊ／ngoˋ、ngoiˋ）或「俺」（amˋ／amˇ）字即可。但是考慮到語言中有以自稱詞代表族群名稱的現象，例如在江西稱客家人爲「　人」〔註21〕，臺灣原住民稱客家人爲「ngaiˇ ngaiˋ」，「　」字是客家人重要指標，如果用「吾」、

〔註21〕溫昌衍：《客家研究叢書・客家與梅州書系》（廣州：華南理工大學，2006年1月），頁 187。江西省余干、建寧、弋陽、南城爲贛方言區，有說　／我的情形。余干、建寧音 nga、弋陽、南城音 a，客家方言多說 ngai。可見 ngai 是古贛語詞，客家方言把它保留下來。羅肇錦：〈非漢語成份說略〉，《第五屆客家方言暨首屆贛方言學術研討會論文集》（南昌：南昌大學，2002年7月），頁 378～379 認爲：　是西南緬藏語系的方音，與北方漢語接軌後產生的新語言。

「我」、「俺」會失其本音，故造「　」字代表第一人稱自稱詞。

2.麼个（maˋ ge）

「麼个」是疑問代名詞，如同華語的「什麼」。有句俗諺：「結了三年子嫂，還毋知張伯姆姓麼个」，意指「當了三年的妯娌，還不知道大伯的妻子姓什麼！用以形容一個人太不上道、不了解狀況」。又「佢係有名个鱸鰻，你還敢惹佢，正經係結了三年子嫂，還毋知張伯姆姓麼个」是指「他是有名的流氓，你還敢去惹他，眞是太不了解情況了。」又有句：「麼个藤結麼个瓜，麼个人講麼个話」意思是說「什麼藤結什麼瓜，什麼人說什麼話。喻人根據身分講出合適的話語。」在客語中，「麼个」一詞非常活躍。

華語的「我」，客語說「　」，閩南語說「我」、「阮」；華語的「什麼」，客語說「麼个」，閩南語說「啥物」彼此差別很大，所以非客家人經常將客家話稱爲「　話」或「麼个話」。「　」或「麼个」也成爲客語的重要代表。

（十二）餔娘（buˊ ngiong∨）

邱阿專〈十月懷胎〉：「衰過　个妻來　个娘」、「驚無 buˊ 娘」，客家語「妻」（qiˊ）、「buˊ 娘」、「老婆」（loˋ po∨）、「太太」（tai tai）、「姐」（jiaˋ）都是華語「老婆」之意。其中「妻」、「老婆」、「太太」和華語用法一致，大都用在文言或戲曲文學中。「姐」和「buˊ 娘」大都用在口語中。

《廣韻·上聲·馬韻》：「姐，羌人呼母。一曰慢也。茲野切。」讀 jiaˋ，原指羌人對母的稱呼，目前臺灣客家「姐」有三種用法：(1)對母的稱呼；(2)老婆；(3)和「姊」通用，讀 jiaˋ。

「buˊ 娘」的「buˊ」用字，民間本有作「哺」、「輔」、「夫」、「婦」者，現已統一作「餔」。《廣韻·平聲·模韻》：「餔，《說文》云：申時食也。博孤切，又音步。」（頁 85）意指下午三點到五點的那頓餐食，可讀作 buˊ 或 pu。又《廣韻·去聲·霽韻》：「餔，糖餔，又作糒。薄故切。」（頁 370）意指甜的乾飯，讀作 pu，又稱作「糒」（pi）。「餔」不但借其音，亦有婦人主中饋之意。

閩南語稱太太爲某、家後、牽手、查某人等，「查某人」和客語的「婦人家」類似，其他的和客語「姐」和「餔娘」就差別很大。

（十三）齧（齾，ngadˋ）

〈娘親渡子〉：「天上無 ngadˋ 想愛上。」〈山歌腔·初一朝〉也有句：「擔

竿無 ngad ╲ 妳愛顧兩頭。」〔註22〕ngad ╲ 是指齒痕、缺口或階梯。到底 ngad ╲ 的用字要用哪個較適合？

齾，《說文·齒部》：「齾，缺齒也。从齒獻聲。」五轄切。段注：「引伸凡缺皆曰齾。」（頁 80）《廣韻·入聲·曷韻》：「齾，獸食之餘。五割切又五結切。」（頁 484）讀 ngod ╲、ngied ╲，意指野獸食物時留下的齒痕。又《廣韻·入聲·鎋韻》：「齾，器缺也，五鎋切。」（頁 490）亦讀作 ngod ╲，意指器皿有缺口。

齧，《說文·齒部》：「齧，噬也。」段注：「口部曰噬，啗也。《釋名》曰：鳥曰啄，獸曰齧，齧，齾也，所臨則禿齾也。」（《說文》，頁 80）《廣韻·入聲·屑韻》：「齧，噬也。《莊子》：『有齧缺』。五結切。」（頁 494）讀 ngied ╲，意指吃東西。

由此觀之，齧、齾都讀 ngad ╲、ngied ╲，臺灣四縣腔讀 ngad ╲，兩者音同義近。「齧」一般當動詞，例如：齧一口（咬一口）、齧齧仔食（吃個不停），或者當形容詞，如：「齧察」（小氣）。而「齾」本義即為「缺齒」、「缺口」，「天上無 ngad ╲ 想愛上。」的 ngad ╲ 採用「齾」字較貼切。「天上無齾想愛上」是說「天上沒有缺口想要上去」；「擔竿無齾妳愛顧兩頭」是指「擔竿兩端沒有刻凹槽，妳挑擔時兩頭都要留意。」「齾」字雖合，但有二音二義，並且字畫複雜，教育部的辭典已改用「囓」字。「齧」、「囓」為異體字，閩南語中有保持此音義，華語大都用「咬」字。

（十四）骨節（gud ╲ jied ╲）、節（jied ╲）

〈娘親渡子〉中有句，形容母親在河邊洗衣裳洗得很累，全身酸痛無比，好像骨頭都要鬆散了，說：「一身骨節帶虛呆。」又老山歌：「摘茶愛摘兩三皮，三日無摘老了哩；三日無看情哥面，一身骨節酸了哩。」「骨節」華語說「關節」。又「有閒時節唱山歌，人生毋使超過勞。」、「四句八節」、「人心節節高」，客家俗文學中常出現「節」字。

另外，華語的副詞「時候」，客家話甚少講「時候」，大都講「時節」，這

〔註22〕鄭榮興、張雪英演唱：〈初一朝〉，《傳統客家歌謠及音樂——山歌腔系列》（臺北：行政院客家委員會，2002 年 10 月）其歌詞為：「……（男）初哇五朝（女）初哇六朝（男）朝朝趿床尋妹來揽腰（女）噯喲郎當三（男）阿哥問妹水仔恁難　（女）水桶溜忒，桶仔桶爆篐，哪噯喲（男）噯喲三八妹，擔竿無齾，妳愛顧兩頭。……」

在唐詩中已是相當普遍。《全唐詩》用「時候」者不多，如白居易〈別氈帳火爐〉：「無奈時候遷，豈是恩情絕。」（卷 444）、劉長卿〈睢陽贈李司倉〉：「白露變時候，蛩聲暮啾啾。」（卷 149）等，而用「時節」者就高達 131 首，如：杜甫〈春夜惜雨〉：「好雨知時節，當春乃發生。」（卷 226）、王建〈長安別〉：「長安清明好時節，只宜相送不宜別。」（卷 301）、劉禹錫〈苦雨行〉：「天人信邈遠，時節易蹉跎。」（卷 354）等。

華語的名詞「關節」，客語、閩南語大都用「骨節」，其習慣也是從唐、宋詩即開始，如（唐）曹鄴〈續幽憤〉：「危魂沒太行，客弔空骨節。」（卷 593）、（宋）蘇轍〈和子瞻鳳翔八觀八首〉「骨節支離體疏緩，兩目視物猶炯然。」、梅堯臣〈雷太簡遺蜀鞭〉：「骨節瘦密風霜吞，野夫采之縋懸蔓。」「骨節」在今日華語已少見。

二、動詞

（一）穿（con╱）、川（con╱）、著（zog╲）

〈娘親渡子〉：「腳著皮鞋蹬得穿」這句話是形容母親分娩時痛苦萬分，手舞足蹈，腳上穿的皮鞋也會被她踢破。各民歌的歌詞不大一樣：

　　陳火添〈十月懷胎〉：腳穿綉鞋踏得川。

　　陳火添〈娘親渡子勸世文〉：腳穿綉鞋踏得川。

　　邱阿專〈十月懷胎〉：腳著繡鞋踏得穿。

　　客家歌謠專輯第三集〈十月懷胎〉：腳著綉鞋都著穿。

　　黃鳳珍〈娘親渡子〉：腳著繡鞋蹬得穿。

　　邱玉春、李秋霞、胡泉雄、古福光、連仁信等〈娘親渡子〉均作：

　　腳著皮鞋蹬得穿。

歌者邱玉春、李秋霞、胡泉雄、古福光、連仁信等仿照楊玉蘭的歌詞「腳著皮鞋蹬得穿。」傳承自楊玉蘭的〈玉蘭勸世歌〉也由此再得到證明。至於邱阿專、客家歌謠專輯第三集〈十月懷胎〉、黃鳳珍則唱「腳著繡鞋蹬得穿」。

穿，《說文》：「穿，通也，從牙在穴中。」（頁 348）《廣韻》：「穿，通也，孔也。」（頁 140）又「貫也」（頁 410）可見「穿」的原義爲動詞「通過」，《詩·召南·行露》：「誰謂鼠無牙，何以穿我屋？」《荊楚歲時記》：七夕婦女結綵縷，穿七孔鍼，陳瓜果於庭中，以乞巧。和臺灣客語「穿」的用法是一致的，

例如：「看穿」指「識破、看透」；「穿空」指「通過孔、穴等」。「腳著皮鞋蹬得穿」是說腳上穿的皮鞋也可鑽破。

　　川，陳火添版本用「川」而不用「穿」。《說文》：「川，毌穿通流水也。」（頁574）「川」原指河流，後與「穿」通用，今日華語已分流，陳版用「川」是借音。

　　又華語「穿衣服」、「穿皮鞋」的客語會說「著衫服」、「著皮鞋」，動詞用「著」zogˋ不用「穿」conˊ。

（二）準（zunˋ）

　　〈娘親渡子〉：「食娘身上心頭肉，準飯食；食娘身上心頭肉，準飯盪。」這裡的「準」，相當於華語的「當作」，這是很特殊的用法。

　　準，《廣韻・上聲・準韻》：「準，之尹切，均也，平也，度也。」（頁277）音zunˋ，水準、水平之義，此種用法，客語、華語、閩南語幾乎一致。又《廣韻・入聲・薛韻》「準，職悅切，應劭云：『準頞，權準也』李裴云：『準，鼻也』」（頁499）讀如「拙」，指鼻子，客語、閩南語無此用法。

　　不過在客語、閩南語中，「準」有用在「類比」之義，這是較特殊的地方。如「天氣恁熱，食毋落飯，拿水果準飯食好了！」（天氣這麼熱，吃不下飯，拿水果當飯吃好了！）、「番薯恁多，　來變幾樣仔，暗晡夜拿來準菜傍」（地瓜那麼多，我來變幾樣菜色，晚上拿來當菜配。）閩南語也有準拄好、準算的用法，但是華語失去此用法。

（三）來去（loiˇ hi）、來（loiˇ）

　　〈娘親渡子〉：「來去洗，來去盪」，「來去」是偏義複詞「去」的意思，閩客語都普遍使用。「來」平常都當作動詞，如「來啊」、「回來」，「去」也常說成「來去」。也有當作虛詞的時候，如數字聯章的勸世文中，「十」以內的篇章，通常用「一來」、「二來」……「十來」來鋪陳演唱。如《徐阿任手抄本・十勸世間人歌》，頁165～168）：

　　　　一來奉勸世間人，愛知父母恩義深，細細食娘身上血，苦心養大得
　　　　成人，此個深恩若不報，定然天地不容情！

　　　　二來奉勸世間人，為人夫婦要同心，莫來因端些小事，就來一旦怒
　　　　傷心，闔家老幼要和氣，勤儉何愁家不興？……

又《徐阿任手抄本・士農工商歌》，頁193）：

> 一來奉勸讀書人，讀書阿哥愛聽眞，讀書阿哥好花色，過好詩書讀不成。
>
> 二來奉勸耕田人，耕田阿哥愛聽眞，耕田阿哥好嫖賭，丟別禾苗生草根。……

它這裡的「來」都是虛詞，「一來……」代表第一首歌；「二來……」代表第二首歌。中國及客家歌謠以「十」個聯章的最多。華語、閩南語也同樣有此用法。

（四）摛（lamˋ、namˋ）

〈娘親渡子〉：「子哀 namˋ（lamˋ）等笑一場」的「namˋ（lamˋ）」，即是華語的「抱」，其用字，民間本用「攬」，蓮本、芳本作「摛」。

擥，《說文·手部》：「擥，撮持也。」段注：謂總撮而持之也。（頁 603）《廣韻·上聲·敢韻》：「攬，手擥取也。盧敢切。」（頁 332）讀 lamˋ，意指「把持、招徠」。擥、攬是異體字，

摛，《說文》未收，《廣韻·上聲·感韻》：「摛，摛搦。奴感切。」（頁 330）lamˋ，意指「摟抱」、「按動」。

由上可知，「擥」是「攬」的古字。「攬」、「摛」音同義近，讀作 lamˋ，因爲 n、l 同屬相同發音部位，故又讀 namˋ。現在臺灣客家已規定：「攬」用在承攬、獨攬大權等動詞；「摛」則用在摛細人（抱小孩）、兩人摛等（兩人抱著）等動詞。故「子哀 namˋ（lamˋ）等笑一場」的「namˋ（lamˋ）」，以「摛」較貼切。華語的「抱」，閩南語中攬、抱、挽三字兼用。

（五）食（siid）

〈娘親渡子〉：「三朝七日無奶食」、「燒个毋敢食」、「點點食娘身上心頭血」、「一日食娘三合奶，三日食娘九合漿」、「乳仔搧開揞子食」、「奶仔都食飽」、「無看著阿姆轉來食」，客語的「食」，相當於華語的「吃」。《臺灣客家語常用詞辭典》中共收錄 142 個有關「食」的詞彙，但未收「吃」字，客家俗文學中有用「吃」、「喫」的情形。

食，《說文·食部》：「食，亼米也。从皀亼聲，或說亼皀也。」段注：「集眾米而成食也。引申之，人用供口腹亦謂之食。」（頁 220），《廣韻·入聲·職韻》：「食，飲食。……乘力切。」（頁 357）可見「食」的本義是飯食，讀作 siid。「食」在古漢語是個多義詞，其中一義是「吃」。《戰國策·齊策四》：

「食無魚」，《論語‧學而》：「君子食無求飽，居無求安。」華語的「吃」，客語幾乎都用「食」。此義在客方言中依然保留下來，把一切往嘴裡咽，都稱爲「食」。例如「吃飯」客語叫「食飯」，「喝酒」叫「食酒」，「喝茶」叫「食茶」，「吸煙」叫「食煙」。〔註23〕。

吃，《說文‧口部》：「吃，言蹇難也。」（頁59）《廣韻‧入聲‧物韻》：「吃，語難。《漢書》曰：『司馬相如吃而善著書也。』居乙切。」（頁477）「吃」原義指一個人講話口吃，讀作 gidˋ。《史記‧韓非傳》：「非爲人口吃，不能道說，而善著書。」《前漢書‧周昌傳》：「爲人口吃。」可見「吃」的原義是「講話結結巴巴。」音義皆不合。

喫，《說文‧口部》：「喫，食也。」《廣韻‧入聲‧錫韻》：「喫，喫食。苦擊切。」（頁523）「喫」意指吃東西，讀作 kid，義合音不合。《賈子新書‧耳痺》：「越王之窮，至乎喫山草。」《水滸傳‧二十二》：「尋思道：『我回去時須喫他恥笑，不是好漢，難以轉去。』」現今的華語幾乎是「吃」來代「喫」、「食」了。目前臺灣客家已統一用「食」siid字。「喫」用在如：「喫雞髀」（kie gieˊ biˋ 啃雞腿）、「喫甘蔗」（kie gamˊ za）之類。華語「吃」，閩南語用「嚼」、「呷」讀作 tsiah，不過最近教育部的《臺灣閩南語常用詞辭典》已把「呷」改成「食」，仍讀原音。

（六） （kaiˊ）

〈娘親渡子〉：「揹籃 上山岡」，民間本中「 」有用「挑」、「擔」者。華語「挑水」、「挑擔」說「 水」（kaiˊ suiˋ）、「 擔」（kaiˊ damˊ）。

 ，《廣韻‧上聲‧海韻》：「 ，動也。胡改切。」（頁274），音同「亥」（hoi）客語借其形（从才亥聲）爲 kaiˊ，專指「用肩膀挑東西」。

挑，《說文》：「挑，撓也，從手兆聲，一日攠也。」段注：「下文雲撓者，擾也。擾者，煩也。挑者，謂撥動之。《左傳》云：「挑戰是也。」……攠者，拘擊也。」（頁607）《廣韻》：「挑，挑撥。」（頁144）、「挑，挑達，往來相見貌。《詩》：『挑兮達兮。』」（頁156），「挑，挑戰，亦弄也，輕也。」（頁296）「挑」的原義爲挑撥、挑達，和「 」字有所區隔。客語「挑」字一般用在：揀選、挑挑、挑試、針挑笋、挑戰等。

〔註23〕賴紹洋、葉聯華：〈關於客方言的若干特點〉，收錄謝釗、鄭赤琰：《1994國際客家學研討會論文集》（香港：香港中文大學／香港亞太研究所海外華人研究社，1994年未註明月份），頁476。

擔，《廣韻》：「擔，擔負。《釋名》曰：曰擔任也，任力所勝也。」（頁224）又「擔，負也。」（頁443）在客語「擔」有四義：(1)用肩膀挑東西，如　擔；(2)負責、承當，如擔當；(3)患病，如擔著病；(4)量詞，計算成挑物品的單位，如一擔穀、兩擔樵。可見「擔」讀平聲時，當作動詞；讀去聲時，當作量詞。

挑水、挑擔之挑，自古用「擔」字，到了明代《字彙》才有「他彫切」的「挑」，陰平聲，〔清〕《訓世評話‧上》：「姜詩分付（吩咐）他娘子每日到四五里地挑將水來」〔註24〕，這裡用「挑水」，「挑水」即是擔水、　水。

客語用「擔」字，大部分用在擔當、擔硬、擔輸贏；或借用「　」字，本音如「亥」，轉讀爲 kai　。至於「挑」字，客語多用在挑選、挑挑（故意）、挑笭等處，音 tiau　，即《說文》撓之意。又挑戰，音 tiau　，爲上聲，與一般漢語同，最大差別不用在「挑水」、「挑擔」等處，客語用「　」kai　，「　」仍屬借形字。華語的「挑水」，閩南語仍用「擔水」。

（七）降（kiung、gong、hong∨）

〈娘親渡子〉：「giung 著無孝子，有養當無養。」「giung」的 giung 是生育之意，蓮本作「降」，芳本作「供」，民間本作「供」、「恭」、「　」、「　」、「種」、「弓」等字的都有。

供，《廣韻‧平聲‧鍾韻》：「供，奉也，具也，給也，進也。又居用切。」（《廣韻》，頁38）、又《廣韻‧去聲‧用韻》「供，居容切。」（《廣韻》，頁345）「供」的本義爲奉獻、準備著東西給需要的人應用，客語 giung　、giung 二音，所以用「供」義近音合。

恭，《廣韻‧平聲‧鍾韻》：「恭，恭敬也。……九容切。」（頁37）「恭」本義爲「恭敬」客語音 giung　，義不合調類也不對，用「恭」是取其音近。至於「　」、「　」都是庶民自造的俗字，生男用「　」，生女用「　」。

種，《廣韻‧上聲‧腫韻》：「種，種類也。又之用切。」（頁237）「種」當名詞「種類」讀 zung　。又《廣韻‧去聲‧腫韻》：「種，種埴也。之用切，又之隴切。」（頁345）「種」當動詞「種植植物」時，讀 zung　，如種類。所以「種」的音義和生育無關。

弓，《廣韻‧平聲‧東韻》：「弓，弓矢。……居容切。」（頁25）「弓」本

〔註24〕 汪維輝編：《朝鮮時代漢語教科書叢刊‧訓世評話》（北京：中華書局，2005年）。

義爲「弓矢」，客語音 giung∕，義不合調類也不對，用「弓」是取其音近。

目前行政院客家委員會編輯的《客語能力中高級認證》教材、教育部《臺灣客家語常用詞辭典》giung 都是採用「降」字。《廣韻》：「降，降伏，又古巷切。」（頁 39）、又「降，下也，歸也，落也。又音缸，伏也。」（頁 345）「降」屬於去聲、降韻，本義爲「下降」，客語音 gong，《孟子‧告子下》說：「天將降大任於斯人也，必先苦其心志，勞其筋骨，餓其體膚，空乏其身，行拂亂其所爲，所以動心忍性，增益其所不能。」「降大任」的「降」，音 gong，就是「下也，歸也，落也」之意。

《楚辭‧離騷》：「攝提貞于孟陬兮，惟庚寅吾以降。」王逸注：「降，下也；……言己以太歲在寅，正月之春，庚寅之日，下母體而生，得陰陽之正中也。」〔註25〕〔清〕龔自珍《己亥雜詩》之一二五：「我勸天公重抖擻，不拘一格降人才。」可見「降」可解釋爲「生育」。客語保存有若干「東江合流」古音現象，如窗、雙二字在《廣韻》江韻，客語讀爲 -ung，與東韻同。又《廣韻》去聲絳韻虹、降二字，虹字客語讀如「共」，韻母爲 -iung，降字用在「下母體而生」時，也是相同的韻母，讀 giung，正是「降嬰兒」的降字。〔註26〕。

「降」除了「生育」之義外，還有下面諸音義，如：(1)gong，減低、放低，如：降價、降級；(2)gong，落下，如：降雨、降雪；(3)hong∕，使對方馴服，如：降服、投降等。這些用法和華語、閩南語一致。客語「降（giung）子」，華語用生子、生產；閩南語用生囝、生產、生囝仔。「降（giung）子」是客語相當特殊的詞彙。

（八）堵著（du∨ do∖）

〈娘親渡子〉：「堵著屋家子嫂多，也係來手腳少……」客語的「堵著」，相當於華語的「遇到」。

堵，《說文‧土部》：「堵，垣也，五版爲堵。从土者聲。當古切。」（頁691）《廣韻‧上聲‧姥韻》：「堵，垣堵。當古切。」（頁265）「堵」本指城牆，讀作 du∖。後世也引申爲「塞」、「杜塞」，如《紅樓夢‧三十七回》：「堵了眾

〔註25〕〔宋〕洪興祖撰：《楚辭補注》（臺北：藝文印刷館，1968 年 11 月），頁 13～14。

〔註26〕筆者在臺北市立教育大學上博士課程時，古師國順講授之內容之一。除「降」字外，「雙」、「窗」等「江韻」字讀爲 sung∕、cung∕，都是客語古音「東部」與「江部」合流保留至今之例。

人的嘴。」在客語中，華語「塞車」客語說「堵車」（du∨ ca✓）；華語「頂撞人」客語說「堵人」（du∨ ngin∨）；華語「抵帳」客語說「堵數」（du∨ sii）；華語「滿到喉嚨」客語說「堵頦」（du∨ goi✓）。亦可唸上聲，如華語「剛剛好」客語說「堵堵好」（du丶 du丶 ho丶）；華語「適可而止」客語說「堵好就好」（du丶 ho丶 qiu ho丶）。

可見「堵」本爲「一堵牆」之「堵」，上聲，客語用爲相遇之意，陽平聲，如堵塞、堵頦、相堵頭等，取其音義皆近。

著，在客語中更是一字多音：

1. zu，當名詞，如：著作（zu zog丶）、名著（miang∨ zu）、顯著（hien
丶 zu）。

2. dau∨，當動詞，如：面分烏蠅屎著著（mien bun✓ vu✓ in∨ sii丶
dau∨ do丶，臉被蒼蠅屎弄髒了）。又讀 diau∨，例：著核（diau∨ hed，
附著、接觸。）

3. zog丶當動詞，穿衣服，如著衫（zog丶 sam✓），著長褲（zog丶cong∨
fu）。

4. cog，當動詞，生氣，如火著（fo丶 cog）；著火，如：著火（cog fo丶）。

5. do丶當副詞，如：堵著（du∨ do丶），看著（kon do丶）。

客語的「堵著」，也有說「遇著」的，「遇著」和華語、閩南語一致。另閩南語另一說法「拄著」和「堵著」音義相同。

（九）尋（qim∨）

〈娘親渡子〉：「尋有番薯豬菜籃子張」、「尋得鐪， 等就轉家堂」。客語「尋」，相當於華語「找」。

尋，《說文》：「尋，繹理也。從工口，從又寸。工口，亂也。又寸，分理之也。」（頁122）又度名，《周禮・地官・媒氏註》：「八尺曰尋，倍尋曰常。」《廣韻》：「尋，長也，又尋常，六尺曰尋，倍尋曰常。」（頁216）。

找，《說文》、《廣韻》皆未收。《集韻》：「找，胡瓜切，音華。與劃同。舟進竿謂之劃。」《正韻》：「找，撥進船也。又俗音爪，補不足曰找。」由上可知，「尋」的本義爲動詞分理之以及當作量詞；「找」的本義爲撥進船、補不足。「找」爲後起字。在客語中，「找」用得很少，只有當「補不足」之義，如「買賣時將多餘的錢退還：㧯愛出去，等佢找錢正做得走。」「尋」字：

(1)kimˇ，量詞，意指「兩臂張開來的長度」；(2)qimˇ，動詞，意指找、探求，如：尋食、尋豬菜、尋頭路。

「尋」是相當古老的詞彙。在唐詩、宋詞中，未見「找」字，全都用「尋」表尋找之意，如駱賓王〈晚渡黃河〉：「千里尋歸路，一葦亂平源」（卷 79）、王維〈桃源行〉：「春來遍是桃花水，不辨仙源何處尋」（卷 125）、歐陽修〈定風波〉：「翠屏魂夢莫相尋，禁斷六街清夜月」，至今在華語中「探求」的動作，多用尋、找，或尋找，找比尋用得多；閩南語則用揣、走揣，而「尋」仍活躍於臺灣客語中，的確難能可貴。

（十）揞（emˊ）

〈娘親渡子〉：「乳仔搧開揞子食，揞子嚕。」客語「揞」，相當於華語「覆蓋」。有許多客贛方言「摀」也說「揞」，例如梅縣、長汀、香港、永新、安義、都昌等。〔註27〕

揞，《廣韻・上聲・感韻》：「揞，手覆。烏感切。」（頁 330）讀 amˋ，又《廣韻・去聲・陷韻》：「揞，吳人云：拋也。於陷切。」（頁 445）讀 am，《唐韻》《集韻》《韻會》《正韻》皆作：藏也、手覆也。可見「揞」的本義為藏、手覆，客語讀 emˊ音近義同，都當動詞，有二義：(1)掩蓋、蒙住，如揞面、揞細人仔睡目；(2)捧、掬取，如揞一撮泥。

「揞子食、揞子嚕」主要是描寫母親揹著幼兒上山幹活，在回家的路上，孩子肚子餓了，於是哇哇大哭，母親就趕緊把幼兒解下背「邊輕拍嬰幼兒邊餵奶」。客語的「揞」，不但有哄子、抱子，還有邊餵幼兒，又邊掀衣服等覆蓋、隱藏幼兒，深怕幼兒著涼的動作，華語說「掩蓋、蒙住」，閩南語說「暗崁」，實難精準的對應。可見客語中有許多珍貴的古老詞彙，是現代漢語逐漸失傳的。

（十一）落（logˋ、lauˋ　labˋ、lagˋ、logˋ）

〈娘親渡子〉：「冷菜冷飯食落肚，阿姆冷肚合冷腸」、「個個都係身下落」，「落」到底是何義？

落，《說文・艸部》：「落，凡艸曰零，木曰落。」（頁 40）《廣韻・入聲・鐸韻》：「落，零落，草曰零，木曰落。又始也、聚落也。《左傳》注云：『官

〔註27〕溫昌衍：《客家研究叢書・客家與梅州書系》（廣州：華南理工大學，2006 年1 月），頁 183。

室始成，祭之爲落。盧各切。』」讀 log，由上可知，「落」的本義爲草木凋零，又指宮室始成爲落成，或指人所聚居爲村落，客語卻擴大了它音義範圍，豐富了詞彙的數量，《臺灣客家語常用詞辭典》就收錄了 95 個常用詞。落，在客語中有好幾個音義：

1. log，動詞，如：落來坐、食落肚屎肚。當副詞，始也，如：落成；當名詞，如：聚落、村落；名詞轉爲量詞，如：一落水粉（一盒粉）、一落煙（一盒香菸）。

2. lau，名詞，如：落仔（騙子、繩套結）；當動詞，如：落胎（流產）、落下來（鬆脫了）；當形容詞，如：落臍（lau ce，邋遢）。

3. lab ヽ，名詞，如：手落仔（手套）、喙落仔（口罩）；動詞，如：落碗公（疊碗）、落落去（陷入、套進去）；量詞，如：一落碗（一疊碗）；形容詞，如：落熟（滾瓜爛熟）。「落」讀爲 lab ヽ，主要是借字改讀。

4. lag，副詞，如：落荒仔瀉（lag fang e ヽ xia，落荒而逃）。「落」讀爲 lag，主要是借字改讀。

「落」在客語中很活躍，「冷菜冷飯食落肚」的「落」是動詞，相當於華語的進、入或進入，閩南語則用落、入。今日的華語「落」比較無「入」之意，而客語「落」承襲較多昔日俗文學的用法，如《永樂大典戲文·小孫屠》：「一身誤落風塵」、「與娘子落藉從良」、「墮落煙花內」、「奴家從小流落在風塵」、「身落在罪囚禁」、「不道我落在牢房」、「假屍形陷我落在圈圍」其中的「落」即是「入」。

「個個都係身下落」（個個都是自己親生）的「落」是指「生下」，亦即前揭文的「降（giung）」之意，華語、閩南語無這種用法。另外，客語有「食毋落」的說法，華語說「吃不下」，閩南語說「呣袂落」，閩、客異曲同工，華語差異頗大。

（十二）愛（oi）

〈娘親渡子〉：「又愛樵又愛草，又愛蕃薯豬菜轉家堂。」句中的「愛」（oi）相當於華語的「要」，用以表示慾望、意願。

愛，《廣韻·去聲·代韻》：「愛，憐也。烏代切。」（頁 390）讀作 oi，本義指「憐惜」。《孟子·離婁》：「仁者愛人，……愛人者，人恆愛之。」就是這種用法。但是在客語中「愛」字更多用作表示意願、期望的動詞，如「

愛去臺北」就是「我要去臺北」的意思，這種用法在唐宋詩詞中很常見，如王勃〈樂府雜曲・相和歌辭・采蓮歸〉：「牽花憐共蒂，折藕愛連絲」（卷 21）、徐晶〈送友人尉蜀中〉：「人家多種橘，風土愛彈琴」（卷 21）、歐陽修〈蝶戀花〉：「嘗愛西湖春色早」。當時也有用「要」字的，如韋應物〈答王卿送別〉：「元知數日別，要使兩情傷」（卷 190）、杜甫〈送梓州李使君之任〉：「老思筇竹杖，多要錦衾眠。」（卷 227）、蘇軾〈菩薩蠻〉：「要須風雨時」等，但在後期的華語中幾乎「愛」都被「要」字取代，如俗諺「欲要人不知，除非己莫為。」但在客語中仍然保留用「愛」字的習慣，例如：

1. 對人、事、物有深刻的情緒或感情：愛情、恩愛。

2. 親慕、喜歡：愛靚、愛唱歌仔。

3. 重視：愛惜。

4. 要：愛去哪？愛上班、愛輪班。

前三種用法與一般漢語相同；第 4 種用法，以「愛」表示「要」，可說是客語和華語最大不同的地方，可見客語的「愛」比華語的「愛」詞義範圍大，也傳承了自古以來「愛」字的用詞習慣，閩南語也有此用法。

（十三）擐（kuan）

〈娘親渡子〉：「裙仔衫褲擐等到河江」。「擐等」等於華語「提著」。

擐，《說文・手部》：「擐，毌也。……《春秋傳》曰：擐甲執兵。胡貫切。」段注：「毌，各本作貫，今正。毌，穿物持之也。今人廢毌而專用貫矣。杜注《左傳》、韋注《國語》皆曰：『擐，貫也』」（頁 611）讀作 kuan，「擐」就是「毌、貫」，本義為穿物持之也。

提，《說文・手部》：「提，挈也」段注：「挈者，縣持也，攜則相竝，提則有高下，而互相訓者，渾言之也。」（頁 604）《廣韻・平聲・齊韻》：「提，提攜。杜奚切。」（頁 87），可見「擐」、「提」意思相同，而「提」和「攜」經常連用。

唐詩中有用「擐」者，如岑參〈北庭貽宗學士道別〉：「荷戈月窟外，擐甲崑崙東。」（卷 198）王維〈悲哉行〉：「手不把書卷，身不擐戎衣。」（卷 424）。也有用「提」者，如張說〈灉湖山寺〉：「楚老遊山寺，提攜觀畫壁。」（卷 86）、王維〈雜詩〉：「持謝金吾子，煩君提玉壺。」（卷 127）。同時「提」比「擐」出現得多，時至今日，華語中更少出現「擐」字。

「擐」仍活躍於今日客語中。客語中手上提著東西，大都會說成「手上擐等東西」，不會說成「手上提等東西」；「大肚子」叫做「擐大肚」。而「提」字，常用於文言詞，如提筆、提高、提前、提議等。「擐」、「提」都是相當古老的辭彙，閩、客語用法一致，「擐」字閩南語採用「揹」字。

（十四）噭（gieu）、哭（kud◟）

〈娘親渡子〉：「轉到半路上，聽到幼子噭娘娘。」的「噭」（gieu），相當於華語的「哭」。

噭，《說文》：「噭，口也。……一曰噭呼也。」段注：「此別一義，呼當作嗥字之誤也。嗥，號也。《曲禮》：『毋噭應』鄭曰：『噭，號呼之聲也。』呼亦當作嗥，俗寫通用耳。《昭二十五年公羊傳》曰：『昭公於是噭然而哭。』注：『噭然，哭聲兒。』」（頁 54）《廣韻》：「噭，噭噭深聲。」（頁 412）《禮記·曲禮上》：「毋側聽、毋噭應、毋淫視、毋怠荒。」。可見「噭」是一古詞彙，其本義爲嚎咷大哭。

「哭」在客語中多用在文言詞，「噭」字則文、白兼用，楊寶蓮《臺灣客語說唱》〔註28〕中筆者親自整理的唱本中，收有幾個「哭」的用法，如蘇萬松〈大舜耕田〉：「賢妹定可不可多來哭灘灘。」（頁 182）、又「你哥別世你莫哭啼。」（頁 182）；劉蕭雙傳〈曹安孝娘親〉：「賣無人愛哭茫茫。」（頁 185）；范洋良〈娘親渡子難〉：「千哭萬哭一張紙。」（頁 199）；黃連添〈百善孝爲先〉：「死忒時節正來哭斷腸。」（頁 203）；范洋良〈地震歌〉：「走去墓前開聲噭，大哭淒慘痛傷心。」（頁 238）。

哭，《說文》：「哭，哀聲也。」（頁 63）《廣韻》：「哭，哀聲也。」（頁 449～450），可見「哭」的本義爲「哀聲」，和「噭」意義相同。

從唐代開始，「哭」幾乎替代「噭」字了，「噭」只有零落見於陳子昂〈晚

〔註28〕楊寶蓮：《臺灣客語說唱·附錄》（新竹：新竹縣文化局，2006 年 8 月），頁242～366。總共有 21 個客語說唱之唱本：(1)蘇萬松〈大舜耕田〉、(2)劉蕭雙傳〈曹安孝娘親〉、(3)賴碧霞〈趙五娘〉、(4)范洋良〈娘親渡子難〉、(5)黃連添〈百善孝爲先〉、(6)蘇萬松〈勸孝歌〉、(7)羅石金〈石金勸孝歌〉、(8)梁阿才、梁張舟妹〈賢女勸夫〉、(9)黃連添〈銀票世界〉、(10)黃連添〈勸世惜妻歌〉、(11)黃連添〈勸世貪花〉、(12)黃連添〈勸世養子歌〉、(13)洪添福〈學奉不離手　學曲不離口〉、(14)范洋良〈地震歌〉、(15)邱阿專〈臺灣光復歌〉、(16)黃連添〈阿日哥畫餅〉、(17)黃連添〈八七水災〉、(18)林春榮〈醒世修行歌·上〉、(19)林春榮〈醒世修行歌·下〉、(20)洪添福〈十歸空〉、(21)楊玉蘭〈十歸空〉。以下所舉「哭」字的例子，即是出自此處。

次樂鄉縣〉：「如何此時恨，嗷嗷夜猿鳴。」（卷 84）、杜甫〈義鶻〉：「鬥上捩孤影，嗷哮來九天」（卷 217）、吳則禮〈減字木蘭花・簡天牖〉：「雁嗷淮天如許長」、〈閱微草堂筆記・卷一・灤陽消夏錄一〉：「女嗷然一聲。化火光飛去」等，但在客語中「嗷」反而比「哭」活躍，同時「嗷」用在人哭，「叫」（gieu）用在動物叫，有所分別。華語的「哭」，閩南語則用哭或吼（哮），和「嗷」聲韻差別頗大。

（十五）過（go）

陳火添〈娘親渡子勸世文〉：「牛子過岡毋知牛　叫」、〈娘親渡子〉：「游得過，　个貨」、「在生割了牛斤豬肉落哀肚，當過死忒門前拜介大豬羊」。

過，《廣韻・平聲・戈韻》：「過，經也，又過所也。古禾切。」（頁 161）讀 goˊ，意指經歷。又《廣韻・去聲・過韻》：「過，誤也，越也，責也，度也。古臥切。」（頁 420）讀 go，意指失誤或超越。《論語・公冶長》：「子曰：『由也好勇過我，無所取材。』」其中的「過」即是超越。

「過」在敦煌變文和歌辭中也有擔任狀語和補語的功能，如：

白骨萬迴登劍樹，紅顏百過上刀林。（變文 708）

津傍更沒男夫，唯見輕盈打紗女，水底將頭百過窺，波上玉腕千迴舉。（變文 835）

每恨狂夫薄行跡。一過拋人年月深。（歌辭 0806，1248）

丈夫恍忽憶家鄉。歸去來，歸去從來無所住。來去百過空來去。（歌辭 0050，987）

「過」在魏晉南北朝時是最通行的動量詞，但在唐代發達的程度已輸給「度」和「回」甚多。﹝註29﹞唐詩中，把「過」當動量詞的確不多，只有駱賓王〈代女道士王靈妃贈道士李榮〉：「千回鳥信說眾諸，百過鶯啼說長短。長短眾諸判不尋，千回百過浪關心。」（卷 77）杜甫〈季秋蘇五弟纓江樓夜宴崔十三評事、韋少府姪，三首之二〉：「不眠瞻白兔，百過落烏紗。」（卷 231）。唐詩「百過」之「過」，只是「次」，沒有「多」的意思，與客語不同。客語中「百過儕」（指一百多人）、「百過箍」（指一百多元）。「過」在臺灣客語中，用得非常廣泛。讀作 go：

﹝註29﹞洪藝芳：《敦煌吐魯番文書中之量詞研究・動量詞》（臺北：文津出版社，2000 年 11 月），頁 446。

1. 動詞：(1)表示經歷、跨越的過程，如：過年；(2)忍受、承受，如：難過；(3)置於計量，如：過磅；(4)轉移，如：過戶。

2. 副詞：(1)太、甚，如：過多、過度；(2)再、又，如：無罅！過添碗飯來！(3)非常之意，如：過香（很香）。

3. 名詞：錯誤，如：過錯。

4. 助詞：(1)用於動詞後，表示完畢或某種行爲曾經發生，如：看過；(2)與「來」、「去」等連用，表示動作的趨向：行過來、走過去。

過岡、游得過的「過」指經歷，和華、閩語用法幾乎一致。「當過」指「更勝於」就較特殊，華語、閩南語用勝過、超過，不如「當過」傳神，如「天氣恁熱，食一析西瓜當過一杯冰水」（天氣那麼熱，吃一片西瓜更勝於一杯冰水）。「當過」的相反詞「毋當」，華語「不如、比不上」，如「降著不孝子，毋當屙屎落屎缸」（生著不孝子，不如屙屎入糞缸）。「當過」、「毋當」用得非常貼切生動。

（十六）蹬（dam丶）、登（den✓）、踏（tab）

〈娘親渡子〉：「腳著皮鞋蹬得穿」這句話是形容母親分娩時痛苦萬分，手舞足蹈，腳上穿的皮鞋也會被她踢破。其中「蹬」的動作，各版本不盡相同，另有用踏、登者。

1. 蹬

浙江安吉〈十月懷胎歌〉：「雙腳蹬開地獄門」，黃鳳珍〈娘親渡子〉：「腳著繡鞋蹬得穿」，邱玉春、李秋霞、胡泉雄、古福光、連仁信等〈娘親渡子〉均作「腳著皮鞋蹬得穿。」

蹬，音如「鄧」、去聲。《廣韻・去聲・嶝韻》：「蹭蹬也。徒亙切。」（頁434）讀 ten，轉讀作「dam丶」。所謂蹭蹬，就是失勢潦倒的樣子，如李白〈送楊燕之東魯〉：「一辭金華殿，蹭蹬長江邊。」（卷176）、沈佺期〈答魑魅代書寄家人〉：「龍鍾辭北闕，蹭蹬守南荒。」（卷79）、《水滸傳》第37回：「那人……便把竹篙一點，隻腳一蹬躡，抗足趾之。那隻漁船，箭也似的投江心裡去了。」這裡的「蹬」即是著力踏物撐之使向外去。和「腳著皮鞋蹬得穿。」的「蹬」意義相符，是堪用字。

2. 登

〈梳妝臺調・十月懷胎〉：「兩腿登開好似地獄門。」

登，《說文》：「登，上車也。」（頁 68）《廣韻・平聲・登韻》：「登，成也、升也、進也、眾也。《說文》曰：『上車也。』都滕切。」（頁 200），讀 den ˊ，意指上車。可見「登」並無「著力踏物撐之使向外去」之意。又《集韻》：「履也。或作蹬。」，昔日登、蹬可通用，但是目前已分流。用「登」是取其與「蹬」音近之故。

3. 踏

江西遂川城廂〈懷胎歌〉：「兩足踏得地皮穿」，江西興國〈十月懷胎〉：「雙腳踏得地皮穿」，陳火添〈十月懷胎〉、〈娘親渡子勸世文〉均作「腳穿繡鞋踏得穿」，邱阿專〈十月懷胎〉：「腳著繡鞋踏得穿」。

踏，《廣韻・入聲・合韻》：「踏，著地。他合切。」（頁 535）踏字，《說文》本作蹹，今文作踏，或作蹹。《說文・足部》：「蹹，踐也。」（頁 82）踏的本義是踩、觸著，《郭茂倩・樂府》有踏歌詞、踏歌行，又如孟浩然〈大堤行寄萬七〉「歲歲春草生，踏青二三月。」（卷 159）、白居易〈南湖晚秋〉：「手攀青楓樹，足踏黃蘆草。」（卷 433）、歐陽修〈漁家傲〉：「踏青鬥草人無數。」、李清照〈臨江仙〉：「試燈無意思，踏雪沒心情。」這些「踏」都是動詞「踩」的意思。

客家俗文學中，用「踏」字是用其本字。但是「踏」與「蹬」意思有差別，「蹬」用力較大，從〈娘親渡子〉歌詞意義來看，用「蹬」比較貼切，但華語、閩南語只用「踏」或「踩」。

（十七）勸（kien）

楊玉蘭唱的〈娘親渡子〉原名為〈玉蘭勸世歌〉。「勸」是何義？古代的「勸」是勸勉、獎勵的意思。《說文》：「勸，勉也。」《廣韻》：「勸，獎勉也。助也。教也。」《書・禹謨》：「勸之以九歌，俾勿壞。又悅從也。《論語》：『舉善而教，不能則勸。』又《戰國策》：『京王大悅，許救甚勸。』註：勸，猶力也。「勸」和「勉」是同義詞，古代也有所謂「勸農」、「勸耕」、「勸穡」即是獎勵農業生產。上古的「勸」字總是用於積極鼓勵。

「勸」的反義詞是「懲」、「戒」、「沮」（阻止）。如《左傳・成公三年》：「所以懲不敬而勸有功也。」又成公十四年：「懲惡而勸善。」《墨子・非命・中》：「明賞罰以勸沮。」可見勸的是為善，懲（戒、沮）的是為惡。

現代「勸」的勸說、規勸義是由勸勉義引申來的，在漢代就產生了。如《史記・商君列傳》：「勸秦王顯岩穴之士。」《三國志・武帝紀》：「洛陽殘

破，董昭等勸太祖都許。」〔註30〕可見「勸」的本義是鼓勵、獎勵，目的在使人受到鼓勵而做事，在《尚書》、《左傳》、《論語》、《墨子》諸書中都有記載。至於勸阻、規勸、勸說皆是後起的引申義。例如：黃連添在 1968 年曾替鈴鈴唱片行灌錄〈勸世惜妻歌〉、〈勸世養子歌〉、〈勸世貪花〉等三首勸世文〔註31〕，前兩首的「勸」，即是正面的鼓勵、獎勵；後一首的「勸」，即是貶義的勸阻、規勸。

（十八）張（zong╱ / zhongˋ）、裝（zong╱ / zongˋ）

〈娘親渡子〉：「尋有番薯豬荣籃子 zong╱ / zhongˋ」的 zong╱ / zhongˋ，蓮本作「張」，芳本用「裝」字。

張，《廣韻・去聲・漾韻》：「張，張施，知亮切。」（頁 425）本義爲張施，客語四縣音 zong╱、海陸音爲 zhongˋ。又《廣韻・平聲・張韻》：「張，張施也。……陟良切。」（頁 174）客語四縣音 zong╱、海陸音爲 zhongˋ。又讀 diong╱意爲撒嬌、使性子，例：張人。

裝，《廣韻・平聲・陽韻》：「裝，裝束，側羊切又側亮切。」（頁 176），本義爲裝束、打扮，客語四縣音 zong╱、海陸音爲 zongˋ。又《廣韻・去聲・漾韻》：「裝，行裝。側亮切又側良切。」（《廣韻》，頁 426）又可讀 zong。

《老子・道德經》：「將欲翕之，必故張之。」〔註32〕、《後漢書・卷82・方術列傳第 72・王喬傳》：「自縣詣臺朝……輒有雙鳧從東南飛來……舉羅張之，但得一隻舄焉。」〔註33〕、《前漢書・卷 43・酈陸朱劉叔孫列傳・賈誼傳》：「賜賈橐中裝直千金。」〔註34〕，可見「張」、「裝」自古以來皆有裝載、裝盛、張網之義。但普通語「找到了地瓜等豬吃的東西，用籃子裝」的「裝」，客語對應詞應以「張」音義較貼切。「張」客語常用於張網（打開網子）、張老鼠（用陷阱等捕捉老鼠）、開張（店開始經營）、主張等。而「裝」常用於化裝、西裝、唐裝等。採用「裝」字，四縣音合但海陸音不合。受到

〔註30〕郭錫良等編：《古代漢語・上冊》（天津：天津教育出版社，1991 年 6 月），頁 113～114。

〔註31〕有關黃連添生平及作品，可參考楊寶蓮：《臺灣客語說唱》。

〔註32〕〔漢〕河上公章句：《宋刊老子道德經》（福州：福建人民出版社，2008 年）。

〔註33〕楊家駱主編：《新校本後漢書并附編十三種・第 4 冊》（臺北：鼎文書局，未注出版年月），頁 2712。

〔註34〕楊家駱主編：《新校本漢書集注附編二種・第 3 冊》（臺北：鼎文書局，未注出版年月），頁 2112～2113。

華語的影響，客語的「張東西」許多人寫成「裝東西」。閩南語也用「張」代「裝」，如張鳥仔（設機關捕鳥）、張鳥鼠（用捕鼠器來捕老鼠），故用「張」字較貼切。

三、量詞

（一）次（cii）、轉（zon`）、餐（con／）、度（tu）、合（kab`）、肚（du`）

嬰幼兒到底喝了多少母奶？各唱本用的量詞不同，〈娘親渡子〉：「一日吃娘三合乳，三日吃娘九合漿」。「合」是量詞，大約 180 毫升。量詞另有有用次、轉、餐、度、肚者，用得最多的是「次」，其次是「合」、「度」字：

〈新刻十月懷胎寶卷〉：一日吃娘三轉乳，三日吃娘九餐漿。

〈新編改良十月懷胎寶卷〉：一日吃娘三轉乳 三日吃娘九餐漿。

江西興國縣〈十月懷胎〉：一日吃娘三次乳，三日吃娘幾次漿。

廣東陽山黃坌〈十月懷胎經〉：一日吃娘三肚乳，三日吃娘九肚漿。

〈娘親渡子〉：一日食娘三合乳，三日食娘九合漿。

中原苗友社〈佛曲・拜血盆〉：一日食娘三次乳，三日食娘九度漿。

丘秀強、丘尚堯《梅州文獻彙編》第 6 集：一日食娘三次乳 三日食娘九度漿。

張奮前《臺灣文獻・客家民謠》：一日食娘三次乳 三日食娘九度漿。

王馗〈梅州佛教香花的結構、文本與變體〉：一日吃娘三次奶，三日食娘九度漿。

《泉腔目連救母》第 65 齣〈訴血湖〉：一日吃娘三次乳，十日百次未爲憑。〔註35〕

1.次

次，《說文》：「不前不精也。」段注曰：「不前不精，皆居次也。」（頁418）《廣韻》：「次，次第也。」（頁354）《左傳・襄二十四年》：「太上有立德，其次有立功，其次有立言。」又師止曰次。《左傳・莊公三年》：「凡師一宿爲

〔註35〕 王秋桂主編：《民俗曲藝叢書・泉腔目連救母》（臺北：財團法人施合鄭民俗文化基金會，2001 年 11 月），頁 164～166。

舍，再宿爲信，過信爲次」。可見「次」的原義爲名詞「次第」，不精的意思，並不當作數量詞一次、兩次、三次等。

　　根據洪藝芳〈吐魯番文書在中古漢語量詞研究上的價值〉指出：「次」字在魏晉南北朝至初唐吐魯番文書〔註36〕中就出現不少用在動量詞方面。「次」當作量詞大約在西元 551～702 時已成熟，並繼續在後代文學中繼續發展，如（清）曹雪芹《紅樓夢》第 1 回：「如此想來，不免又回頭兩次。」《紅樓夢》第 16 回：「咱們賈府正在姑蘇揚州一帶監造海防，修理海塘，只預備接駕一次，把銀子都花的淌淌海水似的。」〔註37〕客家俗文學以及華語、閩南語把「次」當作量詞可說是傳承自魏晉南北朝至初唐吐魯番文書「次」字的用法。

　　2. 轉

　　轉，一般有下列二音義：

　（1）華語讀 zhuanˋ，動詞，指往來之意。《說文・車部》：「轉，還也。注曰：『還，大徐作「運」，非，還者，復也。復者，往來也。運訓逐徙，非其義也。』」（頁 734）《廣韻・上聲・獮韻》：「轉，動也，旋也。」（頁 293）又作「流轉」（頁 417）解。

　（2）華語讀作 zhuanˇ，當名詞，指「一整圈」之意，《詩・周南》：「輾轉反側。」注：輾者轉之半，轉者輾之周。

　　「轉」在先秦都當作動詞，到了東晉葛洪《抱樸子》：「一轉之丹，服之三年得仙，……九轉之丹，服之三日得仙。」這時的「一轉」就是「一次」，把「轉」當量詞。而「一日吃娘三轉乳」的「轉」也是當作量詞，這種用法，華語、閩南語大致一樣。

　　「轉」客語音 zonˋ，在客家日常用語中大都當動詞，如：回家說「來去轉」或「轉屋下」、「轉屋」，回娘家說「轉妹家」等。〈娘親渡子〉：「無看阿姆轉來食」就是說「沒看見母親回家來吃東西。」也有作量詞，「這轉車」〔註38〕等於「這枋車」，即是華語的「這班車」。

〔註36〕吐魯番文書指東晉至盛唐時期（西元 367～779）新疆吐魯番地區的文書，大約包括高昌郡時期、高昌國時期和唐西周時期。其內容大致分公文書、私文書和寺院文書三類。

〔註37〕洪藝芳：〈吐魯番文書在中古漢語量詞研究上的價值〉，《敦煌學》第 23 輯（臺北：樂學書局，2002 年 3 月），頁 143～174。

〔註38〕臺灣苗栗四縣「頭轉車」、「尾轉車」也有「頭班車」、「尾班車」的說法。

3.餐

餐,《說文》:「餐,吞也。」注:「口部曰吞、咽也。〈鄭風〉曰:『使我不能餐兮。』〈魏風〉曰:『彼君子兮,不素餐兮。』是則餐猶食也。鄭風:『還子授子之粲兮。』〈釋言〉、〈毛傳〉皆曰:『粲,餐也。』謂粲為餐之假借字也。」(頁 223)原義為動詞「吞」的意思。范成大〈次韻尹少稷察院九宮壇齊宿〉:「草草馳三裡,蕭蕭共一餐」、晁補之〈次韻文 潛病中作時方求補外〉:「昨日往過之,歡喜能兩餐。」這裡的「餐」已具名詞、量詞的作用。在客家俗文學〈十月懷胎〉中,「餐」字大量當名詞、量詞,如「三餐茶飯無想食」、「三餐茶飯食兩餐」、「三日吃娘九餐漿」等,華語、閩南語用「頓」。

4.度

《說文》:「度,法制也。」段注曰:「《論語》曰:『謹權量,審法度。』《中庸》曰:『非天子不制度,今天下車同軌,古者五度:分、寸、尺、丈、引謂之制。』」(頁 117)。《禮‧樂記》:「百度得數而有常。」〔註 39〕《廣韻》:「度,法度。」(頁 367)又「度量也,又音渡。」(頁 504)可見「度」原作名詞。到了中古才用在量詞指一次、一回叫「一度」,如盧照鄰〈昭君怨〉:「願逐三秋雁,年年一度歸」(卷 42)、岑參〈客舍悲秋〉:「三度為郎便白頭,一從出守五經秋。」(卷 199)等。敦煌變文和歌辭中,亦可看到「度」大量擔任量詞的情形:

> 身智不相逢,曾經幾度老,身智若相逢,即得成佛道。(變文 1062)
>
> 塞上曾經提劍。河邊幾度彎弓。(歌辭 0223,697)
>
> 百度看星月。千回望五更。(歌辭補 142,1796)
>
> 母哭兒。兒哭母。相送人間幾千度。(歌辭 1261,1627)

可見「度」在唐詩中已大量用作量詞,而且是用法和適應性最強的時期。後來由於某些因素為「次」等動量詞所取代,故在使用上有所縮小和侷限了。〔註 40〕

5.肚

肚,國語說「肚子」,閩南語說「腹肚」。《說文》未收,《廣韻》:「肚,

〔註 39〕孫希旦:《禮記集解‧樂記》,頁 975～1039。

〔註 40〕洪藝芳:《敦煌吐魯番文書中之量詞研究‧動量詞》(臺北:文津出版社,2000 年 11 月),頁 435～436。

腹肚。」肚，一般當名詞，如牛肚、羊肚、豬肚、魚肚等。

肚，甚少當量詞，不過華語有當類似量詞的情形，如「一肚子的火」、「我想起這件事，就有一肚子的氣」，廣東陽山黃坖〈十月懷胎經〉：「一日吃娘三肚乳，三日吃娘九肚漿。」也將「肚」當量詞。

（二）身（siin ˊ）

〈娘親渡子〉：「一身骨節都帶虛呆」這裡的「身」是量詞。

身，《說文・身部》：「身，躳也。」又「躳，身也。」（頁392）兩者互訓。「身」的本義指人的身軀。

「身」一向用來稱量佛或菩薩塑像，但在敦煌變文中使用範圍有所擴展，曾出現稱量「人」的例子，如：「豈空飽一身盲士，兼普濟五百貧人。」（變文 92）後代文獻，亦由稱量「人」擴大稱量與人相關的衣服或武藝等，如：「話說陳州有一人，姓徐名信，自小學得一身好武藝。」（宋・話本小說《馮玉梅團圓》）、「叫個成衣做一身棉袍子馬褂。」（《老殘遊記》第 3 回），後代大都繼續此用法。〔註41〕

華語的「一套衣服」、「一套西裝」，對譯客語是「一身衫褲」、「一身西裝」，華語中也有「一身棉袍」、「一身唐裝」的用法。

「身」在客語的用法範圍更大，華語的「懷孕」，對譯客語是「有身」，今日華語已無此用法。「有身」出自《詩經・大雅・大明》：「大任有身，生此文王。」毛傳：「身，重也。」鄭玄箋：「重，謂懷孕也。」正義：「以身中復有一身，故曰重。」〈父母恩重經講經文〉：「阿娘懷子，十月艱辛，起座不安，如擎重擔。」臺灣苗栗地區，「有身」也往往稱之為「摾大肚」，孕婦懷孕時大腹便便，有如提著重擔；助產士幫孕婦接生，使孕婦肚子的重量減輕了，稱之為「giam ˋ kiang ˊ」（檢輕、揀輕）所以說，客語的「有身」、「有身項」、「摾大肚」、「giam ˋ kiang ˊ」是承襲著《詩經》、〈父母恩重經講經文〉以來「懷孕如擎重擔」的孕產概念。

（三）箇（ge）、個（ge）、介（ge）、个（ge）

〈娘親渡子〉：「個個都係身下落」的「個個」是指「每個」之義。民間本有用「箇」者。〈娘親渡子〉：「艱難辛苦　个娘」，「个」，華語說「的」，民

〔註41〕洪藝芳：《敦煌吐魯番文書中之量詞研究・名量詞》（臺北：文津出版社，2000 年 11 月），頁 321～322。

間本有用「介」者。

箇，《說文》：「箇，竹枚也，箇或作个，牛竹也。」段注曰：「竹挺自其徑直言之竹枚，自其圜圍言之一枚謂之一箇也。《方言》曰：『箇，枚也……經傳个多與介通用。《左傳》或云一个行李或云一介行李，是一介猶一个也，介者分也，分則有閒閒一而已，故以爲一枚之稱。』」（頁 196）箇，本義爲牛竹，和「枚」同義，當量詞，材質是竹做的叫「箇」，木做的叫「枚」，古時候和箇、个、介音義相同。

《廣韻・去聲・箇韻》也說：「箇，古賀切，箇數，又枚也，凡也」（頁 419），又《廣韻・去聲・箇韻》：「个，古賀切，明堂四面偏室曰左个也」（頁 419）又《廣韻・去聲・箇韻》：「個，古賀切，偏也。」（頁 419）「箇」的本義爲竹枓。「箇」又作「個」。《史記・貨殖列傳》：「木千辛，竹竿萬個。」《索隱》：「箇、個，古今字也。」鄭玄注《儀禮・士虞禮》：「個，猶枚也。今俗或名枚曰個，音相近。又云：今俗言物數有云若干個者此讀。」可知「個」古亦作「箇」，和个、介音義也相同。

根據洪藝芳〈吐魯番文書在中古漢語量詞研究上的價值〉指出：箇」（個）作爲數量詞時較「枚」爲早，先秦文獻中即可見，如：

> 今有出錢一萬三千五百買竹<u>二千三百五十箇</u>。（《九章・算術》）

> 國君<u>七個</u>，遣車七乘；大夫<u>五個</u>，遣車五乘。（《禮記・檀弓》，鄭注：「個，謂所包遣奠牲禮之數也。」）

先秦時的「箇」（個）尚未有稱量「人」的用法，大都稱量竹器、植物。到了魏晉南北朝時使用範圍慢慢擴大，可稱量動物、昆蟲、一般用品了。吐魯番文書（第一、二期）中更用它稱量錢幣和囊袋。吐魯番文書（第三期）「箇」（個）在範圍和語法上更向前跨進一步，可稱量一般物品。換句話說，吐魯番文書在唐代這時段的文書，量詞「箇」（個）產生重大的變化。〔註42〕唐詩中，有用「箇」的，如岑參〈送滕亢擢第歸蘇州拜親〉：「橘懷三箇去，桂折一枝將。」（卷 200）、杜甫〈秋野・五首之四〉：「砧響家家發，樵聲箇箇同。」（卷 229）。有用「個」字的，如顧況〈柳宜城鵲巢歌〉：「相君處分留野鵲，一月生得三個兒。」（卷 883）、元稹〈新政縣〉：「城上三更鼓，不見心中一個人。」（卷 415）今日漢語幾乎以「個」代「箇」了。

〔註42〕洪藝芳：〈吐魯番文書在中古漢語量詞研究上的價值〉，頁 160～163。

目前臺灣客語箇、個、个、介採取分流用法：

箇，如同一般漢語已不用。個，用在：(1)稱量「人」，如：一個細人仔、三個老人家、五個人，「個個」就是量詞。有時也直接把「人」或「儕」當量詞，如：十二儕。(2)稱量時間，用「個」或「隻」，如：幾下個月（幾下隻月）、個零月、隻零月、隻半月等。(3)稱量錢幣，如：四十個銀、三個半、七個半等。

介，《廣韻·去聲·怪韻》：「介，古拜切，大也，助也，佑也，甲也，閱也，耿介也。」（頁384～385）音 ge，本是一多義字：大、助、佑，甲冑、閱覽，也指一個人的個性耿直。客語的「介」現在專作爲動詞，在兩者之間牽線傳達，如紹介（介紹）。

个用於：(1)置於介詞或是形容詞之尾，相當於「的」之用法，如：佢个書、你个學校；(2)用於「麼个」一詞，意爲「什麼」。

目前漢語中，「箇」已少用，「個」當量詞，「介」當動詞。「个」華語不用，閩南語語量詞有用「個」，唸 ko，如後個月、頂個月，不過大部分用「个」，唸 ê，彼个、逐个。

（四）點（diam丶）、一點（id丶diam丶）、一點點（id丶diam丶diam丶）

陳火添〈娘親渡子勸世文〉：「不信但看河邊水，點點流下無流上。」〈娘親渡子〉：「點點食娘身上血」，這裡的「點」是指量詞，如液體小滴之物，一件說「一點」。

《說文·黑部》：「點，小黑點。」「點」的本義指小的黑點，其作爲個體量詞，至少在魏晉南北朝時已開始。但是由本義用以表示「些許」義之不定量的用法應是產生於唐代，在敦煌變文及歌辭中有「一點」和「一點點」的用法，如：

一點無明火要防，焚燒善法更難當，除滅只在心池水，此個名爲眞道場。（變文 334）

濁世溺，不須論，八苦三災豈忍聞，好行未曾行一點，不依公道望千春。（變文 427）

往（枉）施爲，沒計避，一點點怨家相逢值，所以如來勸世人，不如聞健日先祇備。（變文 436）

不定量詞「點」的用法在唐詩中以及後代漢語中繼續沿用。〔註 43〕如劉禹錫〈瀟湘曲，二首之二〉「淚痕點點寄相思。」（卷 356）、白居易〈答箭鏃〉：「徒霑一點血，虛汙箭頭腥。」（卷 425）等都是。

　　點，在臺灣客家可當動詞，如：指點、點化、點石成金、點火。亦可當名詞，如：半點鐘、食點心、要點。客諺「十二月食冷水，點點記在心」、「點點食娘身上血」的點點，是一種不定量詞的用法，也是沿用唐代以來的用法。華語「一點點」閩南語說一點仔、一屑仔、一寡仔或淡薄仔，另有「新點點」用來形容很新，如彼領衫新點點，害我毋甘穿（那件衣服很新，害我捨不得穿），這個用法華、客語均無。

四、形容詞、助詞

（一）阿（aˇ）

　　〈娘親度子〉：「阿姆肚屎大」、「阿姆肚屎痛」、「阿姆若降子」、「屙到阿姆一背囊」、「阿姆驚子來寒壞」、「阿姆肚屎枵到變背囊」、「阿姆冷肚合冷腸」、「無看著阿姆轉來食」、「無看阿姆嚐」等，「阿」字出現的次數很多。「阿」是詞頭，有尊敬之意。

　　有些人以為「阿」字不雅，其實，「阿」是尊敬之詞。《說文》：「大陵曰阿。」（頁 738）《詩經・小雅・彤弓之什》亦說：「菁菁者莪，在彼中阿。」《傳》解釋說：「大陵曰阿」，《文選・古詩十九首・冉冉孤生竹》也說：「冉冉孤生竹，結根泰山阿」，可知阿的原義是大山陵，有大的意思。因阿有高、大，而有尊敬之意，於是漢唐人多以阿字為發語，如阿嬌、阿誰、阿家、阿房宮之類。潮州人、廣東人習慣把稱祖父母兄妹子女各加一亞字，亞本為阿字。常見的稱謂有阿公、阿婆、阿爸、阿姆、阿哥、阿姊、阿伯、阿叔、阿嬸、阿姑、阿嫂……等皆有尊敬之意。〔註 44〕

　　洪藝芳〈敦煌變文中「阿」前綴的親屬稱謂詞──以直系血親稱謂詞為中心〉指出前綴「阿」是由前綴「伊」演變而來後〔註 45〕，便成為親屬稱謂詞由單音節向複音節發展的重要構詞方法，在東漢末年附加於親屬稱謂

〔註43〕洪藝芳：《敦煌吐魯番文書中之量詞研究・名量詞》（臺北：文津出版社，2000 年 11 月），頁 432～433。
〔註44〕何石松：〈從客語詞彙初探客家文化之內涵〉，頁 10～11。
〔註45〕王力：《漢語史稿》（北京：中華書局，1996 年 10 月），頁 219～220。

詞之前，並逐漸發展起來，在唐代達到相當興盛的局面〔註 46〕。根據文中指出：

　　1. 唐代由前綴「阿」所構成的親屬稱謂詞有 21 個——阿翁、阿婆、阿爺、阿郎、阿孃、阿娘、阿後孃、阿耶孃、阿八、阿爹、阿馬、阿嬭、阿公、阿兄、阿戎、阿姑婆、阿姊、阿家、阿嫂、阿舅等，變文便佔了 12 個，唐代變文中直系血親稱謂詞也以雙音節爲主要形式。唐代上層社會的文言文獻中直系血親的稱謂詞，祖父的稱謂多「祖」、「祖公」、「祖考」、「大父」、「翁」、「翁翁」，祖母的稱謂多「祖母」、「祖妣」，父親多稱「大人」、「尊父」、「尊賢」，母親多稱「賢母」、「慈尊」、「尊夫人」、「太夫人」等。而變文中「阿」的前綴直系血親稱謂詞所展現的通俗和質樸的平民文化，和上層社會的語言風格迥然不同。

　　2. 變文中「阿」的前綴直系血親稱謂詞的意義，一是漢語稱謂詞史上的承傳，扮演著銜接古漢語和近代漢語的銜接腳色；二是漢語詞彙雙音化的提升，上古漢語是單音詞彙佔壓倒性多數，但隨著社會文明的快速發展，單音詞不敷使用，於是使得單音詞不斷孳乳分化，往複音詞發展，尤其唐代僧人在翻譯或講解佛經時，爲了足夠和精確的表達新名詞，也加速漢語雙音化的發展。〔註 47〕

　　客語中有豐富的「阿」前綴血親稱謂詞，如阿太、阿公、阿婆、阿爸、阿姆、阿哥、阿伯、阿叔、阿姊、阿嫂、阿舅、阿姨等，「阿」不具詞彙意義，但是在語氣上具有親切或尊重的附加色彩，可說是唐代口語稱謂詞的傳承與發展。

（二）苦難當（ku↘ nan∨ dong↗）

　　〈娘親渡子〉有句：「娘親渡子苦難當。」〈十想渡子歌〉：「四想渡子苦難當，屎尿冷過雪一缸；子無睡來娘無睡，一夜盲得到天光……七想渡子苦難當，爺娘恩義不可忘；愛想像個姜安子，七歲送米到庵堂。」（歐秀英，美樂唱片）、〔宋〕俞良〈龍門令〉：「命蹇苦難當。」《西遊記》54 回：「不是悟

〔註 46〕陳寶勤：〈試論漢語詞頭「阿」的產生與發展〉，《古漢語研究》，2004 年第 1期，頁 61～63。古師國順認爲《漢書》、《後漢書》即有阿姊、阿季等記載，如《樂府詩集·木蘭詩》：「阿姊聞妹來」、「堂上啓阿母」。比陳寶勤發現的時間更早。

〔註 47〕洪藝芳：〈敦煌變文中「阿」前綴的親屬稱謂詞——以直系血親稱謂詞爲中心〉，《敦煌學》第 27 輯，2008 年 2 月，頁 107～126。

能施醜相，煙花圍困苦難當！」〈長城謠〉〔註48〕：「自從大難平地起，姦淫擄掠苦難當，苦難當，奔他方，骨肉離散父母喪。」「苦難當」在俗文學中常出現。

當，《說文‧田部》：「當，田相值也。从田，尚聲。」當，原義是指相等價值的田，名詞。《玉篇》：「當，任也」當，原義指承擔，動詞。「當」是一多義之詞，漢語用法大致也相似，宗福邦等主編《故訓匯纂》對「當」字的釋義就有 109 條，其中有向、對之義，如：

> 當，猶對也。《群經平議‧春秋左傳》：「則天子當陽諸侯用命也。」
> 俞樾按：當，作對。《文選‧謝靈運‧田南樹園激流植援》：「眾山亦當窗」舊校：「善作對。」

> 當，向也。《文選‧左思‧蜀都賦》：「當衢向術」，呂延濟注。〔註49〕

這裡的「當」當作動詞，讀作 dong ˊ。「當窗」就是面對窗戶，「當衢」就是向著、對著四通八達的道路。又：

> 當鏡理雲鬢，對鏡貼花黃。〔註50〕

這裡的「當鏡」就是面對鏡子。類似的例子有：

> 唧唧復唧唧，木蘭當戶織；阿姊聞妹來，當戶理紅粧。（《樂府詩集》卷 25）

> 摧燒之，當風揚其灰。（《樂府詩集》卷 16）

「苦難當」即是辛苦、困難很難去面對。「娘親渡子苦難當」是說母親懷妊、帶孩子真的是很辛苦，那種辛苦是普通人難以面對、難以承擔。

（三）細（se）

〈娘親度子〉說「還細頭燒額又痛」、「細細食娘身上血」，「細」即是「小」之意。

〔註48〕《長城謠》這首歌是潘子農、劉雪庵 1937 年七七事變後在上海創作的，原是為華藝影片公司所拍攝的電影劇本《關山萬裡》所作的插曲，後因八一三抗戰爆發，影片沒拍成，但此歌卻作為一首抗戰歌曲風行全國各地。這是一首獨唱歌曲，它以萬裡長城起興，抒發對故鄉的思念，控訴敵寇對中國國土的蹂躪，表達了全國人民同心協力結成抗日的新長城，打敗侵略者，收復失地的決心。

〔註49〕宗福邦等主編：《故訓匯纂》（北京：商務印書館，2003 年 7 月），頁 1492。

〔註50〕〔宋〕郭茂倩：《樂府詩集‧第 25 卷‧鼓吹曲辭》（北京：商務印書館，2003 年 9 月），頁 374。

細，《廣韻‧去聲‧霽韻》：「細，蘇計切，小也」（頁 372）細 se，原義爲小。今日客語多稱大小爲大細，小孩子稱爲細人子。《禮記》：「君子之愛人也以德，細人之愛也以姑息。」〔註 51〕細人亦稱細子，俗謂大人細子，即大人小孩，如：春秋時代之《黃帝內經‧靈樞卷 8‧禁服第 48》：「士之才力，或有厚薄，智慮淺，不能博大深奧，自強於學，若細子。」意指學問不夠深厚，像小孩一樣。

古時稱細比小還多，如《韓非子卷 2‧二柄》云：「楚靈王好細腰，而國中多餓人。」《墨子‧卷 4‧兼愛》也說：「楚靈王好士細腰，故靈王之臣，皆以一飯爲節。」除細腰外，還有大細，細大的說法，如《管子‧第 58 篇‧地員》：「大邯鄲，細邯鄲。大菣，細菣。」大菣細菣，就是大菩（瓠）細（瓠）等。水果的核很小，亦稱細核，如〈庾信‧春賦〉：「新芽竹筍，細核楊梅。」

後代稱小爲細的也很多，如《蘇軾詩全集‧卷 3》：「細聲蚯蚓發銀瓶，擁褐橫眠天未明。」（卷 3），細聲就是小聲。又《蘇軾詩全集‧卷 6》：「山陽曉霧如細雨，炯炯初日寒無光。」細雨就是小雨。〔註 52〕

現代華語白話用「小」，文言用「細」。閩、客語白話用「細」、「小」並用，文言用「小」。

（四）遽（giak丶）

〈娘親渡子〉：「遽遽揹等在背囊」，「遽遽」相當於華語趕快、趕緊。

遽，《說文》：「遽，傳車也。」（頁 76）《廣韻‧去聲‧御韻》：「遽，其據切，急也，疾也，亦戰慄也，窘也，卒也。」（頁 362）遽本義爲名詞「傳車」、「驛卒」，如《左傳‧僖公三十二》：「鄭商人弦高將市於周，遇之，以乘韋先牛十二犒師，……且使遽告於鄭。」引申則指速度快、窘迫或害怕，是借義字。

快，《說文》：「喜也，從心，夬聲。」（頁 507）《廣韻》：「快，稱心也，喜也，可也。」（頁 386）「快」的本義爲欣喜，並無速度快之意。客語「快」，一般指(1)速度迅捷，與「慢」相對，如快車、慢行快到；(2)高興、歡喜，如快樂、暢快。

〔註 51〕孫希旦：《禮記集解‧卷 7‧檀公上》（臺北：文史哲出版社，1990 年 8 月），頁 177。
〔註 52〕何石松：〈從客語詞彙初探客家文化之內涵〉，頁 10。

在唐詩中，「遽」、「快」出現的頻率可說平分秋色，「遽」大都指速度快之意，如張九齡〈使還都湘東作〉：「感物遽如此，勞生安可思。」（卷 47）、韋應物：「華燈何遽升，馳景忽西頹。」（卷 195）。而「快」大致指高興之意，如杜甫〈壯遊〉：「快意八九年，西歸到咸陽。」（卷 222）、白居易〈蝦蟆〉：「蝦蟆得其志，快樂無以加。」（卷 424）

華語的趕快、趕緊，客語幾乎用遽遽（giak丶　giak丶），偶爾會用趕緊，閩南語用趕緊，遽遽只保存在客語中。

第五節　小　結

語言、文字是文化的載體，昔日的俗文學大部分是口耳相傳，較少寫成文字，少數人曾把它作文字記錄，但多訛誤的地方。近年來，政府及客家耆老有鑒於客家文化的快速流失，於是成立了行政院客家委員會，並聘請專家編纂《客語能力認證基本詞彙》，並且每年都舉辦「客語認證」考試；教育部國語推行委員會也編輯了《臺灣國語常用詞辭典》以及公佈了客語推薦用字兩批，故用字漸受重視，並漸趨統一。

近年由於客語寫作漸成風氣，有不少口語用字難以下筆，客語中也存在「有音無字」的問題，今年的客家語字音字形也納入全國語文競賽當中，故選用字音、字形很重要，因為：(1)須要就各家不同用字，選取最恰當的字；(2)音義皆合之字有時不止一個，須要挑選；(3)音義相近字不少；(4)流傳的俗字也不少。專家們編輯客語用字時的選用原則是：(1)先找本字；(2)採堪用字；(3)選用借代字；(4)選用俗字；(5)不得已才造新字。為了要讓讀者有一完整概念，筆者已將他們選用的客家字，做一整理概說。

本論文有一目的是要試圖建立〈娘親渡子〉較精準的書寫系統，故在前述的選用原則下，也找到了一些本字如：盪、分、樵、搵等；堪用字，如：搧、衰、晾等；代用字，如：鑊、屎、乜等；新造字，如：　、　、　等。目的在拋磚引玉，期待更多國人重視自己的文化資產。

客家方言是七大漢語方言的一種，它是一種語言的地方變體，基本上用客家語彙寫成的書面文字，有許多和今天的華語、閩南語是可以相通的。但是有許多特殊的客語保存古音古義，卻是華語、閩南語所無的，如：「食」（siid）飯、「　」（kai／）水、「降」（giung）子、「搇」（em／）細人仔、「摜」（kuan）

等籃仔、趕「遽」（giagˋ）、「堵著」（duˇdoˋ）、「食毋落」（siid mˇlog）等，是研究語言文化的上等素材，這也是這本論文對文化上的一點用心。

　　語言不只是工具而已，更是通往深層文化的宮牆門戶。語言不只是表現於生活，更是歷史的記載，是人類最古老的紀念碑。〈娘親渡子〉的辭彙多傳承古漢語、敦煌文書以及唐、宋詩詞的用字，是研究歷史、語言的重要素材。文中所舉之例，只是九牛之一毛，尚有許多有待日後再研究。

第八章　〈娘親渡子〉綜合詮釋

　　〈娘親渡子〉是臺灣客語說唱的作品，源遠而流長，具有指標性的意義。本章將對它在說唱藝術上的地位、對戲曲音樂影響、風俗習尚的意涵、客家文化的特色以及民間文學的特質方面作一綜合詮釋。

第一節　〈娘親渡子〉在說唱藝術上的地位

　　臺灣客語說唱是中國眾多說唱藝術的一小支流，它是在客家方言、客家山歌的基礎上，融合了寶卷、佛曲的題材與表現手法，大約在清末隨著客家先民傳到臺灣，而在臺灣落地生根，並加以融合、創造，相當富有生命力的客家曲藝。其中〈娘親渡子〉是重要的作品之一，它在說唱藝術史上有其重要地位。

一、〈娘親渡子〉是敦煌說唱文學的嫡傳

　　〈娘親渡子〉是〈佛說父母恩重經講經文〉、歌讚〈十恩德〉、〈懷胎寶卷〉、贛南客語〈十月懷胎〉的嫡傳。它的開篇和結尾用【平板】演唱，歌詞為七言詩為主；正文部份用【什唸子】演唱。它的特徵是似唸似唱、連說帶唱，歌詞以雜言為主。它的語言雅俗兼顧，故它道道地地符合說唱藝術的形式要求。至於內容方面，茲列舉〈娘親渡子〉中較重要的句子，和〈父母恩重經講經文〉、〈十恩德〉、〈十月懷胎〉作一比較，以證其傳承關係：

（一）臨產受苦

　　1. 如刀割腹取心肝（〈新刻十月懷胎寶卷〉、〈新編改良十月懷胎寶卷〉）。

  2. 孩兒在身團團轉，如同利刀扎心肝（江西興國〈十月懷胎〉）。

  3. 左手如抓娘心肺，右手如抓娘心肝（樂昌梅寧〈十月懷胎經〉）。

  4. 左手翻娘心中腸，右手翻娘肚內肝（遂川城廂〈懷胎歌〉）。

  5. 眞像利刀來割肚，可比利剪來剪腸（〈娘親渡子〉）。

母親生產皮肉之苦有如刀割出自〈父母恩重經講經文〉和〈十恩德〉，後期的寶卷、〈十月懷胎〉、〈娘親渡子〉又加以敷演。上述五者詞彙稍有出入，但是描寫生產的苦楚有如刀割的旨趣是一樣的。又陣痛時，母親痛苦萬分，咬緊牙根硬撐，假使有鐵釘在身旁，也有可能被咬斷。各唱本都用誇張的手法來描述此情節：

  1. 牙齒咬得鐵釘斷（江西遂川城廂〈懷胎歌〉）。

  2. 牙齒咬得鐵釘斷（江西寧都石上鎮〈十月懷胎歌〉）。

  3. 牙齒咬得鐵釘斷（江西寧都〈懷胎歌〉）。

  4. 牙齒咬得鐵釘斷（江西興國〈十月懷胎〉）。

  5. 牙齒咬得鐵釘斷（福建松溪〈十月懷胎〉）。

  6. 牙齒咬得鐵釘斷（廣東陽山黃坌〈十月懷胎經〉）。

  7. 銀牙咬得鐵絲斷（湖南應城〈十月懷胎〉）。

  8. 牙齒咬斷青絲髮（浙江安吉〈十月懷胎歌〉）。

  9. 口中咬得鐵釘斷（陳火添〈十月懷胎〉）。

  10. 牙齒咬得鐵釘斷（陳火添〈娘親渡子勸世文〉）。

  11. 阿姆牙齒鐵釘硬硬咬得斷（邱阿專〈十月懷胎〉）。

  12. 口中咬得硬鐵斷（客家歌謠專輯第三集〈十月懷胎〉）。

  13. 牙齒咬得鐵釘斷（楊玉蘭等〈娘親渡子〉）。

「牙齒咬得鐵釘斷」這句話首見於喪鼓〈十月懷胎〉。上述各版本相似度很高，只有浙江安吉〈十月懷胎歌〉作：「牙齒咬斷青絲髮。」又〈娘親渡子〉：「腳著皮鞋蹬得穿」這句話是形容母親分娩時痛苦萬分，按蹄扡蓆，腳上穿的皮鞋也會被她踢破。各民歌的歌詞亦稍有出入：

  1. 兩足踏得地皮穿（江西遂川城廂〈懷胎歌〉）。

  2. 花鞋踩得地頭穿（江西寧都〈懷胎歌〉）。

  3. 雙腳踏得地皮穿（江西興國〈十月懷胎〉）。

  4. 雙腳踩得地皮穿（福建松溪〈十月懷胎〉）。

  5. 腳底磨得鐵皮穿（廣東陽山黃坌〈十月懷胎經〉）。

6. 雙腳推開地獄門（湖南應城〈十月懷胎〉）。

7. 雙腳蹬開地獄門（浙江安吉〈十月懷胎歌〉）。

8. 腳穿繡鞋踏得穿（陳火添〈十月懷胎〉）。

9. 腳穿繡鞋踏得穿（陳火添〈娘親渡子勸世文〉）。

10. 腳著繡鞋踏得穿（邱阿專〈十月懷胎〉）。

11. 腳著繡鞋都著穿（客家歌謠專輯第三集〈十月懷胎〉）。

12. 腳著繡鞋蹬得穿（黃鳳珍〈娘親渡子〉）。

13. 腳著皮鞋蹬得穿（邱玉春、李秋霞、胡泉雄、古福光、連仁信等〈娘親渡子〉）。

可知「腳著皮鞋蹬得穿」的句子出自大陸原鄉儀式說唱類〈十月懷胎〉。各版本雖有出入，但可看得出來它們彼此之間必有關聯。

（二）嬰兒喝母奶的數量和頻率

1. 一日吃娘三合乳，三日吃娘九合漿（〈劉香寶卷〉）。

2. 一日吃娘三轉乳，三日吃娘九餐漿（〈新刻十月懷胎寶卷〉）。

3. 一日吃娘三轉乳　三日吃娘九餐漿（〈新編改良十月懷胎寶卷〉）。

4. 一日吃娘三次乳，三日吃娘幾次漿（江西興國〈十月懷胎〉）。

5. 一日吃娘三肚乳，三日吃娘九肚漿（廣東陽山黃坌〈十月懷胎經〉）。

6. 一日吃娘三次乳，十日百次未爲憑（《泉腔目連救母》第 65 齣〈訴血湖〉）。

7. 一日食娘三次乳　三日食娘九度漿。（丘秀強、丘尚堯《梅州文獻彙編》第 6 集）

8. 一日吃娘三次奶，三日食娘九度漿。（王馗〈梅州佛教香花的結構、文本與變體〉）

9. 一日食娘三次乳　三日食娘九度漿（張奮前《臺灣文獻·客家民謠》）

10. 一日食娘三合乳，三日食娘九合漿（〈娘親渡子〉）。

11. 一日食娘三次乳，三日食娘九度漿（中原苗友社〈佛曲·拜血盆〉）。

嬰兒喝母奶的數量和頻率的「一日吃娘三合乳，三日吃娘九合漿。」的句子來自懷胎寶卷，喪鼓的〈十月懷胎〉加以吸收，再傳給後期的《血盆經》和

〈娘親渡子〉。

（三）乳餔養育

母親對孩子有「乳餔養育恩」：

1. 三年之中，飲沒量多血乳。致使娘娘形貌，日日汪羸；慈母顏容，朝朝瘦悴。（〈父母恩重經講經文〉）。

2. 抬舉近三年，血成白乳與兒餐（〈十恩德〉）。

3. 娘吃不是長江水，不是山林樹木漿；口口吃娘身上血，方得成人六尺長（《劉香寶卷》）。

4. 娘乳不是長江水，不是山林樹木漿；口口吃娘身上血，方得成人六尺長（〈新刻十月懷胎寶卷〉、〈新編改良十月懷胎寶卷〉）。

5. 口口吃娘身上血，點點吃娘身上漿；娘乳不是長流水，不是深山樹木漿（陽山黃坌〈十月懷胎經〉）。

6. 點點食著娘身血，娘今老來苦難當（張奮前〈客家民謠〉、丘秀強、丘尚堯《梅州文獻彙編》）。

7. 點點食著娘（的心頭）身血（哪），（你娘坐月時雞酒食得少，如今老裡一身骨頭痛百病來哪）娘今年老面皮黃。娘乳（娘血）不是（湲河古井大江水），（娘乳娘血也）不是園中（種的蔬菜番茨木瓜漿）苦脈（苦蕒 fuˋ magˋ，萵苣）漿（王馗〈梅州佛教香花的結構、文本與變體〉）。

8. 點點食娘身上血（〈娘親渡子〉）。

由上也可見到從〈父母恩重經講經文〉和〈十恩德〉以降至〈娘親渡子〉的傳承關係。鐘珮煖《傳統孕產民俗文學作品之研究・第六章・孕產說唱及謠諺》〔註1〕曾收錄了許多閩南的孕產說唱及歌謠〈十月懷胎〉、〈病子歌〉等。閩、客的〈病子歌〉除了語言、詞彙不同外，內容、旨趣差不多；閩南的〈十月懷胎〉就和客語的〈十月懷胎〉就有落差，最大的不同是找不到母親生產時感人萬分，讓人驚心動魄的描述：「如同利刀扎心肝」、「左手翻娘心中腸，右手翻娘肚內肝」、「牙齒咬得鐵釘斷」、「腳著繡鞋蹬得穿」。也沒有描寫母親育兒的艱辛及母乳珍貴的描繪：「一日吃娘三合乳，三日吃娘九合漿」、「娘乳不是長江水，不是山林樹木漿，口口吃娘身上血，方得成人六尺

〔註1〕 鐘珮煖：《傳統孕產民俗文學作品之研究》（花蓮：花蓮教育大學民間文學研究所博士論文，2008年6月），頁295～314。

長。」這些詞句只出現在大陸客地的儀式說唱類的〈十月懷胎〉和〈娘親渡子〉中。

　　臺灣閩南說唱〈十月懷胎〉大部分也是用在女喪「打血盆」的儀式中。「打血盆」時須先誦《血盆經》、〈血盆懺〉及〈十月懷胎文〉〔註2〕。茲摘錄 1921年，片崗巖著，陳金田譯《臺灣風俗誌》的〈僧侶歌〉，即十個月間的懷胎之歌摘錄如下：

　　　　正月的懷胎來，一滴甘露水。

　　　　二月的懷胎都心仔悶悶，南無阿彌陀阿阿佛。

　　　　三月的懷胎來，在照人影。

　　　　四月懷胎都結成人，南無阿彌陀於於佛。

　　　　五月懷胎分阿男阿女。

　　　　六月的懷胎分阿六臟，南無阿彌陀於於佛。

　　　　七月的懷胎分阿七仔孔。

　　　　八月的懷胎肚大曠曠，南無阿彌陀於於佛。

　　　　九月的懷胎腹肚韓韓轉。

　　　　十月懷胎都脫娘身，孩子生落。啊，啊，啊，啊！連天哮三聲，公
　　　　婆就緊走來聽。臍未斷，胞未落，娘身生命去了一大截。公婆舉香
　　　　來祈願，祈去合家保平安。娘今抱子來食乳，乳今食了押胸前，南
　　　　無阿彌陀佛。一歲二歲都手裡抱，三歲四歲都土腳四過趖，五歲六
　　　　歲都能去　迌，七歲八歲送伊去落學。九歲十歲知人事，十一、十
　　　　二、十三、十四讀冊考校成舉人，十五、十六中進士，十七、十八
　　　　娶新婦。南無阿彌陀佛。〔註3〕

這首歌可分為兩大段，前半段描寫胚胎在母體每個月的發育程度，後半段描寫撫育、教育孩子，以至成人、娶妻的經過。整個文章屬於閩南話白描的敘事體，沒有很激動的叫苦言詞以及濃郁的勸孝氣氛，和大陸客地的儀式說唱類的〈十月懷胎〉和〈娘親渡子〉內容差異頗大。又如《中國俗曲總目稿》377 頁也收錄一首〈十月懷胎〉：

　　　　一个月日懷胎雨露朱，早時含露晚猶毛，是務是毛且孟講，再省卜
　　　　月是如何？

〔註2〕　參見徐福全：《臺灣傳統喪葬儀節研究》（臺北：徐福全，2008 年 10 月）。

〔註3〕　片崗巖著，陳金田譯：《臺灣風俗誌》（臺北：眾文圖書公司，1996 年 9 月 2
　　　　版 4 刷），頁 281～283。

二个月日懷胎分血成，娘身漸覺月經停，五臟六腑相反覆，正是病口在娘身。

三个月日懷胎血成丸，心頭飽禮（裡）欲食酸，一日三餐都毛（無）味，思量果子口中吞。

四个月日懷胎日漸深，是男是女未分明，梳頭洗面鏡禮（裡）照，面色青黃毛（無）精神。

五个月日懷胎男女明，未生腳手先生頭，日間行動多辛苦，□酸手軟不梳頭。

六个月日懷胎生六根，□日轉動二三行，男左女右穀穀轉，欲吃欲困（睏）莫離床。

七个月日懷胎担娘身，娘心歡喜不非輕，千斤萬担務之替，此担誰人替半肩？

八个月日懷胎抱娘肝，渾身骨節重如山，恰似大石搖胎墜，猶如挑水上高山。

九个月日懷胎毛髮全，何時云（雲）開見月明，日間望天毛的暗，夜間望天毛的光。

十个月日懷胎已週全，惟願好日坐臨盆，生得兒童相幾面，合（闔）家大小喜團圓。〔註4〕

這首〈十月懷胎〉除了描寫胎兒在母體發育的狀況外，還描寫母親因月份的推移而產生的口味變化以及心中的不安，已具〈十月懷胎〉發展至〈病子歌〉的味道。目前臺灣客家喪俗中部分道士所唱唸的〈十月懷胎〉也有和閩南〈十月懷胎〉合流的味道，如：「正月懷胎一點紅，彌陀佛。二月懷胎心茫茫，彌陀佛。三月懷胎成人影，彌陀佛。四月懷胎結成人，彌陀佛。五月懷胎分男女，彌陀佛。六月懷胎六經生齊全，彌陀佛。七月裡分七孔，彌陀佛。八月懷胎結成人，彌陀佛。九月懷胎肚中轆轆轉，彌陀佛。十月懷胎脫娘身，彌陀佛。」〔註5〕

〔註 4〕黃娑孌編撰：〈十月懷胎〉收入《俗文學叢刊》（臺北：新文豐出版社中央研究院歷史語言研究所，2001 年），頁 518～519。收錄 F-014-7（鉛印本）《中國俗曲總目稿》377 頁。

〔註 5〕2010/10/5 日電話訪問雷紹均道士，雷紹均道士爲桃園中壢資深的道士。

閩南的孕產歌謠〈十月懷胎〉實際是從原始的敦煌民歌〈十月懷胎〉流傳過來的,它只是生活歌,具娛樂性,不受「父母恩重」、「報恩」等教條的桎梏,所以它和大陸客地的儀式說唱類的〈十月懷胎〉和〈娘親渡子〉是不同來源的。為了讓讀者更清晰起見,茲以簡單的圖示,以明閩、客之區別:

〔表8-1〕敦煌民歌〈十月懷胎〉發展簡表

總之,〈娘親渡子〉是中國以「父母恩重」、「報恩」為主題的講唱文學〈父母恩重經講經文〉、〈十恩德〉、《懷胎寶卷》、喪鼓〈十月懷胎〉的唯一嫡傳,並且至今仍具有相當生命力的作品,在說唱文學上具有相當重要的意義。

二、〈娘親渡子〉唱腔及襯字影響臺灣客語說唱的表演形式

臺灣客語說唱的祖師爺是蘇萬松,他的勸世文唱片錄製得最早、最多,開創了【蘇萬松腔】,奠定了一代宗師的地位,邱阿專、楊玉蘭都是他的徒弟。〔註6〕蘇萬松唱〈報娘恩〉、邱阿專唱〈十月懷胎〉時皆用【蘇萬松腔】、【平板什唸子】;楊玉蘭唱〈娘親渡子〉用【蘇萬松腔】、【平板】、【平板什唸子】。其實【蘇萬松腔】和【平板】骨架是一樣的,不同之處在於【蘇萬松腔】拖腔固定用 ni、i,而【平板】是照一般唱山歌的方式「依字行腔」而已。楊玉蘭聲音並不好,略帶沙啞,但「軟撩對板」非常有味道,一般說唱藝人競相模仿,時人稱她的唱腔為【楊玉蘭調】。【什唸子】更是客語說唱的產物,因為說唱內容較冗長,必須用帶說帶唱、速度較快的【什唸子】敘述內容,換句話說,自蘇萬松之後,楊玉蘭是第二個重要且多產的藝人,她上承蘇萬松、邱阿專下啟邱玉春、李秋霞、胡泉雄、黃鳳珍等藝人。

【蘇萬松腔】、【什唸子】是臺灣客語說唱特有的曲腔,據所見唱片顯示,七〇年代以前的三腳採茶戲和採茶大戲是不用此腔調的,不過目前的三腳採茶戲和採茶大戲依劇情需要有採用的情形。當年蘇萬松模仿三腳採茶戲的【老

〔註6〕參考楊寶蓮:《臺灣客語說唱》,以及林光明:《蘇萬松勸世文研究》。

腔平板】、【老時採茶】而創作【蘇萬松腔】、【什唸子】，等到此兩曲腔在臺灣客語說唱大受歡迎之後，反而又回流到客家戲曲中，可見臺灣客語說唱和臺灣戲曲有著密切關係。

〈娘親渡子〉的襯字也有別於中國說唱作品。雖然一時之間無法找到中國的〈娘親渡子〉和臺灣的〈娘親渡子〉作比較，但可拿〈娘親渡子〉的近承〈十月懷胎〉作對照：邱阿專〈十月懷胎〉用了許多襯字，如虛詞的「來」、「个」、「斯」、「就」、「セ」以及實詞的「　」、「　就」。而中國各地的〈十月懷胎〉普徧都不用襯字，多用增句的方式處理，如「叫娘親報娘恩」〔註7〕、「荷花生流水那個彎山流水轉」〔註8〕、「叫聲我的夫」〔註9〕等，偶爾也用「个」、「就」〔註10〕。可見邱阿專〈十月懷胎〉雖傳承自中國〈十月懷胎〉，但也有創新。

蘇萬松擅於駕馭襯字，他的〈報娘恩〉用「來」、「正來个」、「正來」、「个」當襯字；邱阿專〈十月懷胎〉傳承他的表現手法；楊玉蘭更發揚光大，她的〈娘親渡子〉用了「來」、「就」、「就來」、「你都」、「都」、「就跲起來」、「个」、「斯」、「セ」、「總係」、「又セ就」、「　个」、「佢个」等襯字。自此以後，臺灣客語說唱藝人也競相模仿，蔚成風氣。茲將臺灣客語說唱〈大舜耕田〉等作品在曲腔及襯字採用的實況，概列如下：

〔表8-2〕〈大舜耕田〉等二十一個唱本分析一覽表〔註11〕

種　類	唱本編號及名稱	演唱者	演出形式	唱　　腔	常　用　襯　字
歷史傳說或故事類	1. 大舜耕田	蘇萬松	說＋唱＋唸	蘇萬松腔平板什唸子	正來、來
	2. 曹安孝娘親	劉蕭雙傳	唱＋唸	平板平板什唸子	就、來、　就、　就來、佢就

〔註7〕 朱躍論、朱躍語唱，鍾達煌記：〈十月懷胎〉，中國民間歌曲集成江西卷編輯委員會：《中國民間歌曲集成江西卷》，頁1388～1391。

〔註8〕 江西卷編輯委員會：《中國民間歌曲集成江西卷》，頁1280～1281。

〔註9〕 張鳳蓮唱，周瑞林、趙萬青、鄒縣生記，中國民間歌曲集成江西卷編輯委員會：《中國民間歌曲集成江西卷》，頁553～555。

〔註10〕 用「个」、「就」的，如賀蘭縣〈十月懷胎〉，《中國民間歌曲集成寧夏卷》，頁453。用「个」的有，臨湘縣〈十月懷胎〉《中國民間歌曲集成湖南卷》，頁643。

〔註11〕 引自楊寶蓮：《臺灣客語說唱》，頁118～119。

	3. 趙五娘	賴碧霞	說＋唱＋唸	七字調 平板 三步珠淚 惠陽山歌 江湖調 大陸送君調	就來、　就、就、　就來
勸人行孝類	4. 娘親渡子難	范洋良	唱＋唸	蘇萬松腔 平板什唸子	就、來、就來、你正來、你就來
	5. 百善孝為先	黃連添	唱＋唸	山歌子 平板 平板什唸子	个、來、正來、斯
	6. 勸孝歌	蘇萬松	說＋唱＋唸	平板 平板什唸子	就、你就、你嘛、　嘛
	7. 石金勸孝歌	羅石金	唱＋唸	蘇萬松腔 平板什唸子	就、正來
勸世勸善類	8. 賢女勸夫	梁阿才 梁張冉妹	說＋唱＋唸	平板 平板什唸子	就、來个、个、就
	9. 銀票世界	黃連添	唱＋唸	蘇萬松腔 平板什唸子	个、來、該就
	10. 勸世惜妻歌	黃連添	唱	江湖調	就來、就、正來
	11. 勸世貪花	黃連添	唱＋唸	蘇萬松腔 平板什唸子	个、來、正來个
	12. 勸世養子歌	黃連添	唱	江湖調	就、來、就來、正來、正來个
	13. 學拳不離手學曲不離口	洪添福	說＋唱	二凡	
說唱時事類	14. 地震歌	范洋良	唱＋唸	蘇萬松腔 平板什唸子	就、來、正來就、就來
	15. 台灣光復歌	邱阿專	唱	平板	就來、　就、該就、正
	16. 阿日哥畫餅	黃連添	說＋唱	山歌子 平板 七字調	來个、就來、个、正來
	17. 八七水災	黃連添	唱＋唸	蘇萬松腔 平板什唸子	个、來、　就
	18. 醒世修行歌（上集）	林春榮	唱＋唸	平板 平板什唸子	就、个、　就、　就來
	19. 醒世修行歌（下集）	林春榮	唱＋唸	平板 平板什唸子	就、个、來、　就、佢就、就來、佢就來

演繹佛經類	20. 十歸空	洪添福	說+唱	二凡 平板 超亡調 誦經調	
	21. 十歸空	楊玉蘭	唱	平板	

　　根據上表所列，臺灣客語說唱常用的襯字，有虛詞的就、个、來，也有用實詞的　就、佢就、　就來、佢就來等情形。加這些襯字已成爲一種常態，可說受到蘇萬松、邱阿專、楊玉蘭等影響，後人在唱客家山歌或戲曲時偶爾也會模仿他們，其中的「　就」、「佢就」在中國是不用的，而臺灣客語說唱也不用增句，這是兩峽兩岸不同之處。臺灣客語說唱常用的唱腔以【蘇萬松腔】、【平板】、【平板什唸子】爲主，也是受他們三人的影響，此三種曲腔也是本土才發展出來的。換句話說，客語說唱從中國傳至臺灣已產生變異。

三、〈娘親渡子〉引領客語唱片與廣播風潮

　　賴碧霞《趙五娘琵琶記・勸世文》和〈娘親渡子〉內容類似。五、六〇年代，以賴碧霞、楊玉蘭的盛名，又兼以電臺日夜播放下，《趙五娘琵琶記・勸世文》和〈玉蘭勸世歌〉（〈娘親渡子〉）想不流行也難，這也算是一種「置入式行銷」。那時的遊覽車小姐或歌手紛紛學唱，如吳川鈴（1953～）、邱玉春（1949～）、曾明珠（1958～）、李秋霞（1953～）等，都以賴碧霞、楊玉蘭的唱片爲師，至今她們也紛紛開山歌班授徒，且灌錄不少〈娘親渡子〉的有聲資料。其他歌手也紛紛模仿錄製類似上述內容的唱片，如范洋良〈娘親渡子難〉、黃連添〈勸世養子歌〉和〈百善孝爲先〉，也帶動了〈劉不仁不孝回心〉、〈曹安殺子孝雙親〉、〈姜安送米〉的發行、普及，或爭相傳抄或收聽廣播的風潮。

（一）〈劉不仁不孝回心〉

　　〈劉不仁不孝回心〉的版本很多，最早的正式出版文獻是 1934 年由屏東人徐天有編唱、嘉義和源活版所出版，歌名爲〈不仁不孝回心歌〉，可惜只見篇目，不見內容。〔註12〕以下是徐阿任 1910 年手抄本部分內容：

　　奉劝（勸）諸君愛听（聽）眞，莫學廣東刘（劉）不仁，孝順還生

〔註12〕中央研究院：《俗文學叢刊・說唱・客家傳仔》（臺北：新文豐，2001 年），頁366。

孝順子，不孝還生不孝人。覛（觀）今宜鑑古，無古不成今，知己
就知被（彼），將心未（來）比心。欠債怨財主，不孝怨双（雙）親，
講起刘（劉）不仁，實在眞眞不孝心。五雷若係知，天地不容情，
不念父母親血脈，恩義如同海樣深。又不念双（雙）親十月懷胎恩
義大，養育自己身，三朝並七日危危險險得驚人……

奉劝（勸）人人行孝道須要孝（學）个古賢人：孝（學）得孟宗哭
竹冬生笋（筍）；王祥求鯉雪上眠；又孝（學）丁蘭刻木爲父母；姜
安送米奉娘親；再孝（學）楊香未（來）打虎，捨命救父親；孝（學）
得二十四孝者，郭巨埋兒天賜金。羊有跪乳恩深報，但看目連大入
去地獄救母上天庭。不孝爺娘罪惡大，行孝父母百福臨。

此首歌主旨也是「父母恩重」、「報恩」。和〈十月懷胎〉較不同，〈十月懷胎〉
重在描寫母親懷胎之苦。而這裡是在說劉不仁不孝的故事，尾段又以孟宗哭
竹、王祥求鯉、丁蘭刻木、姜安送米、楊香打虎、郭巨埋兒、目連救母的故
事，奉勸世人不孝爺娘罪惡大，行孝父母則將百福臨，顯見曾受「二十四孝」
故事的影響。

（二）〈曹安行孝〉

〈曹安行孝〉的抄本，筆者最早見到的是1933年《何阿信手抄本·曹安
行孝》。五〇年代，新竹縣北埔人劉蕭雙傳〔註13〕曾加以編作、獨唱，由鈴鈴
唱片（KL531）以〈曹安行孝勸世文〉爲題名發行。〔註14〕又曾改編成客語採
茶劇《殺子報》（鈴鈴唱片，KL936-939），由詹德興、小秋玉、鄧龍妹、徐麗
鳳、徐夏子等合唱。所以曹安行孝的故事，在昔日臺灣客家地區是普受歡迎
的。以下是《何阿信手抄本·曹安行孝》部分內容：

說爲人愛敬父母，莫學世上不敬娘，父母堂前不敬奉，何須死了勈
（痛）肝腸？

兒子堂前哀哀哭，閻王不肯放回陽，面前果品般般有，不見爺娘親

〔註13〕劉蕭雙傳新竹縣北埔鄉人，大約生於民國二年（1913）左右，卒年不詳，個
性溫和，擅唱老生。他曾經和別人合錄許多「客家採茶劇」或「採茶歌劇」，
如《梁三伯祝英台》（鈴鈴KL85-90）、《朱買臣棄妻》（鈴鈴KL243-245）、《姜
安送米》（鈴鈴KL313-317）、《纏哥哥渣渣滴》（鈴鈴KL791）、《義方教子》（鈴
鈴KL797-799）、《誤會棄妻》（鈴鈴KL852-854）等。

〔註14〕楊寶蓮：《臺灣客語說唱》，頁250～256。

口嘗（嚐）。

……

且看堂前婆婆面，夫身是婆腹下生，丟下閒言休要唱，且唱殺子奉娘親。二十四介（個）人行孝，曹安行孝勝（甚）高強，曹安住在潮州府，南華縣內是家鄉。

三四歲時娘帶大，六七歲時入牸（學）堂，先讀五經並論語，後讀詩書並文章。

十五六歲牸（學）堂滿，便請媒人娶妻房，娶得潮州蘸（蘇）氏女，安名叫（叫）做蘸（蘇）氏娘。

……

破（剖）得回（茴）鄉（香）江河洗，洗出血水滿河紅，破（剖）開回（茴）鄉（香）做四比（臂），先把一比（臂）去煮湯。

便叫（叫）蘸（蘇）氏來商量，速速燒火煮肉湯，煮得如（兒）肉七分熟，滿妹去奉老爺娘。

……

女人牸（學）得蘸（蘇）氏女，夫妻孝順日月長，一朝榮耀登王閣，富貴榮華遠傳揚。天下為有曹安孝，免得潮州一府粮（糧），後來曹安生女（五）子，五子登科受皇恩。夫婦曹安多孝順，許（忤）逆還生許（忤）逆兒，孝順還生孝順子，曹安孝順夫婦身。唱尽（盡）一本行孝順，傳聞天下讀書人，放克晉（普）于千人看，萬古流傳到如今。

這個故事是敘述潮州府大鬧旱災，家中缺糧，曹安為救老母而殺死幼子煮湯餉母。官府知情後上報朝廷，皇上賜他高官。他後來再生五子，個個高官顯爵，萬古流芳。首段「說為人愛敬父母，莫學世上不敬娘，父母堂前不敬奉，何須死了痛肝腸？」以及末段「忤逆還生許忤逆兒，孝順還生孝順子。」其內容和〈父母恩重經講經文〉、〈懷胎寶卷〉、〈娘親渡子〉的報恩思想是一致的。

（三）〈姜安送米〉

臺灣最早的文獻是屏東徐天有編著、1934 年由嘉義和源活版所出版的

《最新二十四孝姜安送米全集》，可惜缺第一冊。1959 年，新竹竹林書局亦以《二十四孝姜安送米全六本》名義再度出版。五〇年代，鈴鈴唱片又曾請劉蕭雙傳、曾緞妹、黃嬌蘭、彭榮妹、徐桂蘭合錄採茶劇《姜安送米》；月球唱片亦曾出版過客家歌子戲《姜安送米》。

在第四章就曾出校過〈十想渡子〉的異本，徐本、和源本、黃本、彭本、賴本、歐遠東本、歐美樂本皆曾唱「愛想當初姜安子，七歲送米到庵堂。」可見姜安在昔日農業社會中是個孝順楷模，故入在〈十想渡子〉的唱詞中。

在日治至六〇年代，在客家表演藝術界中，不論採茶劇或說唱，無不以充斥著「止惡勸善」的內容，可以說是客家勸世作品的高峰期，客家人在這「善書運動」中，不但沒有缺席，而且交出許多作品，如〈劉不仁不孝回心〉、〈曹安行孝〉、《姜安送米》等，都是客家人耳熟能詳的，和〈娘親渡子〉互相輝映。

自從楊玉蘭、黃連添、邱玉春的〈娘親渡子〉大賣之後，各唱片行、歌者無不競相模仿、出版〔註15〕。「勸世文」大受歡迎之後，唱片行和歌者又推陳出新，編錄了許多「客語笑科劇」，明的在嘻嘻笑笑，事實上還是在勸世。〈娘親渡子〉不但帶動臺灣客語說唱的內容，更將客語說唱帶向「客語笑科劇」發展，使得五、六〇年代的客家表演藝術多元且熱鬧。

第二節 〈娘親渡子〉影響臺灣戲曲音樂

〈十月懷胎〉是〈娘親渡子〉的直接源頭，傳到臺灣後主要是沿著三條途徑發展：

　　1. 和一般閩南喪俗一致，仍用在喪葬儀式中：主要由道士在「拜血盆」、「　經過橋」時唱唸，勸勉孝子、孝女要行孝。

〔註15〕較重要的「勸世文」作品有：賴碧霞〈十勸大家〉、〈一樣米畜百樣人〉、〈無夫歌・薄命花〉、〈勸世金言／勸世孝道〉、〈孝順雙親／勸世夫妻〉。黃連添〈山豬哥反正〉、〈勸得好〉、〈立志成家〉、〈奉勸少年〉、〈阿日哥畫餅〉。楊玉蘭〈玉蘭金言記〉、〈無情花〉、〈十歸空〉、〈講得好〉、〈楊玉蘭勸世文〉。羅石金〈石金勸世歌上集〉、〈石金勸世歌下集〉、〈拾想交情歌〉、〈食煙毒〉、〈浪子回頭〉、〈怨嘆風流〉。林細憨〈地動歌〉、〈勸孝歌〉、〈無夫歌〉、〈勸郎歌〉、〈立志歌〉、〈浪子回頭〉。湯玉蘭〈全家福〉、〈年青（輕）可貴〉。羅玉英〈楊梅開花〉、〈門前種竹〉。歐秀英〈種竹歌〉、〈渡子歌〉、〈批評歌〉。

2. 發展成客語說唱〈娘親渡子〉：主要是由客語說唱藝人蘇萬松——邱阿專——楊玉蘭——黃鳳珍一路傳承的。

3. 〈十月懷胎〉受採茶戲影響，將〈病子歌〉、〈老懷胎〉、〈懷胎〉應用於採茶戲曲腔中，後來又成爲客家八音中絃索音樂的演奏曲目。

其中的第 2、3 項，主要是何阿文的功勞，其後又由他的徒弟阿浪旦、梁阿才加以發揚光大。閩南中雖仍保有喪歌〈十月懷胎〉和小調〈病子歌〉，但缺說唱〈娘親渡子〉和戲曲唱腔〔老懷胎〕、〔懷胎〕，這是客家俗文學中相當獨特的部份，換句話說〈父母恩重經講經文〉、〈十恩德〉、〈懷胎寶卷〉、〈十月懷胎〉的精髓，主要保存在客家的曲藝中。

鄭榮興《臺灣客家三腳採茶戲研究》認爲：臺灣客家三腳採茶戲〔註 16〕的起源地主要是明末清初的江西、廣東、廣西、貴州等省〔註 17〕。何阿文（1858～1921）是大家公認灣客家三腳採茶戲的祖師爺。他經常往返臺灣和大陸之間帶回許多歌本。故何阿文是將〈十月懷胎〉、〈病子歌〉等資料帶至臺灣者，主要證據如下：

1. 1914 年，何阿文曾和客家藝人林石生、范連生、黃芳榮、巫石安、彭阿增（1894～1947）等十五人應日蓄飛鷹到日本灌錄了第一批的『臺灣唱片』，其中 Formosa Song4062、4063 即是〈病子歌〉，Formosa Song4116 即是〈懷胎〉。〔註 18〕這是目前所見〈病子歌〉、〈懷胎〉最早的唱片。

〔註16〕 鄭榮興：《臺灣客家三腳採茶戲研究》：客家三腳採茶戲是發源於明末清初贛南的歌舞小戲，清光緒已在臺灣出現，主要由一丑二旦搬演張三郎賣茶的故事。故事主要包括十個小戲群，曾師永義把它稱爲「串戲十齣」：前七齣爲《上山採茶》、《勸郎賣茶》、《送郎綁傘尾》、《糶酒》、《勸郎怪姐》、《茶郎回家》、《盤茶盤賭》，後三齣爲《問卜》、《桃花過渡》、《送金釵》。有關客家三腳採茶戲可參考徐進堯：《客家三腳採茶戲的研究》（臺北：育英出版社，1984年）、陳雨璋：《台灣客家三腳戲——賣茶郎之研究》（臺北：師大音樂研究所碩士論文，1985 年）、徐進堯、謝一如：《台灣客家三腳採茶戲與客家採茶大戲》（新竹竹北：新竹縣文化局，2002 年 4 月初版）、鄭榮興：《台灣客家三腳採茶戲研究》（苗栗後龍：慶美園文教基金會，2001 年 2 月）、鄭榮興：《三腳採茶唱客音‧傳統客家三腳採茶串戲十齣》（宜蘭五結：國立傳統藝術中心，2007 年 6 月）。

〔註17〕 鄭榮興：《臺灣客家三腳採茶戲研究》，頁 41。

〔註18〕 見楊寶蓮：《臺灣客語說唱》，頁 416～423 之「李坤城「臺灣音樂資料庫」收藏日治時期客家唱片總目錄」。感謝李坤城先生、劉楨小姐提供。

2. 洪惟助等《關西祖傳隴西八音團抄本整理研究》〔註 19〕指出：彭阿增及其弟彭昌維（1902～1970）是隴西八音團的第二代傳人，他們當年常和何阿文的弟子阿浪旦〔註 20〕、梁阿才〔註 21〕一起演出三腳採茶戲及八音，故隴西八音團目前仍保存彭阿增兄弟倆當年習藝的抄本，有許多有關〈十月懷胎〉、〈病子歌〉的資料，例如：《抄本五・工尺譜・懷胎》（頁 28）、《抄本九・小調・病子歌》（頁 44）、《抄本九・小調・拾想懷胎》（頁 44）、《抄本十一・八音・拾月懷胎》（頁 50）。另外夾在三腳戲中的還有〈病子歌〉（頁 115）、〈十想懷胎〉（頁 115）

3. 鄭榮興《臺灣客家音樂》指出：彭昌維擅長客家八音及客家戲曲表演，生前除從事「打八音」外，也曾籌組三腳採茶戲班，該班成員有阿浪旦、阿玉旦等。彭昌維之子彭宏南（1942～　）曾在桃園龍潭、中壢等地教授過兩、三個八音班。〔註 22〕

由以上可得到一個訊息，何阿文確實曾把〈十月懷胎〉的曲腔〔病子歌〕、〔懷胎〕帶來臺灣。其弟子阿浪旦、梁阿才也常和彭阿增、彭昌維一起演出三腳採茶戲及八音。故「關西祖傳隴西八音團」的有關〈十月懷胎〉、〈病子歌〉的資料是來自何阿文，他將〈十月懷胎〉、〈病子歌〉、〈懷胎〉帶至臺灣之功不可沒，阿浪旦、梁阿才則是重要的承先啓後者。

曾先枝（1932～　）是何阿文嫡傳弟子阿浪旦（1899～1965）的再傳弟子魏乾任的徒弟。鄭榮興乃何阿文嫡傳弟子梁阿才的再傳弟子鄭滿妹（1913～

〔註 19〕 洪惟助等編著：《關西祖傳隴西八音團抄本整理研究》（臺北：臺北客家事務委員會，2004 年 5 月）。

〔註 20〕 參見楊寶蓮：《臺灣客語說唱》，頁 97～100。「阿浪旦」本名吳乾應，偏名吳錦浪，藝名「阿浪旦」，新竹縣橫山鄉合興村（大坪地）人氏，他的足跡遍及桃、竹、苗三縣，甚至遠至花蓮。除了演戲、賣唱，他也常寫山歌詞或劇本，吃齋唸佛或畫畫國畫。

〔註 21〕 參見楊寶蓮：《臺灣客語說唱》，頁 100～101。梁阿才師承何阿文，爲光復前後有名之『阿才丑』（另一有名之『阿才丑』是曾新財），另有藝名爲『麗聲』。與藝人許冉妹是夫妻，兩人遊走於各家唱片公司錄製唱片。光復後之客家名旦角阿玉旦及鄭美妹兩位均爲梁阿才弟子。生年不詳，卒年約在西元 1960 年代。梁阿才年紀應和蘇萬松相近。根據在光復後曾與梁阿才一同在美樂唱片錄過音的鄭榮興教授的說法，梁阿才在音樂造詣上可說十八般武藝樣樣精通。難怪現今流傳的作品中不論北管、採茶戲、小調、笑科劇、甚至歌仔戲都有。能編善演的梁阿才，也能挨絃（拉胡琴），不愧爲全才表演者。

〔註 22〕 鄭榮興：《臺灣客家音樂》，頁 50～51。

1966）的孫子。曾先枝、鄭美妹、鄭榮興得自何阿文的嫡傳，有許多三腳採茶戲的劇本、曲腔都是由曾先枝、鄭師榮興共同完成的，例如《臺灣客家三腳採茶戲研究》中的「附錄」部分的「十大齣」劇本及常用曲腔（頁206～367）以及《客家戲基礎唱腔選》等。

鄭榮興的祖父陳慶松（1915～1984）尤其擅於嗩吶，是「苗栗陳家班北管八音團」的創始人，也是八音界的一代宗師，他和鄭美妹結婚後，使得八音和採茶更得到交流的機會，八音團常爲採茶劇團演奏文武場，使得八音曲目更擴增、更豐富〔註23〕。目前苗栗地區的「苗栗陳家班北管八音團」、「頭份八音團」、「內灣八音團」、「大苗栗客家八音團」、「頭屋益揚軒客家八音團」、「新興八音團」、「新華八音團」都是出自其系統〔註24〕。鄭榮興更把八音、採茶發揚光大，他是〈十月懷胎〉的更重要的推手〔註25〕。

〈玉蘭勸世歌〉的部分唱詞主要來自中國贛、閩、粵的儀式說唱類的〈十月懷胎〉。〈十月懷胎〉在原鄉傳唱時大部分用【懷胎腔】，雖然〈玉蘭勸世歌〉不用【懷胎腔】，但是【懷胎腔】是客家三腳採茶戲十齣之一《盤茶盤堵》的主要唱腔，在目前客家採茶戲及客家八音中仍非常活絡。【懷胎腔】可細分爲兩種爲【懷胎老腔】和【懷胎腔】〔註26〕，鄭榮興《臺灣客家三腳採茶戲研究》就曾紀錄了【懷胎老腔】的曲詞：「正月懷胎如露水，桃李開花正逢春，

〔註23〕 參見鄭師榮興：《臺灣客家音樂》（臺中：晨星出版社，2004年5月），頁69～71：臺灣南部八音團比較保守，大部分只演奏傳統曲目，如【大開門】、【百家春】、【鳳娘歌】、【懷胎】、【病子歌】等。北部八音團除了傳統曲目，多了許多新編曲目，主要來自學習其他樂種或劇種曲目、旋律而來，如【寄生草】、【都馬調】、【平板】、【改良平板】、【緊中慢】、【西皮原板】、【流水板】、【緊疊仔】、【三聲無奈】、【王昭君】等吹場音樂、絃索音樂、吹戲音樂以及時代歌曲類等。

〔註24〕 鄭榮興：《臺灣客家音樂》，頁58。「大苗栗客家八音團」團員徐仁信即是本論文中〈娘親渡子〉的演唱者之一，可見她也有傳承自陳慶松、鄭師榮興的部份。

〔註25〕 鄭榮興推動的具體成果有：(1)《客家基礎唱腔選》，收錄有【懷胎老腔】（頁26）、【懷胎腔】（頁84）。(2)著《客家基礎唱腔選》，收錄有【懷胎老腔】（頁26）、【懷胎腔】（頁84）、「十大齣」劇本（頁206～302）。(3)製作《傳統客家歌謠及音樂》，收錄有黃鳳珍演唱的〈娘親渡子〉，黃鳳珍、陳秋玉對唱的〈懷胎歌〉。(4)《三腳採茶唱客音：傳統三腳採茶串戲十齣》，收錄有《盤茶盤堵》，其主要唱腔爲【懷胎腔】及【老時採茶】。

〔註26〕 【懷胎老腔】，屬「山歌腔」系統，特色爲十三度音域、三聲音階、羽調式。【懷胎腔】乃爲【懷胎新腔】又稱【懷胎歌】，屬於「小調」，特色爲小十度音域。

懷胎可比浮萍根，未知何日生根來。」〔註27〕和贛、閩、粵儀式說唱類的〈十月懷胎〉內容可說如出一轍，〈十月懷胎〉的開端語：福建松溪縣、江西石上鎮均作：「正月懷胎一露水」；福建漳浦縣、閩西建寧、江西寧都、江西遂川城廂、江西興國均作：「正月懷胎如露水」；贛西南昌作：「正月懷胎蒙露生」。這幾首〈十月懷胎〉用字稍有不同，但彼此之間同質性很高。

　　原先的儀式說唱類〈十月懷胎〉是用【懷胎老腔】演唱，到了三腳採茶就演變成【懷胎腔】了。〈十月懷胎〉和客家三腳戲關係密切，因為客家三腳採茶《盤茶盤堵》中，【懷胎腔・懷胎曲】就是其主要唱腔，共有十二個聯章，每一聯章都是七言四句的丑、旦對唱曲。「正月賣茶到鎮平，長樂十三正起身；睡到三更思想起，誰知仍舊單一人。」是丑角唱的第一首歌詞。《盤茶盤堵》中的丑角張三郎自述賣茶的地方有鎮平、長江、長沙、中華、同區、長嶺、龍川、河原（源）、京城、廣東等，隨著採茶藝人的腳步，流播到中國各地是有可能的。〔註28〕

　　另外，值得注意的是〈十月懷胎〉除了有【老懷胎】、【懷胎】、【病子歌】的唱腔之外，還有用【梳妝臺】〔註29〕、【五更調】〔註30〕演唱的，此兩種唱腔在閩南歌謠已少見，但在客家歌謠、戲曲、八音至今仍甚具生命力。這兩種曲腔應該也是何阿文帶來的，因為：

1. 《隴西八音團》之《抄本五》有八音【梳妝臺】（頁 28）、小曲【五更裡】（頁 29）、八音【五更鼓】（頁 30）、八音【五更相思】（頁 30）。

2. 《隴西八音團》之《抄本九》有小調〈五更鼓子歌〉（頁 43）、小調〈五更歌進房（進妹房）〉（頁 43）。

3. 《隴西八音團》之《抄本十一》有小曲〈五更相思病〉（頁 49）、小曲〈五更相思〉（頁 50）。

4. 1968 年，陳慶松曾錄製〈特色八音・五更鼓〉，美樂唱片出版。

5. 鄭榮興《臺灣客家三腳採茶戲研究》有〈梳妝臺〉（頁 365）。《客家戲

〔註27〕引自鄭師榮興：《臺灣客家三腳採茶戲研究》，頁 168。《盤茶盤堵》及【懷胎腔】讀者均可參考此書。

〔註28〕參見鄭榮興：《臺灣客家三腳採茶戲研究》，頁 268～286《盤茶盤堵》劇本。

〔註29〕不著錄作者：〈梳妝臺調・十月懷胎〉（臺北：中央研究院善本書室），TC12-170。

〔註30〕〈五更調・十月懷胎〉，《中國民謠集成寧夏卷》（北京：中國民謠集成寧夏卷編輯委員會，2000 年 12 月），頁 237～238。

基礎唱腔選》有〈梳妝臺〉（頁 89）、〈五更歌〉（頁 93）。

陳慶松、鄭榮興、《隴西八音團》的師承和何阿文都有關係。可見何阿文也曾將【梳妝臺】、【五更調】引進臺灣，對臺灣客家戲曲、八音、歌謠有相當的貢獻。

第三節　〈娘親渡子〉在風俗習尚的意涵

〈娘親渡子〉不但歌頌母愛，喚起一般人的孝心，有娛樂、教育、經濟、語言學等價值，最重要的是傳承敦煌民間生育風俗〔註 31〕，至今仍普遍爲臺灣客家婦女認同與遵行。

一、〈娘親渡子〉傳承敦煌民間育兒風俗

（一）十月懷胎如挑重擔

「懷耽」這是敦煌民間的一種生育觀。「懷耽」就是「懷耽」，亦即「懷擔」，意思是說婦女懷孕有如身扛重擔一般。伯 2418〈父母恩重經講經文〉裡說：「不念懷耽煞苦辛，豈知乳哺多疲倦。」〈十恩德〉說：「第一懷耽受苦辛。」爲了說明使「懷耽」的俗諺能讓一般人瞭解，在〈父母恩重經講經文〉中更不憚其煩地加以解說：

1. 三年乳哺誠堪嘆，十月懷耽足可哀。（伯 2418）
2. 三年乳哺猶爲可，十月懷耽苦莫裁；佛向經中親自說，道如何擎重擔也唱將來。（伯 2418）
3. 阿娘懷子，十月之中，起座不安，如擎重擔，飲食不下，如長病人。（伯 2418）
4. 慈母自從懷妊，憂惱千般，或坐或行，如擎重擔。（伯 2418）
5. 阿娘懷子，十月艱辛，起坐不安，如擎重擔。（北京河字 12 號）
6. 十月懷胎弟子身，晝夜恰如持重擔。（北京河字 12 號）

故知，敦煌民間風俗觀，婦女懷孕有如「擎重擔」、「持重擔」。〈十恩德〉第一段唱：「說著氣不蘇，慈親身重力全无。」就是因爲懷孕有如「擎重擔」一般的緣故。《劉香寶卷》、《新刻十月懷胎寶卷》、《新編改良十月懷胎寶卷》皆

〔註31〕此節許多概念、想法參考自高國藩：《敦煌古俗與民俗流變・第 16 章・〈十恩德〉民俗小調》（南京：河海大學出版社，1990 年 6 月）。

說：「行住坐臥不穩便」、「身重懷胎眞個難」，可見懷胎寶卷也傳承這種看法。在中國客家原鄉的喪鼓〈十月懷胎〉中更具體地描繪懷孕有如「擎重擔」的形象：

1. 八月懷胎長髮根，大肚累累重千斤；廳堂掃地身難轉，床上歇眼難起身。九月懷胎似鱉山，抬頭容易低頭難（江西興國〈十月懷胎〉）。

2. 九月懷胎重如山，低頭容易起頭難（閩西建寧道教〈十月懷胎〉）。

3. 九月懷胎重如山，蹲下容易起來難（樂昌梅遼〈十月懷胎〉）。

4. 九月懷胎重如山，低頭容易起頭難。茶飯不敢多吃飽，上下不敢亂步行（遂川城廟〈懷胎歌〉）。

5. 九月懷胎在娘身，在娘肚內重千斤（陽山縣黃坌〈十月懷胎經〉）。

可見敦煌婦女懷孕有如「擎重擔」、「持重擔」的風俗觀，在大陸客地是得到傳承的。臺灣客家，陳火添〈十月懷胎〉說：「六月懷胎驚如山，懷胎娘子心艱難……八月懷胎重如山，懷胎正知幹（恁）艱難，房中掃地身難則（側），又驚損失孩兒身。」〈娘親渡子〉也唱道：「阿姆个肚屎大，行路就閬碰來又閬碰，坐得高來驚怕就倒　轉，坐得矮來驚怕就搵內傷。燒个都毋敢食，冷个就毋敢嚐。」充分地唱出母親挺著「重擔」的不便，以及爲母者保護胎兒小心翼翼之情。

（二）迴乾就濕

「迴乾就濕」是敦煌民間育兒風俗典型的體現，也是慈母的反應，這種美德還流傳在臺灣客家婦女身上。伯 2418〈父母恩重經講經文〉一再地強調婦女育兒要「迴乾就濕」：

1. 慈母德，實堪哀，十月三年受苦災；冒熱衝寒勞氣力，迴乾就濕費心懷。

2. 每將乾暖交兒臥，濕處尋常母自眠。

3. 乾處兒臥，濕處母眠，三年之中，飲母白血。

4. 迴乾就濕爲常事，三載辛勤情不已；辛苦朝朝有淚垂，煎熬夜夜無眠睡。

5. 迴乾就濕最艱難，終日驅驅更不閑。

6. 每將乾暖交兒臥，濕處尋常母自眠；三載長來常若此，不報深恩爭得安。

7. 慈母十月懷躭，三年乳哺，迴乾就濕，咽苦吐甘，乃至男女成長了。

母親這種「迴乾就濕」的動作，大約要延續三年，大約等孩子三歲後不再尿床，母親才稍微得以清閒。在〈十恩德〉中也唱道：「第六迴乾就濕恩，乾處與兒眠。不嫌穢惡與腥膻，慈母臥濕氈。」「迴乾就濕」的風俗觀，在寶卷中得到傳承：

1. 乾燥蓆上放兒眠（〈劉香寶卷〉）。

2. 乾燥席上放兒眠，移乾換濕娘辛苦，三週四歲離娘身（〈新刻十月懷胎寶卷〉）。

3. 溫涼席上放兒眠，移乾換濕娘受苦，三週四歲離娘懷（〈新編改良十月懷胎寶卷〉）。

4. 兒眠乾席娘眠濕（《滬諺外編・懷胎寶卷》）。

5. 七重恩，虧我娘。到晚來，抱在懷，佺兒睡，臥尿塘。蓆子濕，只（這）邊濕，睡只邊，那邊濕，睡那邊，兩邊濕，睡身上（《目連三世寶卷・十重恩》）。

繼寶卷之後，在大陸客家地區也傳承此一風俗，如：

1. 左邊燥蓆孩兒睡，右邊濕蓆母安身（江西興國〈十月懷胎〉）。

2. 生育苦楚未學了，又說撫育長成人。日裏抱兒猶自可，夜裏抱兒苦更深。左邊溫去右邊轉，右邊溫去冷冰冰。若是兩邊都濕了，抱兒胸前到天明（遂川城廂〈懷胎歌〉）

3. 夜晚抱兒床上睡，胸中吃乳不離身。三更半夜賴屎尿，屎床尿蓆不能乾，爲子爲女眠濕蓆，濕床濕蓆母安身，將兒安在乾處睡，母親眠在濕蓆床，若是兩處都濕盡，雙手扶兒肚上安（陽山縣黃坌〈十月懷胎經〉）

4. 娘眠濕跡子眠乾（丘秀強、丘尚堯《梅州文獻彙編・第六集・血盆》）。

臺灣客家也承襲了敦煌育子「迴乾就濕」的風俗，〈娘親渡子〉：「轉到屋下去屎合尿，屙到就阿姆一背囊。阿姆就驚子來寒壞，遽遽摘等入間房。第一就先換子，正來後換娘。」描寫母親揹子上山幹活，幼兒拉屎又拉尿，把母親

整個背部也弄髒了，但是母親不以爲意。回家後，母親急著先替孩子換洗，一切就緒後，才輪到自己，事事都以孩子優先考慮。

（三）洗濯不淨

經常替嬰兒洗浴也是敦煌育子的風俗之一，〈十恩德〉的第七段爲「洗濯不淨恩。」再冷的「三冬十月」也要爲孩子洗滌髒衣裳，以致「十指被風吹」。伯 2418 說：

> 若是嚴天月，苦惱難申說。
>
> 手冷徹心酸，十指從頭裂。

這是描寫洗衣服之苦，還有一般的洗浴風俗：

> 1. 只爲小嬰孩，洗濯无時節。
>
> 2. 洗浣寧辭寒與熱，抱持不惓苦兼辛。
>
> 3. 若是九夏洗浣，稍似不難，最是三冬，異常辛苦。
>
> 4. 洗浣豈論朝與暮，驅驅何憚熱兼寒。

北京河 12 也說：「不憚吐乾咽苦，洗浣蓋是尋常。或時忍熱忍寒，慈母不辭辛苦。」這些都是說養育時，不論寒熱，都要給嬰幼兒洗濯的風俗。在敦煌民間還流傳一些特殊給嬰兒洗浴的風俗：一爲洗虎骨湯，有利於嬰兒的健康；二是灶前不浴，以免得罪灶王爺；三是要看曆書，凡是曆書上說此日洗浴吉利才可以給小兒洗浴。〔註32〕其中「灶前不浴」的風俗，至今仍保存在客家常民生活禮儀中。敦煌「洗浴」之風在〈十月懷胎〉中也有所反應：

> 1. 孩兒落地叫三聲，合家老小笑盈盈。金盆倒水來洗起，圍裙包裹
>   在娘身（江西興國〈十月懷胎〉）。
>
> 2. 孩兒下地哭一聲，合家方可得落心。浴盆打水來洗起，羅裙抱攬
>   在娘身（陽山縣黃坌〈十月懷胎經〉）。
>
> 3. 看著子兒來下世，阿姆心肝有較安，緊緊暖盆水，分佢來洗盪，
>   身腳洗哇好，緊緊揠等在眠床（邱阿專〈十月懷胎〉）。

可見客家人在嬰兒出生時，保留有「洗浴」的習慣。至於育兒「洗濯」之風在〈寶卷〉、喪鼓〈十月懷胎〉、《血盆經》中也有所傳承：

> 1. 屎衣尿布敲冰洗，臘月寒天苦萬千（《劉香寶卷》）。

〔註32〕高國藩：《敦煌古俗與民俗流變・第 16 章・〈十恩德〉民俗小調》，頁 438～439。

2. 五重恩，虧我娘。洗屎屎，和衲子，水成冰，透心涼，十指凍破，熱好挨，冷難當（《目連三世寶卷·十重恩》）。

3. 打開冰凍洗屎布，十指冰得血淋淋（江蘇句容茅山蔣家莊〈十月懷胎〉）。

4. 冬天雪水洗兒裙。洗淨衣裳歸家裏，冷得娘手似乾薑（陽山縣黃坌〈十月懷胎經〉）。

5. 正一二月落霜又落雪，娘在河邊洗衣裳，腳冷跳起嶺崗上，年（手）冷縮轉袖中藏，十個手指都凍壞，十指尖尖口中嚐（《客家歌謠專輯 2·拜血盆》）。

6. 正二三月落霜又落雪，娘在河唇洗衣裳，腳冷跳起石上企，手冷縮轉袖中藏，十個腳指都凍破，十指尖尖口裡嚐（張奮前〈客家民謠〉）。

7. 正二三月落霜雪，娘在河唇洗衣裳。腳冷跳起嶺上企，手冷縮轉袖中藏。十個腳指都凍破，十指尖尖口裡嘗（嚐）（丘秀強、丘尚堯《梅州文獻彙編》）。

8. （咁隊碰到娘坐月時節是）九冬十月（正二三月落）霜又（搭落雪）大，（你的親）娘（阿婆拿到汝兜兄弟姊妹的屎裙尿褲）去（到塘唇）河唇洗衣裳。（洗衫時節冷水浸太久）腳冷跳起石上企，手（腳冰）冷（趕快）縮轉袖中藏。十個手指（腳趾洗到開血口）都凍畢，十指尖尖（趕快拿到）口裡嚐（王馗〈梅州佛教香花的結構、文本與變體〉）。

敦煌育兒「洗濯」之風在寶卷、喪鼓〈十月懷胎〉、《血盆經》也是代代相傳，綿延不斷。〈娘親渡子〉：「換得衫褲裙仔好，拐得子兒睡，裙仔衫褲籃仔擐等到河江，河壩慢慢洗，圳溝慢慢盪，盪得衫褲裙仔淨。衰過阿姆十隻手指頭，洗到血洋洋。一身骨節就帶虛呆。」意思是說：孩子尿濕了，母親趕緊將孩子換下濕衣裳、哄孩子入睡之後，提著髒衣衫到河邊沖洗，等衣裳洗淨時，母親的十隻手指已是血淋淋，全身都將虛脫了。這種「洗濯」之風，源頭就是源自敦煌育兒風俗。

二、〈娘親渡子〉反應客家婦女勤勞美德

劉小妮〈從『客家魂』觀照客家女性文化〉曾說：

客家女性身上體現的是典型的客家精神，於社會、經濟、家庭中體

現其卓絕的風範、情操和品格。美國傳教士羅伯特‧史密斯在《中
國的客家》中說過：「客家人是中華民族牛乳上的乳酪，而這光輝，
至少有百分之七十是應該屬於客家婦女的。」大詩人黃遵憲曾這樣
評價：「無論是爲人女，爲人婦，爲人母，爲人太母，操作亦與少幼
等。舉史籍所稱純德懿行，人人優爲之而習安之。」〔註33〕

客家人是中華民族中最優秀的一群，而這光輝，有許多是屬於婦女的，客家
婦女無論老少，都具有卓越的品德。陳文紅〈從客家山歌看客家婦女的精神
個性〉也說：「男主外，女主內」是傳統中國的社會分工，男人下地勞動趕犋
運輸播種收割，婦女在家烹飪紡織女紅，男女分工很明確。而客家婦女由於
「客家男子輕視務農，崇尚讀書和出外謀生」便挑起了生產勞動、料理家庭、
教養子女等重任，養成其堅忍卓絕、耐苦耐勞、獨立奮鬥的精神。客家婦女
從小學會「四頭四尾」：家頭教尾、灶頭鑊尾、田頭田尾、針頭線尾。客家地
區甚至保有「女勞」之風，主要有下列原因：(1)保持和發揚唐代以前中原地
區「健婦」的古風。《樂府詩集‧相和歌辭十二‧隴西行》的「健婦持門戶，
亦勝一丈夫」和〔唐〕杜甫《兵車行》的「健婦把鋤犁」(《全唐詩》卷216)
等，正是客家婦女的眞實寫照；(2)受南方少數民族「女勞男逸」習俗的影響。
「黎婦多在外耕作，男夫看嬰兒，養牲畜而已。遇有事，婦人主之，男不敢
預也。」；廣東連陽「連邑風俗，懶惰成習，男不農樵，單靠婦女田間力作。」
〔註34〕客家人在長期與南方少數民族融合混化過程中，自然會產生文化和風
俗的交流。所不同的是客家婦女艱苦勤勞的工作，並未取得「遇有事，婦人
主之，男不敢預也」的權利，而是遵從「男尊女卑」的傳統──女持家，男
當家；(3)生活環境的關係。據《光緒嘉應州志‧禮俗卷》載：「州俗土瘠民
貧，山多田少。男子出外謀生，各抱四方之志，而家事多任之婦人。故鄉村
婦女：耕田、採樵、織麻、縫紉、中饋之事，无不爲之。」鍾敬文在《客家
情歌》書中也談到：「客家人的生活，因爲他們所處環境的關係，所以終日作
業於田野山嶺間的，很佔多數。並且男女俱出，沒有『男子事於外，女子事

〔註33〕劉小妮：〈從『客家魂』觀照客家女性文化〉，收錄於譚元亨《海峽兩岸客家
文學論》（香港：中國評論學術出版社，2006年2月），頁417。
〔註34〕按：「連邑風俗，懶惰成習，男不農樵，單靠婦女田間力作」值得商榷，只能
說客家婦女向苗、徭族習得勤勞的習慣。客家男人爲了讀書、進取參加科
考，或是出外謀生過番，家中田園耕作、老人小孩、年節祭拜，當然會全靠
婦女。

於內』之嚴厲的差別。」〔註35〕；（4）沒有纏足陋習，是「女勞」的必備條件。客家婦女，從宋代以來都無纏足陋習，這使得她們能承擔繁重的勞動。美國傳教士艮貝爾在《客家源流與遷徙》中說：「婦女不纏足，通常體健而軒昂，惟其如此，故能過其戶外生活。」〔註36〕

　　可見客家婦女保有「女勞」之風，由來已久，除了傳承自唐代以前中原地區「健婦」的風俗外，受南方少數民族「女勞男逸」習俗以及生活環境的限制，男人多出外謀生，也由於不受纏足的束縛，所以客家婦女個個以勞動爲美，以健康爲美。所以在客家傳統習俗中，能幹、合格、標準的女性才能嫁得好丈夫。民謠〈客家好姑娘〉即生動而具體地反映這一習俗：

> 勤儉姑娘，雞啼起床。梳頭洗面，先煮茶湯，灶頭鍋尾，抹得光亮。
> 煮好早餐，剛剛天光。灑水掃地，擔水滿缸。未食早飯，先洗衣裳。
> 上山打柴，急急忙忙。養豬種菜，熬汁煮漿。紡紗織布，不離間房。
> 針頭線尾，收拾櫃箱。唔講是非，唔亂綱常。愛子愛女，如肝似腸。
> 礱穀做米，无殼无糠。人客到來，細聲商量。歡歡喜喜，樂道家常。
> 雞春鴨卵，豆腐酸姜（薑）。有米有薯，計畫用糧。粗茶淡飯，老實衣裳。
> 越有越省，唔貪排場。米房无米，甘用風霜。撿柴去賣，唔蓄私囊。
> 唔偷唔竊，辛苦自當。不怨丈夫，唔怪爹娘。人人讚賞，客家姑娘。

〔註37〕

〔註35〕鍾敬文編：《客家情歌》（上海：上海文藝出版社，1991年）。

〔註36〕陳文紅：〈從客家山歌看客家婦女的精神個性〉，《客家文化特質與客家精神研究》（哈爾濱：黑龍江人民出版社，2006年3月），頁373～375。

〔註37〕房學嘉等著：《客家文化導論》（梅州：嘉應大學客家研究所・客家研究輯刊編輯部，2001年3月），頁171。
　　又陳運棟《客家人》（臺北：聯亞，1978年9月），頁16，作：「勤儉姑娘，雞啼起床。梳頭洗面，先煮茶湯，灶頭鍋尾，光光端端。煮好早飯，剛剛天光。洒水掃地，擔水滿缸。吃完早飯，洗淨衣裳。上山撿柴，急急忙忙。淋花種菜，燉酒熬漿。紡紗織布，唔離間房。針頭線尾，收拾櫃箱。唔說是非，唔敢荒唐。愛惜子女，如肝如腸。留心做米，無殼無糠。人客來到，細聲商量。歡歡喜喜，撿出家常。雞春鴨卵，豆豉酸薑。有米有麥，曉得留糧。粗茶淡飯，老實衣裳。越有越儉，唔貪排場。就無米煮，耐雪經霜。撿柴出賣，唔畜私囊。唔偷唔竊，辛苦自當。唔怨丈夫，唔怪爹娘。此等婦人，正大賢良。人人說好，久久留芳。能夠如此，眞好姑娘。」黃菊芳：《渡子歌研究》第192頁，即引用此版本。
　　又丘秀強、丘尚堯《梅州文獻彙編》第六集第278頁，作〈勤儉叔娘〉：「勤

反之，在客家地區，懶惰的婦女常會被人瞧不起，〈懶尸婦道〉說：

　　懶尸婦道，講起好笑。半晝起床，喊三四到。日高半天，冷鍋冷灶。
　　水也不挑，地也懶掃。髮披髻禿，過家去嫐。講三道四，呵呵大笑。
　　田又不耕，又偷穀糶。家務不管，養豬成貓。上墟出入，一日三到。
　　煎堆扎粽，樣樣都好。无錢來買，偷米去教（交換）。老公打哩，開
　　聲大嗷。
　　去投外家，目汁像尿。外家伯叔，又罵又教。爺罵无用，哀罵不肖。
　　歸唔敢歸，嫐唔敢嫐。送回男家，人人恥笑。假話投塘，瓜棚下嫐。
　　當年娶她，用銀用轎。早知如此，貼錢不要。〔註38〕

從這些歌謠中，充分顯示客家人對婦女一向是「褒勤貶懶」、「以勞動為美」
〔註39〕。〈娘親渡子〉：「堵著屋下子嫂多，也係手腳少，又愛樵，又愛草，又

　　儉叔娘，雞啼起床。梳頭洗面，担水滿缸，先掃淨地，先煮茶湯。灶頭鍋尾，
　　光光昌昌。煮好飯子，將將天光。早早吃飯，洗淨衣裳。上山採樵，急急忙
　　忙。淋蔬種菜，蒸酒熬漿。紜紜績績，不離間房。針頭線尾，積在籠箱。伶
　　伶俐俐，老實衣裳。有魚有肉，口不敢嚐。煮得好好，敬奉爺娘。愛惜子女，
　　如肝如腸。仔細辨米，無穀無糠。人客來到，細聲商量。灰卵鴨蛋，浸豆醃
　　薑。歡歡喜喜，檢出家藏。不說是非，不好排場。担柴賣米，不怨爺娘。不
　　嫌丈夫，肚飢上床。這等婦道，真真賢良。有人學此，獲福無疆。」
　　又陳文紅〈從客家山歌看客家婦女的精神個性〉《客家文化特質與客家精神
　　研究》，頁374〈客家　娘（婦女）〉作：「客家　娘，雞啼起床。梳頭洗面，
　　先煮茶湯。煮好早飯，天才大光。洒水掃地，挑水滿缸。未有食朝，先洗衣
　　裳。講究養豬，煮汁拌糠。灶頭鍋尾，光光張張。田頭地尾，種菜種糧。針
　　頭線尾，繡織在行。家頭教尾，順理有方。愛子愛女，惜肝惜腸。唔生是非，
　　敬重爺娘。推礱踏碓，唔聲唔響。撿樵割草，山歌飛揚……丈夫出門，家事
　　敢當。刻苦耐勞，唔怕風霜。能粗能細，有柔有剛。遠近讚美，客家　娘。」
〔註38〕　房學嘉等著：《客家文化導論》，頁171。又陳運棟《客家人》頁231～232作：
　　「懶尸婦道，說起好笑。半晝起床，噪三四到。日高半天，冷鍋死灶。水也
　　唔挑，地也唔掃。頭髮蓬鬆，過家去嫐。講三講四，哈哈大笑。田也唔耕，
　　又偷穀糶。唔理唔管，養豬成貓。老公打裡，開口大叫。去投外家，目汁像
　　尿。外家正大，又罵又教。歸唔敢歸，嫐唔敢嫐。送回男家，人人恥笑。當
　　初娶來，用銀用轎。早知如此，貼錢不要。」
　　又丘秀強、丘尚堯《梅州文獻彙編》第六集第277頁，作〈歪婦道〉：「懶尸
　　婦道，說起好笑。半晝起床，吵三四到。講三講四，過家要嫐。水也不担，
　　地也不掃。頭髮蓬鬆，冷鍋死灶。唔理唔管，養豬成貓。老公打裡，開聲大
　　叫。去投外家，目汁像尿。爺喊無用，哀喊不肖。歸唔敢歸，嫐唔敢嫐。外
　　家送回，老公又惱。詐走落塘，瓜棚下嫐。捉倒又打，無氣可投。在先討來，
　　用銀用轎。早知如此，貼錢不要。」
〔註39〕　房學嘉等著：《客家文化導論》，頁253～255。

愛番薯豬荼轉家堂。揹籃　　上山岡……屙到阿姆一背囊。阿姆驚子來寒
壞，遽遽摘等入間房。第一就先換子……拐得子兒睡，裙仔衫褲籃仔攌等到
河江。」這一大段就是客家婦女「女勞」的具體表現：遇著家裡人手少，需
要柴草、甘藷時，客家婦女只好揹著孩子，挑著扁擔，翻山越嶺去工作。等
到工作就緒，回到半路上，嬰幼兒啼哭，只好又把孩兒解下來餵奶。好不容
易回到了家，又發現孩兒拉屎拉尿，而且也把自個兒也弄髒了。於是趕緊幫
孩子和自己換好衣服，把兒哄睡，又急急忙忙到河邊去洗滌。

　　正因如此，致使不少外國人士對客家婦女大為讚嘆。曾在客家地區居住
多年的美國傳教士羅伯・史密斯在他所著的《中國的客家》一書中說：『客家
婦女真是我所見到的任何一族婦女中最值得讚嘆的了。在客家中，幾乎可以
說，一切稍微粗重的工作，都是屬於婦女們的責任。如果你是初到中國客家
地區居住，一定會感到極大的驚訝。因為你將看到市鎮上做買賣的，車站、
碼頭的苦力，在鄉村中耕田種地的，上深山去砍柴的，乃至建築屋宇時的粗
工，灰窯瓦窯裡做粗重工作的，幾乎全都是女人……以"出得廳堂，入得廚
房"，勤勞、刻苦與儉僕著稱於世的客家女孩子是"婦女創造文明"的象
徵。』〔註40〕羅伯・史密斯對客家婦女，可說是觀察入微。充分反應客家婦
女能做，且願意做高難度、超負荷的工作。

三、〈娘親渡子〉展現母親是家園守護者

　　客家婦女的勤勞堅忍，為家庭的付出，在〈娘親渡子〉中可得到印證：

> 堵著就屋下子嫂多，也係來手腳少，又愛樵，又愛草，又愛就番薯豬
> 荼就轉家堂。

不論是大家庭妯娌多，或是小家庭人手少，客家婦女都要上山撿柴、割草，
同時又要挖甘藷採地瓜葉回家養豬，一年到頭都沒得休息。

> 揹籃　　乜上山岡，將到幼子就揹等來在背囊，籃仔就來　等，一山
> 過一山，來一岡就過一岡。

客家婦女要上山工作時，幼兒在家沒人照顧，只好揹子上山。身揹幼兒，肩
挑重物「一山過一山，一岡過一岡」，其艱苦也只有「天足」的「女勞」能
做到！

　　客家婦女工作回家後，本想好好休息一下，誰知「轉到屋下屎合尿」，為

〔註40〕房學嘉等著：《客家文化導論》，頁 171～172。

人母者只好匆忙幫幼兒換好尿片。又趕赴河邊清洗髒衣裳,「河壩慢慢洗,圳溝慢慢盪」,可憐「阿姆十隻手指頭,洗到血洋洋」,全身都快虛脫了。客家婦女洗完衣裳,就回家準備晾乾,等晾好衣服時,已是「肚屎枵到變背囊」。裝了一碗飯,準備進食,誰知孩子又鬧個不停。等到孩子安靜下來,飯菜已是「飯仔冷過霜」。冷若冰霜的飯菜吃下肚,母親「冷肚就合冷腸。」

可見客家婦女真的是「健婦」,「一根蠟燭兩頭燒」,裡裡外外的家務事、農事全都要包,又要照顧全家上上下下。為孩子、家庭吃再多的苦,也沒有一句怨言。所以劉小妮說客家婦女是「家園的守護者,給男人創造根基、慰藉、希望,在漫長的歲月裡,是她們永不竭盡支持了男人的生存、家族的榮譽、歷史的精神。」〔註41〕

又李樹軍〈從社會習俗看二十四孝〉研究也指出下列三點:

1. 「孝不僅是一種義務,而且意味著某種權利。在二十四孝中,孝子是女性的只有兩位,而以女性家長為孝順對象的佔二十四孝的三分之二強,那是因為中國封建社會表面上以父權為重,骨子裡卻以母親對子女的影響較大。

2. 中國家庭一般是以血緣關係為紐帶,以父、母為積點而形成的三角結構(如右圖)。而母親是家庭三角的感情重心所繫。在子女的教養上父、母有著分工,最普通的分工方式便是嚴父慈母的安排。

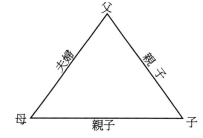

3. 二十四孝孝行的最高孝行方式是孝子的自我犧牲;其次是以食物供奉父母的「反哺」方式。這也反映中國人在親子關係上最基本的價值觀念和心理傾向——養兒防老。也就是說「視孩子為儲備財產」是中國傳統家庭倫理的一大特點。〔註42〕

中國家庭表面上父權為重,骨子裡卻以母親對子女的影響較大。在子女的教養上父、母有著分工,最普通的分工方式便是嚴父慈母的安排。舊的風

〔註41〕劉小妮:〈從『客家魂』觀照客家女性文化〉,收錄於譚元亨:《海峽兩岸客家文學論》(香港:中國評論學術出版社,2006年2月),頁419。

〔註42〕李樹軍:〈從社會習俗看二十四孝〉,《民俗研究》,1985年第1期,頁37～41。

俗亦有：一個官的儀仗，除了他本人以外，太太可用，老太太亦可用，老太爺卻不可用。老太爺到了他兒子的衙門，只可像一般人悄悄地進去；老太太或太太到了，卻可用全副儀仗，大張旗鼓地進去，這叫做「妻以夫貴」、「母以子貴」的禮制。〔註43〕客家社會亦承襲此傳統。

〈娘親渡子〉：「在生各人愛行孝老爺娘，還生割得半斤四兩落哀肚，當過死式門前拜大豬羊。」就是強調爲人子者要懂得及時反哺。「降著有孝子，又還有目的；降著不孝子，較輸屙屎落屎缸。」就是「養兒防老」的體現。客家人的孝道觀念基本上和中國傳統的孝道觀念是一致的。

〈父母恩重經講經文〉和〈十恩德〉其主旨皆鎖定「父母恩重」，「要報恩」。但是仔細察看其內容十之八、九都是在說「母親恩重」，「要報母恩」，例如〈十恩德〉：「第一懷躭守護恩……佛且勸門徒。第二臨產受苦恩……慈母報無門。第三生子……乞求母子面相看，只願早平安。第四咽苦吐甘恩……甘旨莫教虧。第五乳哺養育恩……偷奏豈須看。第六迴乾就濕恩……記之父母苦憂憐，恩德過於天。第七洗濯不淨恩……不孝應也希。第八爲造惡業恩……榮他自造業難陳，爲男爲女受沉淪。第九遠行憶念恩……母意過關山。第十究竟憐愍恩……莫教辜負阿耶娘。十恩了。」〔註44〕這〈十恩德〉幾乎是針對母親恩德而編的歌謠，只有第六和第十有提到父恩。

〈父母恩重經講經文〉、〈十恩德〉在後期有許多派生作品，如白汝景唱，李璘記譜的〈十重恩〉【五更調】：

> 第一重深恩養兒生身母，十個月懷胎晝夜娘辛苦，
>
> 臨生的時候性命全不顧，好似那鋼刀割斷娘腸肚。
>
> 第二重深恩養兒乾溼臥，一盆溫水全身都洗過，
>
> 兩手酸麻十指風裂破，兒有些驚心親娘實難過。〔註45〕

又如金章深唱，金章深記〈孝敬父母理該應〉【寶卷調】：

〔註43〕葉濤：〈二十四孝初探〉，《山東大學學報‧哲學社會科學版》，1996 年第 1 期，頁 28～33。

〔註44〕郝春文：《英藏敦煌社會歷史文獻釋錄‧第 1 卷》（北京：社會科學出版社，2001 年 8 月），頁 434～184。郝文參考《東方學報》29 冊，305 頁；《敦煌遺書總目索引》132 頁；《敦煌研究》1986 年第 1 期，48 頁；《敦煌寶藏》第 9 冊，66 頁；《英藏敦煌文獻》第 2 卷，245 頁。

〔註45〕白汝景唱，李璘記譜：〈十重恩〉，收錄中國歌謠集成甘肅卷編輯委員會：《中國民間歌曲集成甘肅卷》，頁 536～537。

　　勸君及早要回心，孝敬父母理該應。

　　在世不把爹娘敬，寒食清明莫上墳。

　　別樣恩情都好還，父母恩情難報清。

　　人在世間行孝道，父母九泉也放心。

　　心好自然天保佑，代代兒孫不受貧。

　　奉勸善男並善女，莫忘生身父母恩。

　　一日三餐食娘奶，三日食娘九回漿，

　　娘奶不是長流水，滴滴都是血化成。

　　口口吃娘身上血，年長成人六尺身。

　　奉勸君子孝雙親，爹娘父母總該敬〔註46〕

這兩首重點也是在說母親的迴乾就濕、洗滌髒物、三年乳哺的恩情。可見在父母的恩德中，一般人是認為母親的功勞是比較大的。

　　在大陸的江西、廣東省，若是遇母喪是一定要唱〈十月懷胎經〉的。依文獻來看，似乎為父喪專唱的經文很少，只有黃遠奇、蘇桂〈同冠水流域傳統社會調查〉收錄有〈男人行孝〉：

　　昔日唐僧去取經，取出一份報恩經。

　　宣唱報恩經一卷，特來報答父母恩。

　　正月行孝是目連，有金有銀甚榮華。

　　娘道我兒家不富，收拾資財作生涯。

　　二月行孝是董永，董永家貧自贖身。

　　父母雙親都死了，殯葬無錢賣自身。

　　三月行孝是黃香，黃香獻扇思親娘。

　　百蟲思念王娘血，白玉獻乳思爺娘。

　　四月行孝是丁蘭，丁蘭刻木為爺娘。

　　日想我母音容像，夜思親娘斷肝腸。

　　五月行孝是雙松，雙松奉乳救家娘。

　　家娘年老難開口，松氏奉乳救家娘。

　　六月行孝是安安，安安送米救親娘。

　　一日三餐當三合，思念親娘好惶惶。

〔註46〕金章深唱，金章深記：〈孝敬父母理該應〉，收入中國歌謠集成浙江卷編輯委員會：《中國歌謠集成浙江卷》，頁320～321。

七月行孝是孟紅，孟紅割肉奉老娘。

老母開口思古肉，半食半罵不孝娘。

八月行孝是孟宗，孟宗哭竹筍生冬。

孝敬父母天地動，正賜度苦救我娘。

九月行孝是王祥，王祥臥冰雪滿堂。

家中我娘思海味，捨身葬雪救親娘。

十月行孝是口（閔）子，口（閔）子推車身內寒。

家中後母無慈念，平步推車最淒惶。

奉勸書友齊孝順，父母年老莫遠行。

十一月行孝是顏回，顏回攻書習文章。

十二月行孝是趙娘，趙娘救母往外鄉。

趙娘剪髮街上賣，殯葬父母上路忙。

行孝還生孝順子，忤逆還生忤逆兒。

在生父母須當敬，莫向死後哭鬼神。

千哭萬哭哭張紙，千拜萬拜拜爐香。

靈前供養般般有，不見伲父親口嚐。

十二月行孝都說盡，孝心普下萬代傳。〔註47〕

這首男喪的喪歌，主要是以二十四孝：目連、董永、黃香、丁蘭、雙松、安安、孟紅、孟宗、王祥、閔子騫、顏回、趙五娘的故事來勸勉子孫。另外郭贛生〈遂川城廂的婚喪習俗與遺風雜俗〉中也收錄男喪的喪歌〈苦楚經〉：

正月苦楚是新年，難得一息在家閒。

倘若家中有節餘，撫兒顧女過光陰。

二月苦楚殘起因，沐風櫛雨築田坎。

肩馱犁耙頭戴笠，赤足牽牛往前行。

冬天寒冷凍樹木，春天寒冷凍人肉。

三月苦楚節清明，秧田做得一掌平。

平田兜水等下種，手足寒冷亂如麻。

四月苦楚夏節時，倉廩空虛向何求。

指望親朋去借貸，誰知回我一身無。

〔註47〕 黃遠奇、蘇桂：〈同冠水流域傳統社會調查〉，收錄譚偉倫、曾漢祥主編：《陽山、連山、連南的傳統社會與民俗・上》（2006 年 8 月），頁 191～192。

五月苦楚節端陽，家家戶戶鬧洋洋。

有錢過節歡歡喜，無錢過節日日憂。

一年四季春難過，雞犬難過五月荒。

六月苦楚三伏天，日如紅火似油煎。

割禾擔穀歸家轉，滿身汗出似水流。

七月苦楚是中元，思想家務夜不眠。

燒錢買紙為人事，一代兒孫一代傳。

八月苦楚是中秋，月淡秋風日悠悠。

秋風驟起身寒冷，缺衣少裳難過冬。

九月苦楚是重陽，孟嘉落帽於龍岡。

男大當婚女當嫁，交親門戶要相當。

十月苦楚是孟冬，一年收成轉家中。

勞勞碌碌多辛苦，算來命定莫強求。

指望一年有餘結，還得人來一場空。

子月苦楚月屬冬，親朋喜事鬧叢叢。

俱柬書名請赴席，人情送禮頂門風。

丑月苦楚未說完，雨雪紛紛在外邊。

年歲將近錢帽有，若要還人夜不眠。

正喜高堂來奉侍，身沾一病在高床。

喊魂摸驚全無應，請醫服藥病難癒。

醫藥道法無效應，無常一到入黃泉。

敦請道士來超度，度我父親早昇天。

明朝駕轎見紼執，銘旌就道往墳前。〔註48〕……

這首喪歌是十二個月份聯章方式，述說死者一年四季和一輩子工作的辛苦，有點類似〈十二月長工歌〉，據筆者所見，男喪的喪歌只有此二首而已。男喪的喪歌和女喪的〈十月懷胎〉風格、內容迥然不同。從喪葬文化中，對女喪較重視。

　　客家婦女雖然對丈夫、公婆等家人百般尊敬，溫柔順人，但她們能獨立

〔註48〕郭贛生：〈遂川城廂的婚喪習俗與遺風雜俗〉，收錄劉勁峰、耿艷鵬：《吉安市的宗教、經濟與文化》，2005 年 2 月，頁 512～515。

生活，不依附自己的丈夫。因此，客家婦女特別受到男人的尊敬，「男尊女卑」
的觀念，較之其它地方相對淡薄。例如，在梅縣丙村溫氏有位極宗族祖神的
「齋婆太」〔註49〕，也有許多主持社區「社會」〔註50〕的女鄉紳，以及主持
宗族盛典的女領袖。在傳統社會中，宗族祭拜祖先是男人的專利，婦人只能
協助挑祭品、擺祭品等雜物，但是梅縣丙村溫氏的客家婦女在宗族中的地位
有所提高。〔註51〕在客家原鄉是如此，在臺灣客家也是如此，現代民俗活動
並不完全照傳統的那一套進行，也是為適應現代文明作相應的調整做法。

第四節　〈娘親渡子〉體現客家文化特色

　　劉佐泉將客家文化歸結有三個特徵：「移墾社會的文化型態、濃厚鄉土情
誼的文化、圓的文化。」〔註52〕林曉平〈客家文化特質探析〉認為客家文化
的特質有三：（一）儒家文化；（二）移民文化；（三）山區文化。〔註53〕本節
將從儒家文化、移民文化、山區文化面向去探討之。

一、儒家文化

　　中華文化以儒家思想為本位，其倫理體系是「仁、義、禮」，孔子重
「仁」，孟子重「義」，而荀子對「禮」作最多解釋，《孝經》則是儒家孝道的
代表作。〔註54〕孝在儒家思想中，被列為最基本且最核心的倫理道德，不但
是人倫的起點、根本，而且是一切思想的依歸與指導原則，故梁漱溟曾說：
「說中國文化是『孝』的文化，自是沒錯」〔註55〕張踐也說：「儒家孝道觀是

〔註49〕 梅縣溫族 11 世祖齋婆太，葬於明萬曆年間。她不但受到族中崇拜，而且是跨
　　　　宗族的區域神。族人每年除夕祭祖之外，年初一全族人還要食齋祭拜祖婆太，
　　　　祈求祖婆太能保佑後裔財源廣進、五穀豐登。

〔註50〕 族人以股份制的形式組織「社會」，每家一份。每年祭拜祖宗是一年兩次，拜
　　　　「社官」也是一年兩次，社官即是村子的土地神。宗族通過一年四次大規模
　　　　的活動，不斷地增強其向心力。

〔註51〕 房學嘉、宋德劍等著：《客家文化導論・第七章・傳統客家婦女・客家婦女的
　　　　社會地位》（廣州：花城出版社，2002 年 2 月），頁 181～189。

〔註52〕 劉佐權：《客家歷史與傳統文化》（開封：河南大學出版社，1991 年）。

〔註53〕 林曉平：〈客家文化探析〉，《客家文化特質與客家精神研究》（哈爾濱：黑龍
　　　　江人民出版社，2006 年 3 月），頁 81～90。

〔註54〕 黃光國：《儒家思想與東亞文化・儒家之道・仁義禮倫理體系》（臺北：巨流，
　　　　1988 年 10 月），頁 127～177。

〔註55〕 梁漱溟：《中華文化要義》（上海：學林出版社，1987 年），頁 307。

中華民族區別世界上其他民族最大的文化特質。」〔註 56〕孝道包括三層重要
涵義〔註 57〕：

（一）愛惜自己

> 子曰：「夫孝，德之本也，教之所由生也。復坐，吾語汝。身體髮膚，
> 受之父母，不敢毀傷，孝之始也。立身行道，揚名於後世，以顯父
> 母，孝之終也。」（《孝經・開宗明義章》）

> 孟子曰：「世俗所謂不孝者五：惰其四肢，不顧父母之養，一不孝
> 也。博奕好飲酒，不顧父母之養，二不孝也。好貨財，私妻子，不
> 顧父母之養，三不孝也。從耳目之欲，以爲父母戮，四不孝也。好
> 勇鬥狠，以危父母，五不孝也。（《孟子・離婁下》）

在儒家觀念裡，個人生命是家族無窮盡生命延續體的一個環節，故每個人要
愛惜並保養自己的身體，不使父母爲自己擔憂。進而要檢點自己的行爲，懶
得勞動他的手腳，不顧到父母的奉養；賭博下棋，又喜歡喝酒；喜愛錢財，
偏私妻子兒女；放縱聲色的嗜欲，使父母受到羞辱；喜好逞勇，和人爭鬥；
以致連累父母等都是不孝的行爲。

（二）培育後代

> 孟子曰：「不孝有三，無後爲大。」（《孟子・離婁上》）

> 子曰：「父在觀其志，父沒觀其行。三年無改於父之道，可謂孝
> 矣。」（《論語・里仁》）

> 子曰：「夫孝者，善繼人之志，善述人之事。」（《中庸・第 19 章》）

「孝」的另一層涵意是要傳宗接代，若是絕嗣是大不孝。生育了孩子，更重
要是要培育他能繼承先人的志業，進而發揚光大。用孔子的觀點，「父在觀其
志，父沒觀其行。三年無改於父之道」便可算孝，若是能「善繼人之志，善
述人之事」就算是達孝。

（三）崇拜祖先

> 孟懿子問孝：子曰：「無違。」樊遲御。子告之曰：「孟孫問孝於我，
> 我對曰：『無違。』」樊遲曰：「何謂也？」子曰：「生，事之以禮；

〔註 56〕張踐：〈儒家孝道觀的形成與演變〉，《中國哲學史》第 3 期，2006 年，頁 74。
〔註 57〕參考黃光國：《儒家思想與東亞文化・儒家之道・仁義禮倫理體系》，頁 163
　　　～166。

死，葬之以禮，祭之以禮。」（《論語‧爲政》）

祭如在，祭神如神在。子曰：「吾不與祭，如不祭。」（《論語‧八佾》）

曾子曰：「慎終追遠，民德歸厚矣。」（《論語‧學而》）

對家族生命的延續而言，祭拜祖先也有其特殊意義。孔子認爲對父母的孝，要「生，事之以禮；死，葬之以禮，祭之以禮。」祭拜的時候也要誠心誠意，「祭神如神在」。假使人人都能「慎終追遠」，那麼民風將變得敦厚了。

孝，從孔子要求的「養親」、「無違」、的善事父母，到董仲舒「三綱」移孝作忠的「忠孝觀」，進一步的擴展延伸，更成爲蓋天覆地的一切準則。〔註58〕漢朝開始以孝治天下；魏、晉、隋、唐對孝文化有崇尚、有變異；到了宋、元、明、清已是達到登峰造極的地步。〔註59〕它宣導血親人倫、現世事功、修身存養、道德理性，對中國文化的發展起了決定性的作用。在中華民族優良傳統道德中，「孝」佔有特殊的地位，它在一定時期內，有力維護著中華民族的和諧發展，凝聚著以血緣爲紐帶的宗法氏族關係，爲維繫家庭團結和保持社會穩定起著特殊重要的作用。〔註60〕

「夫孝，始於事親，中於事君，終於立身。」（《孝經‧開宗明義》），故客家人自古多以：「一等人忠臣孝子，兩件事讀書耕田」來訓勉子弟，其目的就是希望孩子能成材。〈娘親渡子〉中強調的就是孝道：「降著有孝子，又還有目的」，這個「目的」即是「孩子能成材」，能做到上述所說的孝的內涵，能愛護自己健康，能檢點自己言行，培育優秀後代，善繼先人志業，能忠孝兩全，能光宗耀祖。「在生各人愛行孝老爺娘，還生割得半斤四兩落哀肚，當過死忒門前拜个大豬羊」就是「生，事之以禮；死，葬之以禮，祭之以禮。」的體現，而父母在世時能及時行孝比死後才厚葬厚祭更重要。「此恩（指父母恩）若不報答，枉爲來做世間人」，不知道行孝，就不配當「人」，連當「人」的資格都沒有。可見〈娘親渡子〉展現的是以人爲本，以孝爲本的儒家文化。

〔註58〕 陳昱誠：《西漢孝文化研究》，臺北市立師範學院應用語言文學研究所碩士論文（臺北：臺北市立教育大學，2006年2月），頁229。

〔註59〕 肖群忠：《中國孝文化研究‧目錄》，頁3。

〔註60〕 肖群忠：《中國孝文化研究‧序》（臺北：五南圖書出版股份有限公司，2002年7月），頁1。

二、山區文化、移民文化

　　黑格爾認為：「助成民族精神的產生的那種自然的聯係，就是地理的基礎……這地方的類型和生長在這土地上的人民的類型和性格有著密切的關係。」〔註61〕可見居住環境和族群的文化息息相關。根據林曉平〈客家文化探析〉指出：

> 客家地區的地理地貌的基本特徵是多山。贛南：「層巒疊，氣勢磅礴」；「贛之為郡，處江右上游，地大山深，疆隅繡錯」；「贛地夙號多嶮」；贛郡「多崇山幽谷」；閩西：「閩中壤狹田小、山麓皆治為隴田……汀據閩上游，復嶺崇岡，山多於地。」粵東：「無平原廣阡，其田多在山谷間，高者恆苦旱，下者恆苦澇。」〔註62〕

臺灣在明清兩代成為福建、廣東兩省移民的新天地，是近代漢民族殖民成功的特例。客家移民中以分布於桃、竹、苗的最多，此地多屬丘陵地，和大陸客家原鄉很類似，所以就發展出一種特殊的山區、移民文化。特殊的山區、移民文化的體現，除了前揭文所提到的客家婦女不裹腳，人人都是「健婦」外，最具代表性的莫過於客家山歌、茶文化、養豬文化了。

（一）客家山歌

　　美國傳教士羅伯・史密斯說：「客家婦女在山中砍柴草時，常常是一面勞動，一面唱她們自己創造和喜愛的山歌，而且一問一答，應對如流。有些會唱歌的男子，便會唱起含有愛情詞句的山歌，向女方挑逗，往往因此成就良緣。現在這種特殊風格的山歌，在東方民俗學中，已佔有重要地位了。」〔註63〕羅伯・史密斯指出了山歌的創作與歌唱與「山」有關。1910年，關西人徐阿任向阿浪旦等學藝的抄本，有許多即是反應客家先民上山工作時的心聲，可印證他的說法，例如：

　　〈拾想撿樵〉

　　　一想撿柴就上山，新衫脫忒著舊衫；

　　　人人講妹做家女，因為無樵來上山。

〔註61〕王造時譯，黑格爾：《歷史哲學》（上海：上海世紀出版集團，2001年8月）第一版，頁82。

〔註62〕林曉平：〈客家文化探析〉，《客家文化特質與客家精神研究》（哈爾濱：黑龍江人民出版社，2006年3月），頁88。

〔註63〕林曉平：〈客家文化探析〉，《客家文化特質與客家精神研究》，頁89。此文乃轉引自新加坡《客總會訊》1986年第11期。

……

一想撿柴到屋下，樵擔放落想食茶；

食了茶子想食飯，食飽飯子當畫下。〔註64〕

這首歌相當生活化，首先說明上山撿柴的原因是因爲家中無薪火，所以換下新衫穿上舊衣；等到撿完柴、挑回到家時，已是口乾舌燥、飢腸轆轆；等吃完午飯，已是過了中午。由此可見，客家婦女勤勞，衣著儉樸，所以大家都稱讚她當會「做家」，意思是說很節省、很會理家。又如：

〈十想交情〉

一想交情笑嘻嘻，千遠路遠來尋爾；

兩人看到都中意，八房姻緣註定裡（哩）。

……

十想交情笑連連，同妹交情萬萬年；

生在同妹共下帶（戴），死愛同妹共香煙。〔註65〕

這首是男女在工作時，兩人日久生情，「兩人看到都中意」，所以互訂終生，並發誓：生要同住，死要同穴。又如：

〈十送割禾〉

一送情人在本庄，問哥割禾己（幾）時上？

　哥愛上對妹講，荷包煙袋打伴（扮）郎；

……

八送情人新埔庄，問妹住在奈（哪）何方？

妹子住在酒店背，阿哥上下愛來往。

從前的客家庄遇著割稻時期，因爲許多家庭都有耕種，所以流行「換工」，你幫我，我幫你，用工作天數換工作天數的。也有人純粹是割稻工人，跑遍各鄉鎮去幫人割稻或插秧的。歌中的客家女子，癡情的問情人何時要出門？這首歌也反映了客家人收割的工作模式。

（二）茶文化

客家的茶文化也顯現出山區文化、移民文化的特色。中國客家地區均產茶，贛南產茶始於唐代，明、清兩代更盛，閩西和粵東也在明、清興起種茶。

〔註64〕徐阿任：《徐阿任抄本》1910年，未正式出版，頁140～142。

〔註65〕徐阿任：《徐阿任抄本》1910年，未正式出版，頁131～132。

〔註 66〕臺灣的客家先民也從原鄉帶來種茶、製茶的技術，日制時期有七成以上的茶工廠是客家人開設的，那時新竹縣北埔、峨眉一帶的東方美人茶的總產值就佔當時臺灣全年歲入預算的 60%；而 1941 年，1000 斤的稻穀要價 90 日圓，而頂級膨風茶，1 斤就要 1000 日圓，故當時有句俗諺「南蔗北茶」，至今茶仍是具有相當代表性的客家經濟作物。〔註67〕

茶除了經濟價值外，文化上對客家人影響尤為深遠。他們不只種茶，也喝茶；不只喝茶，還食茶、品茶，每逢祭祀、敬賓多以茶敬奉。根據用途之不同，還細分為不同的茶品，如祭奉茶、敬賓茶、待客茶〔註 68〕、招客茶、積德茶〔註 69〕等。客家人又將茶葉、芝麻、花生等擂成茶泥，沖入沸開水，製成「擂茶」，又稱「三生湯」，是一種風味獨特的客家飲料，不但是客家飲食文化中的珍品，這種擂茶活動甚至成為客家社交禮俗的一部分。〔註 70〕

明清之際，中國客地在紀念採茶收穫活動中，產生了採茶歌舞和茶籃燈等，後期更發展成三腳戲，對客家人影響更大。那時期的採茶戲，江西省有南昌採茶戲、武寧採茶戲、九江採茶戲、贛東採茶戲、景德採茶戲、高安採茶戲、吉安採茶戲、撫州採茶戲、寧都採茶戲、贛南採茶戲、萍鄉採茶戲、贛西採茶戲；湖北有黃梅採茶戲、陽新採茶戲；廣東有粵北採茶戲、桂南採茶戲等。〔註 71〕可見茶對原鄉戲曲的影響之深遠，尤其是江西省採茶戲劇種尤其多。

三腳採茶戲在光緒年間已經在臺灣活動，其傳入時間不應晚於光緒年間。〔註 72〕鄭榮興、范揚坤、黃心穎、徐進堯、謝一如等都認為何阿文是將大陸原鄉客家三腳採茶戲帶來臺灣的第一人。他和他的弟子阿浪旦、莊木桂、梁阿才等演出、授徒的地區，主要在桃、竹、苗三個縣市。根據《臺灣通史》的記載至遲在民國七年（1918）就有客家戲採茶戲的演出，那年也已有客家

〔註 66〕房學嘉等著：《客家文化導論》（廣州：花城出版社，2002 年 2 月），頁 296。
〔註 67〕艾客：〈人間萬事消磨盡，只有清香似舊時──客家茶文化〉，《客家文化》第 36 期（臺北：臺北客家事務委員會，2011 年 6 月），頁 18～19。
〔註 68〕待客茶：招待家中貴客。
〔註 69〕積德茶：在茶水桶中浸泡茶葉，放在門口免費提供過往路人，也稱為「施茶」。
〔註 70〕艾客：〈人間萬事消磨盡，只有清香似舊時──客家茶文化〉，頁 19～20。
〔註 71〕鄭榮興：《臺灣客家三腳採茶戲研究》，頁 32～34。
〔註 72〕鄭榮興：《臺灣客家三腳採茶戲研究》，頁 202。

職業劇團在新竹拱樂社出現，自此開啓客家劇團內臺興盛期，直到民國五十年（1960）後電視的出現而告衰落。〔註73〕

　　客家山歌和客家戲曲可說是客家人的精神食糧。目前，新竹縣的竹東鎮每年的天穿日都會舉辦全國客家歌謠大賽；全省各地山歌班林立；客家電視臺幾乎每天都有客家歌謠和【客家傳統戲曲】節目，在在說明客家山歌和客家戲曲和客家常民有密切關係。

　　客家先民曾將〈十月懷胎〉的歌詞、曲調【懷胎腔】吸收至客家三腳採茶戲中，並且帶來臺灣，甚至它的派生物〈病子歌〉也同樣成為客家歌謠、戲曲甚至客家八音常見的曲調，在一般的客家山歌書中大都會收集。〈十月懷胎〉、〈病子歌〉對客家表演藝術影響頗大，它豐富了客家表演藝術的內涵。

　　客家人似乎都是天生的歌唱家，唱〈娘親渡子〉的歌手，如楊玉蘭、邱玉春、李秋霞、胡泉雄、黃鳳珍等個個都擅唱山歌、小調，〈娘親渡子〉至今能流行，一方面是得自他們的推廣。尤其楊玉蘭又是採茶藝人，家族又有採茶戲班，更具號召力。另一方面也是因為〈娘親渡子〉唱腔是【平板】、【平板什唸子】是採茶戲的主要唱腔，為客家人耳熟能詳，故大大提升了〈娘親渡子〉普及率。

（三）餿水、豬菜養豬文化

　　客家文化並非單一的、線形發展的文化，而是由諸種文化因素合而成一的多元文化，其實包含了食、衣、住、行、育、樂各方面。在〈娘親渡子〉中，也可看大陸原鄉餿水、豬菜養豬文化移植臺灣的情形：

> 堵著_就屋下子嫂多，也係_來手腳少，又愛樵，又愛草，又愛_就番薯豬
> 菜_就轉家堂。揹籃　　乜上山岡，將到幼子_就揹等_來在背囊，籃仔_{就來}
> 　　等，一山過一山，來一岡_就過一岡。尋有个番薯豬菜〔註74〕就籃肚
> 張，尋得孲，慢慢_就　等愛_來轉家鄉。

這就是描寫客家婦女背著幼兒上山撿柴，找甘藷、甘藷藤的情節。劉志偉〈國際農糧體制與臺灣的糧食依賴：臺灣養豬業的歷史考察〉曾指出下列四點：

〔註73〕謝一如：〈試探臺灣客家戲劇之發展〉，《苗栗縣客家戲曲發展史・論述稿》，頁63。

〔註74〕尋有个番薯豬菜：按當時的甘藷大部分是私人種植的，故找到的大部分應是野菜。

1. 豬於中國家畜化的歷史極早，距今大約 8000 年前。至於臺灣何時開始養豬難以考證，但陳第於 1602 年之《東番記》提到：「畜有貓、有狗、有豕、有雞」，顯見當時平埔族已開始養豬。之後中國移民將屬於中國系統的豬種攜入，其中龍潭陴種因其耐高溫溼熱之氣候與粗食而廣受歡迎。因其主要落腳處為桃園中壢一帶，因此通稱桃園種。

2. 豬隻的生長以碳水化合物與蛋白質最為重要。豬為雜食性。野鳥、昆蟲、樹葉、腐肉、糞便、垃圾、花果都可能成為牠們的食物。剛生產完、心情不佳的母豬甚至有可能吃自己生的小豬。所以豬食的選擇以人類自身的經濟性與方便性為考量。所以豬食不一定是甘薯或廚餘、餿水。

3. 美國人以玉米養豬，德國、比利時以馬鈴薯飼豬，丹麥以脫脂牛奶、乳清等餵豬。中國自古因人口多、糧食吃緊，故發展出特有的「餿水養豬」，即以自家的殘羹廚餘，糧食加工的副食品（如稻米的米糠與小麥的麩皮）或殘渣（黃豆的豆渣）來餵豬。先民移居來臺時，也將傳統中國的飼豬方式一併帶入。根據 1952～1953 年臺灣省農林廳的調查，豬食中，「雜汁」和「殘飯」佔 48.88%，甘薯、甘藷蔓、甘藷簽共佔 41.41%，確實符合傳統中國的飼豬方式。

4. 甘藷飼豬符合臺灣的農業生產體系。據考證甘藷於 1592～1602 年間自福建引進臺灣。清道光年間，甘藷栽培已遍及全臺。甘藷不僅可供人食，更是極佳的養豬飼料。煮熟的甘藷、甘藷簽有極高的適口性與消化性。甘薯葉可供人食用。甘薯蔓亦能作為養豬的「青飼料」（水份高、富纖維的植物性飼料），甘薯蔓習稱「豬菜」。傳統農家婦女會將餿水放入大鍋內，再將甘藷或甘藷簽，甘藷蔓與自家生產的茉葉一併煮熟後餵豬。豬食無法充分供應時，仍會另外購買糧食餵豬。〔註 75〕

臺灣早期的農民為貼補家計，往往以養豬業作為副業，養豬頭數不多，六○年代開始逐漸有大型養豬戶（飼養頭數達五千頭以上者）的出現。養豬業也是臺灣早期賺取外匯的重要初級產品之一。〔註 76〕楊玉蘭生於 1920 年，

〔註75〕 劉志偉：〈國際農糧體制與臺灣的糧食依賴：臺灣養豬業的歷史考察〉，《臺灣史研究》第 16 卷第 2 期（臺北：中央研究院臺灣史研究所，2009 年 6 月），頁 105～160。

〔註76〕 施文真、高英勛：〈貿易政策下的初級產品出口政策‧台灣養豬業相關政策

錄製〈娘親渡子〉是在 1968，所以她的唱詞中上山採豬菜的情節，即是反映那時客家農村的養豬方式和規模。在她那個年代，一般農家養豬頭數不多，仍是承襲中國傳統的「餿水養豬」，將餿水放入大鍋內，再將甘藷或甘藷簽，甘藷蔓與自家生產的菜葉一併煮熟後餵豬。

第五節　〈娘親渡子〉兼具民間文學特質

民間文學具有自發性、集體性、匿名性、口傳性、變動性、沿襲性等性質。〔註77〕黃子堯《客家民間文學》認爲客家民間文學包括：(1)山歌詩；(2)唸唱歌；(3)勸世文；(4)傳仔；(5)兒歌；(6)戲棚頭；(7)花燈詩；(8)令仔；(9)民間傳說、故事；(10)佛曲說唱；(11)乞食歌；(12)諺語；(13)竹枝詞。〔註78〕〈娘親渡子〉即是勸世文，它具有民間文學的特色，茲說明如後：

一、自發性

作家創作有所謂「遵命文學」之說，作家們可以爲一個預定的政策從事創作。例如：近年來，行政院客家委員會每年都舉行「桐花祭」，同時舉辦「桐花文學獎」；臺北市政府舉行以描繪臺北市爲主的「墨客臺北・客語詩詞短文徵文比賽」，諸如此類的即是命題的作品。民間文學的創作與之相反，它可以不受統治者的指示與約束，它是自發性的人民自由創作，它是道道地地的在人民中長期流傳和自然形成的。它只服從於人民的意志、眞理與正義，只服從於眞、善、美，絕不會跟著任何人的指揮棒轉。

〈娘親渡子〉的題材、內容源自唐、五代的〈父母恩重經講經文〉、〈十恩德〉，歷經多少時間、流過多少地區，而傳播到臺灣。到了臺灣之後，又有日本的皇民化運動〔註79〕以及國民政府禁唱方言政策〔註80〕，而至今仍屹立

之發展〉，國立東華大學環境政策研究所網頁或行政院經濟建設委員會會網頁。
〔註77〕 高國藩：《中國民間文學・中國民間文學的基本特點》（臺北：學生書局，1999年 2 月），頁 13～29。本節內容亦參酌李惠芳：《中國民間文學》（武昌：武漢大學出版社，1999 年 8 月）。
〔註78〕 黃子堯：《客家民間文學・第四篇客家文學風貌》（臺北：客家臺灣文史工作室，2003 年 8 月）。
〔註79〕 皇民化運動：即日本化運動，指自甲午戰爭至第二次世界大戰期間，日本對本國少數民族以及殖民地族群施行的一系列同化政策，主要影響地包括朝鮮、琉球、台灣與滿洲等地。推行日本語言的政策，限制對原本語言的使用，

不搖，靠的就是民眾百姓的自發性，愛憎分明，擇善固執的精神始得以保存。

二、集體性

　　作家寫作，總是個人獨立完成，但是民間文學作品卻總是集體創作、集體流傳、集體加工、集體保存，爲集體服務。楊玉蘭雖然署名是自己編創〈娘親渡子〉，但是其內容大都傳承自〈懷胎寶卷〉、邱阿專〈十月懷胎〉和陳火添〈娘親渡子勸世文〉、〈十月懷胎〉。光是〈懷胎寶卷〉就有〈新刻十月懷胎寶卷〉、〈新編改良十月懷胎寶卷〉、《劉香寶卷‧懷胎寶卷》等；〈十月懷胎〉流傳在中國境內的也有六十多首，可見〈娘親渡子〉絕不是作家作品，它是屬於集體創作的民間文學。自從楊玉蘭〈娘親渡子〉唱片暢銷後，賴碧霞、邱玉春、李秋霞、胡泉雄等集體流傳；黃連添、范洋良等集體加工成〈百善孝爲先〉、〈娘親渡子難〉；客家人集體保存，爲愛好者集體服務。

　　民間文學作品是群體意識的結晶，〈娘親渡子〉因爲強調的是「父母恩重」、「報恩」的思想，符合客家群體忠孝傳家的傳統，兼之以客家人熟悉的【採茶】、【平板什唸子】來傳唱，抓住客家群體審美的趣味，故它能歷久而彌新。尤其是【採茶】、【平板什唸子】是臺灣客家採茶大戲以及臺灣客語說唱的重要唱腔，〈娘親渡子〉用此唱腔具有濃厚的地域性與時代性。

三、匿名性

　　由於是集體創作，我們不知民間作品是誰。民間文學反應人民的生活和思想，集中人民的聰明和才智，爲人民集體所承認和保存，並不屬於任何私人所有。人民在從事民間文學創作中，一不爲名，二不爲利，他們只是把內心深處的喜怒哀樂通過口語或樸素的文字，或通俗的文藝形式反應出來。商周的《詩經》、漢代的〈孔雀東南飛〉、南北朝的〈木蘭辭〉之作者皆不

推動所謂「國語家庭」是其政策之一。

〔註80〕禁唱方言政策：1951 年初臺灣省教育廳通令各國民學校：「凡舉行各種集會口頭報告，必須操國語。」1953 年 9 月，教育部還邀請內政部、外交部、中央黨部、臺灣省民政廳、教育廳等單位開會，針對台灣長老教會已用了上百年的羅馬字拼音聖經與教會公報，認爲不利於人民學習國語，要會商對策飭令禁止，以達到禁方言的目標。1962 年 10 月台視開播後，次年教育部即頒定〈廣播及電視無線電臺節目輔導準則〉，其第三條規定「廣播電視臺對於國內的播音語言，以國語爲主，方言節目不超過百分之五十。」

可考。

　　民間文學產生時，並沒有著作權的問題，後代因爲商業行爲的興起，所以有許多原是集體創作的作品，有心人士常霸佔爲己有。不論是蘇萬松〈報娘恩〉、邱阿專〈十月懷胎〉、陳火添〈十月懷胎〉、〈娘親渡子勸世文〉、楊玉蘭〈娘親渡子〉本來應是匿名的，但都掛上他們的姓名〔註 81〕，因爲他們都是職業藝人，因爲他們要靠唱勸世文、出勸世文唱片養家糊口。可見在日治時期開始至七○年代，唱片出版商、歌者已關注著作權的問題，像〈娘親渡子〉之類的唱片，非常有其市場性。

四、口傳性

　　民間文學大多數作者由於自幼貧窮，失去讀書識字的機會，因而口傳性是它一主要特徵。它們從這個人口裡傳到那個人口裡，起初往往沒有寫下來，而是口耳相傳，記憶保存。它像風一樣，來無影，去無蹤，如果不及時採集，它便會像風一樣消失。李開先《詞謔》就曾說：「十五國風，出諸里巷婦女之口者，情詞婉轉，自非後世詩人操觚染翰，刻骨流血者所能及者。」〔註 82〕清朝杜文瀾在《古謠諺》凡例中也說：「謠諺之興，其始止發乎語言、未著于文字，其去取界限，總以初作之時，是否著于文字爲斷。」〔註 83〕可見口傳性是民間文學的重要指標。

　　〈娘親渡子〉的遠祧〈父母恩重經講經文〉等產生，是佛教高僧爲宏揚佛教攙入中土孝道思想的俗講底本。〈娘親渡子〉中用「闊碰又闊碰」形容大腹便便的樣子；用「較輪屙屎落屎缸」形容生到不孝子的絕望心情；「乳子搣開分子食分子嚐」指母親掀開衣服餵奶給孩子吃等，諸如此類句子，是多麼自由，多麼樸素，充分顯現口傳文學淺顯活潑。

五、變動性

　　作家創作，以文字爲載體，一經出版，便成定本。即使重新修改、校訂，也很有限，而且改定再版後，又進入穩定狀態。民間文學是以口耳相傳、口傳心授爲其主要方式，每次的傳述，都可能是作品再創造的過程，所以民間

〔註81〕　客家三腳戲的九腔十八調本是民間作品，有許多山歌班老師著的山歌本，紛紛去登記版權。
〔註82〕　〔明〕朱權：《太和正音譜・詞謔》（北京：中國戲劇，1959 年）。
〔註83〕　〔清〕杜文瀾：《古謠諺・凡例第六則》（臺北：世界書局，1983 年）。

文學永無定本。

　　楊玉蘭〈娘親渡子〉最近的血緣是邱阿專〈十月懷胎〉，它們之間最大不同是楊的作品多了「堵著屋下姊嫂多，也係手腳少，又愛樵，又愛草，又愛番薯豬　菜轉家堂。揹籃　　上山岡……乳仔摒開就揞子食，就來揞子嚐。奶仔都食飽，　子啊佢都笑洋洋……」上山檢柴、採豬食以及半路餵奶的情節，這也是原鄉作品〈十月懷胎〉等所沒有的，這是她自己加進去的，這也是她記憶中早年桃竹苗地區農家婦女的工作模式與大家庭生活情形：不但要撫養幼子，飼養豬隻，還要翻山越嶺去幹活。自楊玉蘭之後，邱玉春、李秋霞、胡泉雄演唱此曲時，大都有此情節，而黃鳳珍、古福光、連仁信的作品則省略此內容。從歌詞字數上亦可見其變動性：楊版 1190 字、邱版 1149字、李版 1608 字、胡版 1204 字，而黃版只有 554 字、古版 696 字、連版 687字而已。

　　又如楊版、邱版皆唱「降著不孝子，較輸屙屎落屎缸」，後人認為「屙屎」、「屎缸」不雅，所以李版、胡版、古版、黃版、連版皆改成「降著不孝子，枉費阿姆來撫養！」這皆是變異的例子。前面提過，在唱〈娘親渡子〉時，歌者彼此之間的用襯、襯字位置、行腔做韻不盡相同，即是民間文學具變動性的體現。

　　變動性產生有幾種情況：一種是因流傳地域不同，自然環境、季節氣候、風俗習慣、方言土語各有差異，再加上演述者各自的口才、風格不一樣，因而同一母題的作品，在不同地區流傳會有不同的異文；另外一種是，傳統作品在數千年的流傳中，由內容、情節的逐漸豐富而導致了作品主題的重大變化。

六、沿襲性

　　民間文學並不是只有變動性，同時也具有其穩定，其穩定性在於它有沿襲性的特點，主要表現在表現手法和格式上。

　　〈娘親渡子〉開篇大都是七言詩，且用中等速度的【平板】來演唱；正文屬長短、韻散的內容，一般來說因為內容冗長，所以會用似唱似唸、速度較快的【平板什唸子】來表現；結尾又是七言詩作一總結，又恢復用【平板】（亦有人稱之為【平板尾】）來演唱，這種模式已為所有歌者遵循。各異版間，開端詞「娘親渡子苦難當」或「一想渡子苦難當」也都是固定的，這就

使得各異本之間有相當穩定的作用。

　　臺灣客語說唱唱腔除了【平板】、【平板什唸子】外，還有唱【山歌子】、【山歌什唸子】、【江湖調】、【三步珠淚】、【七字調】、【二凡】、【誦經調】、【超亡調】的。〈娘親渡子〉儘管有一些異文，但是所有版本皆唱【平板】、【平板什唸子】，絕不唱其他腔調，這就是所謂不變中有萬變，萬變中有不變，這就是沿襲性形成了〈娘親渡子〉的穩定度。

　　民間文學的沿襲性，也表現在典型形象的塑造上。〈娘親渡子〉中的母親沿襲唐、五代敦煌健婦的堅忍不拔形象：十月懷擔、三年乳哺、迴濕就乾、洗濯不淨等，在在都是早年農婦生活的寫照。

第六節　小　結

　　〈娘親渡子〉是敦煌〈佛說父母恩重經講經文〉和〈十恩德〉、〈懷胎寶卷〉、〈十月懷胎〉的嫡傳作品。它以「父母恩重」、「報恩」為主旨，正符合客家人的思維與做法，故至今仍為人所傳唱。在昔日的農業社會，因為娛樂的不足，唱山歌、打採茶、聽廣播是先民最主要的娛樂。〈娘親渡子〉因為它教孝，演唱者都是一時之選，所以頗受民眾喜愛。透過唱片行、廣播電臺的日夜放送，帶動一種「勸善」風潮，歌手、民眾紛紛加入收聽、模仿、傳播的行列。〈娘親渡子難〉、〈百善孝為先〉、《趙五娘‧勸世文》都是它的派生物。同時亦帶動〈劉不仁不孝回心〉、〈曹安行孝〉、《姜安送米》等錄製、傳唱的風潮。林細憨、湯玉蘭、歐秀英等也都受到鼓舞，甚至將表演帶向「客語笑科劇」方面發展。

　　何阿文是將中國大陸的〈十月懷胎〉曲詞帶至臺灣的始祖，詞主要保留在〈娘親渡子〉和喪歌中；而曲腔【老懷胎】、【懷胎】、【病子歌】主要保留在民謠、戲曲、八音中。他的弟子阿浪旦、梁阿才，又加以發揚光大，傳給鄭美妹、魏乾任等人，再傳弟子鄭榮興、曾先枝更用文字、簡譜加以記錄，他們都是〈十月懷胎〉、〈娘親渡子〉在臺流播的重要推手。陳慶松、賴碧霞、楊玉蘭、邱玉春、李秋霞、胡泉雄、古福光、黃鳳珍、連仁信等都有傳承的貢獻。

　　〈娘親渡子〉傳承敦煌民間懷躭、迴乾就濕、洗濯之風。從內容中也體現出客家婦女保有「女勞」之風，是家園的守護者。它不但是說唱文學的活

化石，也兼具民間文學自發性、集體性、口傳性、變動性、沿襲性等性質，同時也是客家文化的一個縮影，甚具有研究的價值。

　　客家文化是一種儒家文化：提倡孝道，崇敬祖先，重視子女的教育；是山區文化、移民文化：女孩子不裹腳，常在山上工作、採茶、打柴、養豬，客家婦女不纏足，刻苦耐勞，是家園重要的守護者。客家人工作時喜歡唱山歌，因而發展出三腳採茶戲，還把這些曲藝帶至臺灣來。客家習俗重視天地為客、四海為家；寧賣祖宗田、不丟祖宗言；聚地而住、聚族而居。〔註84〕客家人就是因為身體有這些基因，故能將唐、五代時的說唱作品〈娘親渡子〉流衍至今。

〔註84〕曾祥委：〈客家的民性〉，《客家文化特質與客家精神研究》（哈爾濱：黑龍江人民出版社，2006年3月），頁189～198。

第九章　結　論

　　本論文從臺灣客語說唱藝術的觀點切入，從唱片、文獻與田野調查中，去研究在臺灣客家地區流傳甚廣的勸世文〈娘親渡子〉，獲得以下結論：

一、〈娘親渡子〉的傳承系統

　　〈娘親渡子〉的形式、內容總源頭乃來自唐、五代時敦煌的俗講〈父母恩重經講經文〉和歌讚〈十恩德〉，這是所見最早的文獻，兩者相輔相成，其目的在於使佛教教義得在中土順利推展。宋、元〈懷胎寶卷〉可說是它們的嫡傳，明清俗曲〈十月懷胎〉，有一類是直接源自原始敦煌民歌〈十月懷胎〉，後來發展成〈病子歌〉；另一類是源自〈懷胎寶卷〉，盛行於江西、廣東、福建的客家原鄉，作為喪歌或是跳覡之用。〈娘親渡子〉即是傳承自後者。

　　〈玉蘭勸世歌〉可說是目前市面上〈娘親渡子〉的前身，也是〈娘親渡子〉正式成型的界碑。楊玉蘭雖自稱〈玉蘭勸世歌〉是她自己編作的，但依研究結果顯示，它的淵源是這樣的：邱阿專傳承師父蘇萬松的〈報娘恩〉，以及吸收陳火添的〈十月懷胎〉、〈娘親度（渡）子勸世文〉後而編唱了〈十月懷胎〉；楊玉蘭再吸收同事邱阿專的〈十月懷胎〉，以及當時流行的勸世山歌〈十想度（渡）子〉，再加上部分自編的歌詞，最後才完成〈玉蘭勸世歌〉。它的傳承系統如下：

　　　　唐、五代〈父母恩重經講經文〉、〈十恩德〉———→ 宋、元〈懷胎寶卷〉———→ 明、清說唱儀式類〈十月懷胎〉———→ 日治蘇萬松〈報娘恩〉———→ 光復後邱阿專〈十月懷胎〉———→ 1968 楊玉蘭〈娘親渡子〉（原名〈玉蘭勸世歌〉）

二、〈娘親渡子〉相關作品以及傳承者對客家曲藝的貢獻

　　錄製〈娘親渡子〉唱片的人不少，相關作品相當多，如〈娘親渡子難〉、〈百善孝爲先〉等，是昔日客家常民的重要精神食糧。〈十月懷胎〉是〈娘親渡子〉的近承，何阿文將贛南的三腳採茶戲帶至臺灣時，也將它一并帶至臺灣。到了臺灣之後，它主要是沿著三條途徑發展：

　　（一）和一般閩南喪俗一致，仍用在喪葬儀式中：主要由道士在「拜血盆」、「　經過橋」時唱唸，勸勉孝子、孝女要行孝。

　　（二）發展成客語說唱〈娘親渡子〉：主要是由客語說唱藝人蘇萬松──邱阿專──楊玉蘭──黃鳳珍一路傳承的。

　　（三）受採茶戲影響，將〈病子歌〉、〈老懷胎〉、〈懷胎〉、【梳妝臺】、【五更鼓】等相關曲腔應用於採茶戲以及客家八音。

　　其中的第（二）、（三）項，主要是何阿文的貢獻，其後又由他的徒弟阿浪旦、梁阿才加以發揚光大，彭阿增、賴碧霞、鄭美妹、陳慶松等也曾做出貢獻。閩南語系統中雖仍保有喪歌〈十月懷胎〉和小調〈病子歌〉，但說唱〈娘親渡子〉和戲曲唱腔〈老懷胎〉、〈懷胎〉、【梳妝臺】、【五更鼓】等則未見流傳。換句話說，〈父母恩重經講經文〉、〈十恩德〉、〈懷胎寶卷〉、〈十月懷胎〉的精髓，主要保存在客家的曲藝中，這是客家俗文學中相當獨特且珍貴的部份。除了這些已世藝人之外，今人曾先枝、鄭榮興、邱玉春、李秋霞、胡泉雄、古華光、黃鳳珍、連仁信等都有推展與傳承之功。

三、〈娘親渡子〉講究襯字做韻技巧

　　〈娘親渡子〉要唱得好，除了嗓子要好之外，更要懂得行腔做韻等技巧。演唱的時候歌者往往增入許多的襯字，因爲有了襯字，既可使呆板句式變得靈活一些，以利於表達思想、內容。有正、有襯，使音節有輕有重，聲音更婉轉動聽。演唱〈娘親渡子〉的眾位歌者，大都承襲宋元雜劇，南曲戲文加襯字的習慣。襯字放的位置有在句首者，有在句中者。北曲的不成文規定是「襯不過三」，但是唱〈娘親渡子〉的歌者，卻不受這種約束。

　　襯字用虛詞較多，如「就」、「來」、「都」、「時」、「个」。但也有用代名詞、動詞、副詞等情形，可見藝人在處理襯字時，相當靈活且多元。「就」是襯字中用得最多的字，「个」和「來」是各版中次要襯字。襯字巧妙應用往往可達到復沓的效果。

除了襯字之外，「做韻」才是山歌、說唱的精隨。「做韻」的地方通常在「拖腔」，拖腔大都以「哪」、「喔」、「呀」之類的無意義的虛字來配唱，因此虛字是否唱得有味道，就成爲做韻做得好壞與否的關鍵，俗話有句「軟撩對板會餳死人」。〈娘親渡子〉的拖腔以開口渡最大的前低、展唇元音 –a（啊）爲基調，包括 a（啊）、ia（呀）、ma（嘛）、na（哪）、ua（哇）五種型式，其中又以 na 佔最大宗。

四、〈娘親渡子〉具修辭技巧與語言特色

語言風格學與修辭學不同，修辭學其目的在求「美」。語言風格學目的在求「眞」。〈娘親渡子〉雖屬客家俗文學，但仍蘊藏修辭技巧，以及特殊的語言風格。

〈娘親渡子〉修辭技巧包括比喻、借代、誇張、對偶、示現、重疊、層遞、引用、呼告、摹寫。由此可見〈娘親渡子〉不是純粹底層的口頭文學，有讀過書或教書的漢文先生也有參與創作。所以〈娘親渡子〉有些唱詞類似半俗半雅的「竹枝詞」。

〈娘親渡子〉語言風格主要表現在三方面：(1)音韻方面——講究聲調、押韻，韻腳的疏密，以及洪細音、展圓唇的搭配等；(2)詞彙方面——擬聲詞的運用，重疊詞的運用，大量使用虛字、虛詞，動詞豐富；(3)句子方面——雅俗兼具，敘事與代言相結合等。

五、〈娘親度子〉的特殊字詞蘊藏古音古義

客語書寫是傳承客家語言文化的重要手段，基於此種體認，行政院客家委員會及教育部均召集學者專家研討客語書寫用字，並予推薦、應用。本論文亦根據其用字原則，針對〈娘親渡子〉的用字重新加以校訂，以期能符合目前的用字規範，便於閱讀和參考利用。

客語詞彙具有若干特點，例如：(1)有豐富的詞頭、詞尾；(2)表示動作時態的方式，往往是在動詞的後面加這些特定的詞尾；(3)客家方言的單音詞比華語多；(4)有些詞義，客語和華語所指的寬窄不同；(5)〈娘親渡子〉語彙蘊藏古代經典；(6)客語特殊字、詞別具深意。諸如此類，都是語言學上值得研究的題材。

六、〈娘親渡子〉深具客家文化意涵

　　〈娘親渡子〉中不但傳承敦煌育嬰風俗：十月懷躭、迴乾就濕、洗濯不淨等；也從歌詞中看出客家婦女仍保有漢唐「女勞」之風，克勤克儉，是家庭中重要支柱，比起中國其他族群，女性相對辛苦但保有較高的地位；也展現出臺灣客家文化是一種儒家文化、山區文化、移民文化，因為〈娘親渡子〉是遠祧唐、五代〈父母恩重經講經文〉、〈十恩德〉，近承明、清贛南說唱儀式類〈十月懷胎〉，它跟著客家先民來到臺灣，敦煌孝道說唱文學的精髓至今仍保存於客家表演藝術中。

　　客家婦女的審美觀是：以勞動為美、健康為美。客家婦女不纏足，從小要學會「四頭四尾」，是家園的守護者，在〈娘親渡子〉中，母親要照顧孩子之外，還要上山採豬菜回家餵豬，可見客家婦女的勤勞與韌性，也可從中看出大陸原鄉餿水、豬菜養豬文化移植臺灣的情形。

　　〈娘親渡子〉源遠而流長，可稱得上是客語勸世文、說唱藝術的結晶，它具有民間文學自發性、集體性、匿名性、口傳性、變動性、沿襲性等性質，其思想以儒為主，內容在於勸孝，是文質兼具的好作品，它的形式短小輕薄，表演方便，又符合客家人的思維，所以成為五○年代至今持續暢銷的客語唱片，曾帶動其他客家表演藝術風潮。它不僅是敦煌說唱藝術的活化石，同時也是研究客家文化的好素材。

七、後續研究方向

　　個人投入客語說唱藝術研究期間，曾走訪過許多藝人或他們的後人，也蒐集了若干珍貴的資料，尤其在五、六○年代，美樂、遠東、鈴鈴等唱片行留下許多的客語勸世文、客語笑科劇，例如（一）黃連添、范振榮、黃金鳳、黃阿球合唱《何半仙勸善》；（二）呂金守、李龍麟等《客語大笑科·李文古》；（三）范姜梅蘭、黃玉鳳對唱〈莫貪賭〉；（四）范姜梅蘭、黃玉鳳對唱〈莫貪花〉；（五）楊玉蘭、陳阿富〈再團圓〉；（六）楊玉蘭、陳阿富、黃玉枝《賢孝媳婦》（七）黃連添、徐木珍、戴玉蘭等《白賊七打賭》；（八）許學博、彭登美〈浪子回頭〉；（九）曾先枝、許秀榮、詹玉珠、黃桃美、賴海子等《吹牛三與雞胲　》；（十）林德富、胡鳳嬌、范振榮、李祥意：《凸（膨）風三流浪記》等，都是今後值得研究的素材，期盼更多人能加入客家說唱藝術研究的行列。

附　錄

附錄一：有關〈娘親渡子〉唱本

一、蘇萬松〈報娘恩〉

出 版 者：首版「改良鷹標」，編號 FE119。此版乃由黑利家再版，編號
　　　　　T-94A。

出版日期：1930

字　　　數：313 字

全　　　長：3 分 03 秒

唱【蘇萬松腔】

id丶 kien　na　nam∨ na　ng丶 ni　se　gien∨ gie　ngin∨ ni　i
一　勸　　na　男　　na　女　ni　世　間　　个　　人　　ni　i

zo　ngin∨ sii∨ oi　loi∨ hau　sung∨ na　qin∨ ni　i
做　人　　斯　愛　來　孝　雙　　na　親　ni　i

id丶 coi∨ na　qiu gie　ia∨ na　oi∨ zang loi∨ gie　vu∨ ga　bo丶 ni　i
一　在　na　就 个　爺　na　哀　正　來　个　無　價　寶　ni　i

kui∨ xien∨ na　sii∨ kied丶 sii∨ zang loi∨ mo∨ nai　qim∨ ni　i
歸　仙　　na　時　刻　　斯　正　來　無　哪　尋　ni　i

【平板什唸子】

fung　kien sii∨ se gien∨ nam∨ ng丶 long∨
奉　勸　斯　世　間　男　　女　郎

seu ngien∨ oi　fan丶 xiong丶
少　年　　愛　反　想

oi　loi∨ hang∨ hau　sung∨ qin∨ sii∨ en∨ ia∨ iong∨
愛　來　行　孝　雙　親　斯　　爺　娘

ia∨ oi∨ qin　∨qin∨ vu∨ ga　bo丶
爺　哀　親　情　無　價　寶

kui∨ xien∨ mong∨ liau丶 sii∨ mai∨ loi∨ bud丶 van∨ iong∨
歸　仙　亡　了　斯　買　來　不　還　養

ngiam cog　fai∨ toi∨ ku丶
唸　著　懷　胎　苦

siib ngied en／gie ngiong∨
十　月　　　个　娘

cai　liau﹨ ngiong∨ qin／ gie　du﹨ sii﹨ zung／
在　了　娘　　親　个　肚　屎　中

siid ngiong∨ siin／song xim／ teu∨ ngiug﹨ ，zun﹨ fan　a　siid
食　娘　　身　上　心　頭　肉，　　準　飯　啊　食

siid ngiong∨　siin／song xim／ teu∨ hied﹨ ，zun﹨ ca∨ tong∨
食　娘　　　身　上　心　頭　血，　準　茶　湯

kuan en／ sam／ bag﹨ ngid﹨
攌　　　三　　百　日

tien／ dang﹨en／ loi∨ gie　nam∨ ng﹨ zii﹨
天　頂　　　來　个　男　女　子

en／ jiong／ loi∨ fan﹨ xiong﹨
　　將　　來　反　想

dui　mien gie　iong∨ lan∨ gong／
對　面　个　羊　欄　岡

sen／ iug　en／ loi∨ gie nam∨ ng﹨ long∨
生　育　　　來　个　男　女　郎

ngiong∨ qin／ loi∨ du﹨ tung
娘　　親　來　肚　痛

ko﹨ bi　gie li　do﹨ loi∨ god﹨ ia　ngiug﹨
可　比　个　利　刀　來　割　呀　肉

ko﹨ bi　gie li jien﹨ loi∨ jien﹨ ia cong∨
可　比　个　利　剪　來　剪　呀　腸

hied﹨ liu∨ man／ siin／ toi∨ man／ ti
血　流　滿　身　胎　滿　地

id﹨ sang／xim／ gon／ a／ me∨ oi／
一　聲　心　肝　阿　姆　哀

liong﹨ sang／ he xim／ gon／ ngiug﹨ ，ku﹨ nan∨ dong∨
兩　聲　係　心　肝　肉，　苦　難　當

lo﹨ ngien∨ ngin∨ loi∨ iu　gong﹨ hi﹨
老　年　人　來　有　講　起

cong˅ gong˅ sui＼，liu˅ haˊ mo˅ liu˅ song˅
長　　江　水，流　下　無　流　上

se gienˊ zii＼ iuˊ ia˅ oi xiong＼zii＼ ng＼
世　間　　只　有　爺　哀　想　　子　女

seu＼iuˊ gie zii＼ng＼gie xiong＼ia˅ ngiong˅
少　有　↑　子　女　↑　想　　爺　娘

ia˅ iong˅ xiong＼zii＼ gie ko＼bi＼ ho˅ ba cong˅ gong˅ sui＼
爺　娘　　想　　子　↑　可　比　河　壩　長　　江　　水

zii＼xiong＼ qiu ia˅ ngiong˅mo˅giˊdam gonˊ cong˅
子　想　　就　爺　娘　　無　支　擔　竿　長

二、邱阿專〈十月懷胎〉

出　版　者：遠東唱片行

出版日期：1961

字　　　數：1412 字

全　　　長：10 分 20 秒

【蘇萬松腔】

siib ngied na ngai ˇ qiu fai ˇ ia loi ˇ toi ˊ i ku ˋ nan ˇ loi ˇ dong ˊ ni i

十　月　na　　就　懷　ia 來　胎　i　苦　難　來　當　ni i

coi ˇ go ngai ˇ qiu qi ˊ gie loi ˇ coi ˇ go loi ˇ ngiong ˇ ni i

衰　過　　就　妻　个　來　衰　過 來　娘　　ni i

a ˊ me ˇ qiu loi ˇ giung a zii ˋ ni i mo ˇ so ˋ loi ˇ mong ni i

阿　姆　就　來　降　a 子　ni i 無　所　來　望　ni i

vong ˋ fi ngai ˇ qiu a ˊ a loi ˇ me ˇ gie ia xim ˇ qiu cong ˇ ni i

枉　費　　就 阿　a 來　姆　个　ia 心　就　腸　ni i

【平板什唸子】

siib ngied fai ˇ toi ˊ ngid ˋ zii ˋ ngai ˇ ku ˋ nan ˇ dong ˇ

十　月　懷　胎　日　子　　苦　難　當

coi ˇ go en ˇ gie qin ˇ loi ˇ sii ˇ en ˇ gie ngiong ˇ

衰　過　　个　親　來　斯　　个　娘

a ˊ me ˇ gied ˋ fad ˋ qiu iu ˇ siin ˇ hong

阿　姆　結　髮　就　有　身　項

id ˋ ngied ngi ngied ˋ sii ˇ mo ˇ xiong ˊ gon ˊ

一　月　二　月　　斯　無　相　干

sam ˊ ngied sii ˇ do xi ngied

三　月　斯　到　四　月

zon ˊ xiong ˋ oi siid loi ˇ kieu ˋ li ˇ son ˇ

專　想　愛　食　來　口　裡　酸

ng ˋ ngied sii ˇ do liug ˋ ngied

五　月　斯　到　六　月

a ˊ me ˇ sii ˇ mi ˇ ngid ˋ siib bau ˋ

阿　姆　斯　每　日　食　飽

sii ˇ xiong ˋ oi　sii ˇ soi　min ˇ cong ˇ
斯　　想　　愛　斯　睡　　眠　　床

qid ˋ ngied sii ˇ do　bad ˋ ngied
七　　月　斯　到　八　　月

a ˊ me ˊ du ˋ　sii ˋ sii ˇ ziin ˊ　qiong　ngin ˇ　am ˊ gong ˊ
阿　姆　肚　屎　斯　眞　　像　　人　　醃　缸

hang ˇ　lu sii ˇ　loi ˇ　m ˇ ded ˋ，long ˇ pong ˊ sii ˇ　iu　long ˇ pong ˊ
行　　路　斯　來　毋　得，　閬　碰　斯　又　閬　碰

giu ˋ　ngied sii ˇ　siib ngied，sen ˊ san ˋ do
九　　月　斯　　十　月，　生　　產　到

a ˊ me　ˇ sii ˇ kiong　kiong ˇ sii ˇ　voi　sen　iong ˇ
阿　姆　斯　強　　強　斯　會　生　養

ngin ˇ　zii ˋ sii ˇ qion ˊ　ien ˇ sii ˇ　iu ˇ　gog ˋ iong
人　　子　斯　全　　然　斯　有　各　樣

gin ˋ　gin ˋ　diam ˊ　cog　sii ˇ sam ˊ gi ˊ　hiong ˇ
緊　　緊　　點　　著　斯　三　支　香

dong ˇ　tien ˇ hi ˋ siin ˊ　bin　a　hi ˋ fud，hi ˋ gie　sii ˇ zu　sang ˊ ngiong ˇ
當　　天　起　神　並　a　起　佛，起　个　斯　註　生　　娘

bo ˋ fu　zii ˋ　i ˊ　pin ˇ sun sii ˇ　loi ˇ ha ˊ se
保　護　子　兒　平　順　斯　來　下　世

sam ˊ　zeu ˇ loi ˇ dab ˋ qiu gie ˊ jiu ˋ hiong ˇ
三　　朝　來　答　就　雞　酒　香

zon ˋ do　vog ˋ　ha ˇ du ˋ sii ˋ　sii ˇ　id ˋ　tai　tung
轉　到　屋　下　肚　屎　斯　一　大　痛

xiong ˋ do ˋ　loi ˇ siid　cai　ziin ˊ　a　ien ˇ　vong ˋ
想　　著　來　實　在　眞　a　冤　枉

a ˊ me ˊ nga ˇ cii ˋ　sii ˇ　tied ˋ dang ˊ　ngang　ngang　ngau ˊ ded ˋ ton ˇ
阿　姆　牙　齒　斯　鐵　釘　硬　　硬　　咬　得　斷

giog ˋ zog ˋ　xiu　hai ˇ　qiu　dam ˋ ded ˋ con ˇ
腳　　著　　繡　鞋　就　蹬　得　穿

ti　ha ˊ　mo ˇ　kung ˊ　loi ˇ　zon ded ˋ　log
地　下　無　　空　　來　鑽　得　落

tien ˊ dang ˋ mo ˊ ngad ˋ loi ˊ kied ded ˋ song ˊ
天　頂　無　囓　_來　蹶　得　上

a ˊ me ˊ giung　do ˋ sii ˇ　liong ˋ　sam ˊ　ngid ˋ
阿　姆　降　著　_斯　兩　三　日

a ˊ me ˊ　sii ˇ　id ˋ　ia　gieu　do　gong ˊ
阿　姆　_斯　一　夜　嗷　到　光

zii ˋ　i ˇ　mo ˊ　ha ˊ　se
子　兒　無　下　世

a ˊ me ˊ　sii ˇ giung do　sii ˇ hon zu ˊ　sui ˋ　diam ˋ　id ˋ ban ˊ iong
阿　姆　_斯　降　到　_斯　汗　珠　水　點　一　般　樣

coi ˊ　go　en ˊ gie　qi ˊ　sii ˇ　en ˊ gie ngiong ˊ
衰　過　个　妻　_斯　个　娘

zii ˋ i ˇ　pin ˊ　sun sii ˇ loi ˊ ha ˊ　se
子　兒　平　順　_斯來　下　世

ded ˋ en ˊ gie　gie ˊ jiu ˋ hiong ˊ
得　个　雞　酒　香

m ˇ pin ˊ　sun，loi ˊ sen ˊ　iong ˊ
毋　平　順，來　生　養

ded ˋ　en ˊ　sii ˇ　xi　kuai sii ˇ gon ˊ　coi ˊ　na　biong ˊ
得　_斯　四　塊　_斯棺　材　na　枋

kon do ˋ　zii ˋ　i ˇ　sii ˇ　loi ˊ　ha ˊ　se
看　著　子　兒　_斯　來　下　世

a ˊ me ˊ　sii ˇ　xim　gon ˊ sii ˇ　iu ˊ　ka　on ˊ
阿　姆　_斯　心　肝　_斯　有　較　安

gin ˋ gin ˋ non ˊ　pun ˊ　sui ˋ，bun ˊ　gi ˇ sii ˇ　loi ˊ se ˋ tong ˊ
緊　緊　暖　盆　水，分　佢　_斯　來　洗　盪

siin ˊ　giog ˋ se ˋ　ua　ho ˋ，gin ˋ　gin ˋ　nam ˋ cai　sii ˇ qiu min ˊ　cong ˊ
身　腳　洗　哇　好，緊　緊　摛　在　_斯　就　眠　床

zii ˋ　i ˇ teu ˊ na ˊ ngang ngang sii ˇ　bun ˊ　oi ˊ tu
子　兒　頭　那　硬　硬　_斯　分　哀　渡

siid cai　sii ˇ　mo ˇ　xiong ˇ gon ˇ
實　在　斯　無　相　干
qin giang ˇ　zii ˋ　i ˇ　teu ˇ seu ˇ loi ˇ ngiag ˋ tung，ti　id ˋ loi ˇ ien ˇ vong ˇ
盡　驚　子　兒　頭　燒　來　額　痛，第　一　來　冤　枉
zii ˋ i ˇ　se　se　me　m ˇ　voi gong ˋ
子　兒　細　細　ㄈ　毋　會　講

coi ˇ　go　en ˇ　gie sii ˇ　qin ˇ　loi ˇ　en ˇ　gie　ngiong ˇ
衰　過　　个　斯　親　來　　个　娘
zii ˋ　mo ˇ　soi　loi ˇ　sii ˇ ngiong ˇ mo ˇ　soi
子　無　睡　來　斯　娘　無　睡
a ˇ　me ˇ　sii ˇ　id ˋ　ia　loi ˇ nam ˋ do　gong ˇ
阿　姆　斯　一　夜　來　摘　到　光
zii ˋ　i ˇ　se　se　sii ˇ　siid ngiong ˇ siin ˇ　song　hied ˋ
子　兒　細　細　斯　食　娘　身　上　血
a ˇ　me ˇ bun ˇ　gi ˇ sii ˇ siid　do　mien vong ˇ vong ˇ
阿　姆　分　佢　斯　食　到　面　黃　黃
id ˋ ngid 　ˋ siid ngiong ˇ　sam ˇ kab ˋ nen
一　日　食　娘　三　合　乳
sam ˇ　ngid ˋ sii ˇ siid ngiong ˇ　giu ˋ　kab ˋ jiong ˇ
三　日　斯　食　娘　九　合　漿
a ˇ　me ˇ　sii ˇ　mi ˇ　ngid ˋ　fan　no ˇ　zii ˋ
阿　姆　斯　每　日　煩　惱　子
giang ˇ　pa sii ˋ ngiau sii ˇ　lai ˇ do sii ˇ　kui ˇ　min ˇ cong ˇ
驚　怕　屎　尿　斯　拉　到　斯　歸　眠　床
zii ˋ　soi zau ˇ　loi ˇ　sii ˇ ngiong ˇ soi siib ˋ
子　睡　燥　來　斯　娘　睡　濕
sii ˋ ngiau lai ˇ　do　a ˇ　me 　ˇ sii ˇ　xied ˋ　i ˇ　song ˇ
屎　尿　拉　到　阿　姆　斯　雪　如　霜
a ˇ　me ˇ　giung ng ˋ　zang di ˇ　sii ˇ ngiong ˇ　xin ˇ　ku ˋ
阿　姆　降　女　正　知　斯　娘　辛　苦

giung zii` m´ di´ loi´ ngiong´ nan´ dong´
降　子　毋　知　來　娘　　難　　當

tai ga´ qin´ mug` loi´ tung´ gi´ kon
大　家　親　目　來　同　佢　看

zii`  i´ se  se sii´ tung´ en´  se`，tung´ en´ tong´
子　兒　細　細斯同　　洗，同　　盪

tung´ en´ loi´ von i´ song´，von hi loi´ ho´ ba gie man man se`
同　　　來　換　衣　裳，　換　去來　河　壩　个　慢　慢　洗

man man ngio´ loi´ sii´ man man lang´
慢　慢　揉　　來　斯　慢　慢　晾

ko`  bi` loi´ sang´ siib ngied log tai song´
可　比　來　成　十　月　落　大　霜

a´ me´ se`  ded`gie sam´ fu ho`
阿　姆　洗　得　个　衫　褲　好

se`  loi´ zii` i´ ngau iong´ a iong´
洗　來　子　兒　鬧　洋　a　洋

a´ me´ loi´ se`  ded`giu`，id  siin´  gud`jied` du son´ ngion´
阿　姆　來　洗　得　久，一　身　骨　節　都　酸　　軟

zon`do ga´ zung´  hi，na´ do  zug` go´ loi´ man man pi´
轉　到　家　中　　去，拿　到　竹　篙　來　慢　慢　披

na´ do biag` li´ sii´ man man lang´
拿　到　壁　籬　斯　慢　慢　晾

tang´ do`  zii`i´ lon gieu sii´ qiu a id`cong´
聽　著　子兒　亂　噭　斯　就　a　一　場

ziin su`  me kien´ zii` loi´ ngai´ zii`loi´ kuai`
正　手　乜　牽　子　來　　子　來　拐

zo`  su` kien´ zii`  loi´ ngai´  zii`loi´ pien
左　手　牽　子　來　　子　來　騙

pien ded`  zii`i´ diam´，ngai´ fan zii` lang´ go song´
騙　得　子　兒　恬，　飯　子　涼　過　霜

lo`gu`ngien´ ngi´ zung`  a  iu´ a  gong`
老　古　言　語　總　a　有　a　講

gong╲ do╲ m╱ ho╲ loi╱ bud╲ hau qiu ia╱ ngiong╱
講　　著　毋好　　來　不　孝　就　爺　娘

kien va ngi╱ nam╱ fu╱ sii╱ ng╲ fu id╲ tong╱ tong╱
勸　話　你　男　夫　斯　女　婦　一　堂　堂

zii╲ i╱ ga╱ zung╱ sii╲ mo╱ ngin╱ a tu
子　兒　家　中　　斯　無　人　　a　渡

cii gi╲ ba╱ song╱ sii╱ qiu boi nong╱
自　己　揹　上　　斯　就　背　囊

dam╱ teu╱ iu oi kai╱ zii╲ i╱ iu oi ba╱
擔　　頭　又　愛　　子　兒　又　愛　揹

a╱ me╱ sii╱ kai╱ do gie boi hon╱ hon╱
阿　姆　斯　　到　个　背　寒　寒

kai╱ do dong╱ zu ha╱，tai cong╱ ngo do sii╱ bin seu╲ cong╱
到　當　晝　下，大　腸　餓　到　斯　並　小　腸

du╲ sii╲ sii╱ ngo do sii╱ bien boi nong╱
肚　屎　斯　餓　到　斯　變　背　囊

zon╲ do vug╲ ha╱ hi，
轉　到　屋　下　去，

sii╲ ngiau lai╱ do sii╱ a╱ me╱ man╱ siin╱ qiu boi nong╱
屎　尿　拉　到　斯　阿　姆　滿　身　就　背　囊

gin╲ gin╲ gie╲ ha╱ loi╱，tung╱ en╱ loi╱ von i╱ song╱
緊　緊　解　下　來，同　　來　　換　衣　裳

sam╱ e╲ von ded╲ ho╲，zii╲ i╱ seu，a╱ me╱ seu
衫　仔　換　得　好，子　兒　笑，阿　姆　笑

lon seu sii╱ qiu id╲ cong╱
亂　笑　斯　就　一　場

coi╱ go en╱ gie qi╱ loi╱ sii╱ en╱ gie ngiong╱
衰　過　个　妻　來　斯　个　娘

tu do en╱ li╲ gie m╱ ded╲ qid╲ bad╲ se
渡　到　俚　个　毋　得　七　八　歲

sung en ˊ　ngib　hog　　tong ˇ　，
送　　　入　　學　　堂，

tug　su ˊ　tug　do　gie siib　qid ˋ qiu　bad ˋ　se
讀　書　讀　到　个十　七　　就　八　歲

seu ˊ　en ˊ siin ˊ　bien ˊ mo ˇ　gie　qi ˊ　，seu ˇ　en ˊ　mo ˇ　bu ˇ　ngiong ˇ
愁　　身　邊　無　個　妻，　愁　　無　餔　娘

kien　va ngi ˇ　nam ˇ　fu sii ˊ　ng ˋ　fu　sii ˇ　id ˋ　tong ˇ tong ˇ
勸　話 你 男　夫 斯　女　婦 斯　一　堂　堂

sang ˊ　sang ˊ　qiu bud ˋ　a hau m ˇ　sii ˋ　kog　kog　zo　do　gong ˊ
生　　生　　就 不　a孝 毋　使　碻　碻　做　到　光

sang ˊ sang ˊ iu ˊ gie xi liong ˊ　zu ˊ　ngiug ˋ bun ˊ　gi ˇ　siid
生　　生　有　个 四 兩　豬　肉　分　佢　食

ka iang ˇ　xi ˋ ted ˋ gon ˊ　coi ˇ　teu ˇ　hong　zi　zu ˊ　iong ˇ
較 贏　死 忒棺　材　頭　項　祭　豬　羊

sang ˊ　sang ˊ qiu　bud ˋ　a　hau
生　　生　就　不　a　孝

xi ˋ ted ˋ m ˇ sii ˋ id ˋ qid ˋ ngi qid ˋ sam ˊ qid ˋ gie qid ˋ qid ˋ loi ˇ go vong ˇ
死 忒 毋 使 一 七 二 七 三 七 个七 七 來 過 王

qien ˇ kud ˋ me van kud ˋ me　id ˋ zong ˊ　zii ˋ
千　哭 ㄝ 萬 哭 ㄝ　一 張　紙

id ˋ　kud ˋ ngi　kud ˋ me　id ˋ lu ˇ hiong ˊ
一　哭 二　哭 ㄝ　一 爐 香

ia ˋ gie　sii　siid　sii ˇ　m ˇ　hiau ˋ loi ˇ　bo　dab ˋ
這 個　事　實 斯 毋　曉　來　報　答

tai　ga ˊ　siid cai sii ˇ　he　iu ˊ　ngong
大　家　實 在 斯　係　有　戇

en ˇ li ˋ ia ˇ oi ˊ sang ˊ　sang ˊ　m ˇ　di ˊ ho ˋ　loi ˇ　xiag ˋ
　俚 爺 哀 生　生　毋　知 好　來　惜

xi ˋ ted ˋ　ka　oi　sii ˇ　du　nan ˇ　a gong ˋ
死 忒 較 愛 斯 都 難 a 講

m ˇ pa vug ˋ ha ˊ en ˊ iu ˊ qien ˇ
毋　怕　屋　下　　　有　　錢

gui ˊ bag ˋ van iu　me　loi ˇ mai ˊ m ˇ zon ˋ
歸　百　萬　又　乜　來　買　毋　轉

giung do ˋ iu ˊ hau　zii ˋ ，mo ˇ xiong ˊ gon ˊ
降　著　有　孝　子，　無　相　干

giung do ˋ mo ˊ hau zii ˋ ，iu ˊ iong ˊ　sii ˇ　dong mo ˇ　iong ˊ
降　著　無　孝　子，　有　養　　斯　當　無　養

a ˊ me ˊ gong ˋ　do ˋ gi ˇ ia　id ˋ gi
阿　姆　講　著　佢　ia　一　句

biag ˋ dang ˋ voi loi ˇ sii ˇ　du ˇ gong ˊ song ˊ
壁　頂　會　來　斯　堵　往　上

siid　cai　a ˊ me ˊ　sii ˇ　mog　xiong ˋ do ˋ
實　在　阿　姆　斯　莫　想　著

xiong ˋ　do ˋ sii ˇ ziin ˊ　ziin　voi　loi ˇ　ad ˋ nui song ˊ
想　著　斯　眞　正　會　來　關　內　傷

tai　ga ˊ ngiong ˋ ban ˊ iu　a　an ˋ ngong
大　家　仰　般　又　a　恁　戇

gong ˋ do ˋ xi giog ˋ log ti sii ˇ cug ˋ lui du hiau ˋ ded ˋ xiong ˋ
講　著　四　腳　落　地　斯　畜　類　都　曉　得　想

iong ˇ zii ˋ oi siid　do ˋ gia ˊ me ˊ nen
羊　子　愛　食　著　厥　姆　乳

du loi ˇ hiau ˋ ded ˋ sung ˊ qid ˋ kui cai gia ˊ me ˊ loi ˇ mien qien ˇ　hong
都　來　曉　得　雙　膝　跪　在　厥　姆　來　面　前　項

ngi ˇ kon loi ˇ ngiau ˊ jiog ˋ ，vu ˇ a ˊ e ˋ　id ˋ　ban ˇ　iong
你　看　來　鳥　雀，　烏　鴉　仔　一　般　樣

in ˊ vi loi ˇ pu zii ˋ ，mo ˇ e ˋ tui gong ˊ　gong ˊ
因　爲　來　孵　子，　毛　仔　退　光　　光

m ˇ　voi　bi ˊ cud ˋ sii ˇ　loi ˇ　ngoi iong ˇ
毋　會　飛　出　斯　來　外　洋

in ˊ vi vu ˊ a ˊ zii ˋ hiau ˋ ded ˋ bi ˊ cud ˋ ngoi iong ˇ　ham ˇ　cung ˇ　zon ˋ
因　爲　烏　鴉　子　曉　得　飛　出　外　洋　　衛　　蟲　　轉

ham ˇ zon ˋ sii ˇ bun ˊ liau ˋ gia ˊ me ˊ song ˇ
衛　　轉　斯 分　了　厥　姆　嚐

mog gong ˋ　en ˊ　li ˋ　ngin ˇ　lui　m ˇ　hiau ˋ xiong ˋ
莫　講　　　倕　人　類　毋　曉　想

gon ˋ gin ˋ　sii ˇ　tai　ga ˊ　oi　loi ˇ　hang ˇ　hau　sii ˇ en ˊ ia ˇ iong ˇ
趕　緊　斯 大　家　愛　來　行　孝　斯　　爺　娘

ia ˋ gong ˊ ngin ˇ，loi ˇ bud ˋ　hau
這　綱　　人，　來　不　孝

ha　ngi　bai ˋ　me　oi　tai　ga ˊ　zo　ngin ˇ　gie　lo ˋ　ia ˇ　ngiong ˇ
下　二　擺　乜　愛　大　家　做　人　个　老　爺　娘

vug ˋ iam ˇ　sui ˋ　diam ˋ　diam ˋ　dui，
屋　簷　　水　　點　　點　　對，

gau ˊ　i ˋ lun ˇ liu ˇ co ˊ，se　song　sii ˇ he　liu ˇ con ˇ
交　椅　輪　流　坐，　世　上　　斯 係　流　傳

【蘇萬松腔】

ia ˋ he　loi ˇ　ngi ˇ bud ˋ　hau　ia ˇ　oi ˇ ni　i
這　係　來　你　不　孝　爺　哀　ni　i

lui ˇ　gung ˊ kau　cud ˋ ua　no ˋ　na　jiong ˊ　ni　i
雷　公　敲　出　哇　腦　na　漿　　ni　i

三、陳火添〈娘親度（渡）子勸世文〉

出 版 者：新竹市竹林書局

出版日期：1954

字　　　數：429 字

ngiong ˇ qin ˊ tu 　　　 zii ˋ ku ˋ nan ˇ dong ˇ

娘　　親　　度（渡）　子　苦　難　當

qien ˊ xin ˊ van　 ku ˋ en ˊ　　 gie　　 ngiong ˇ

千　　辛　　萬　苦　恩（　）　介（个）　娘

sam ˊ zeu ˊ qid ˋ ngid ˋ mo ˇ nen　　 siid

三　　朝　　七　日　無　奶（乳）　食

sang ˇ gong ˇ （gang ˇ） ban ia oi cii tong ˇ

三　　光　　（更）　半　夜　愛　飼　糖

id ˋ loi ˇ fung kien zu ˊ giun ˇ seu ngien ˇ long ˇ

一　來　奉　勸　諸　君　少　年　　郎

zo ngin ˇ zii ˋ i ˇ oi hiau ˋ xiong ˋ

做人　子兒愛曉　想

cai ngiong ˇ du ˋ zung ˇ mang ˇ cud ˋ se

在 娘　　肚　中　未　出　世

gau ˋ ngiong ˇ xim ˊ gon ˊ kau ˋ ngiong ˇ cong ˇ

校（絞）娘　　心　肝　校（絞）娘　　腸

nga ˇ cii ˋ ngau ˇ ded ˋ tied ˋ dang ˋ ton ˇ

牙　齒　咬　得　鐵　釘　斷

giog ˋ zog ˋ xiu hai ˇ tab ded ˋ con ˇ

腳　　穿（著）綉　鞋　踏　得　川（穿）

xiong ˋ oi song ˊ tien ˊ tien ˊ mo ˇ lu

想　　愛　上　天　天　無　路

xiong ˋ oi log ti ti mo ˇ mun ˇ

想　　愛　落　地　地　無　門

iu ˇ fug ˋ iong ˇ i ˇ ded ˋ ngin ˇ gie ˊ jiu ˋ hiong ˇ

有　福　養　兒　得　人　雞　酒　香

mo ˇ　fug ˋ　ded ˋ　ngin ˇ　liug ˋ　pien ˋ　gon ˇ　coi ˇ　biong ˇ
無　　福　　得　　人　　六　　片　　棺　　材　　枋

iu ˇ　qien ˇ　ngin ˇ　loi ˇ　tu　　　zii ˋ
有　　錢　　人　　來　　度（渡）　子

ngin ˇ　gong ˋ　ho ˋ　miang　teu ˇ　ga ˇ　ngiong ˇ
人　　講　　好　命　　頭　家　　娘

mo ˇ　　qien ˇ　ngin ˇ　loi ˇ　tu　　　zii ˋ
麼（無）錢　　人　　來　　度（渡）　子

gong ˋ　he　　　kied ˋ　siid　ma ˇ　　lo ˇ　　lug ˋ　ngiong ˇ
講　　是（係）乞　　食　　麻（　）羅（勞）碌　　娘

id ˋ　ngid ˋ　siid　ngiong ˇ　sam ˇ　kab ˋ　nen
一　　日　　食　　娘　　三　　合　　乳

sam ˇ　ngid ˋ　siid　ngiong ˇ　giu ˋ　kab ˋ　jiong ˇ
三　　日　　食　　娘　　九　　合　　漿

diam ˋ　diam ˋ　siid　ngiong ˇ　siin ˇ　song　hied ˋ
丶（點）丶（點）食　　娘　　身　　上　　血

siid　do　ngiong ˇ　qin ˇ　mien　pi ˇ　vong ˇ
食　到　娘　　親　　面　皮　黃

hai ˇ　i ˇ　se　se　na ˇ　loi ˇ　nam ˋ
孩　兒　細　細　拿　來　抱（摘）

iu ˇ sii ˇ　iu ˇ　ngid ˋ　sii ˋ　ngiau　o ˇ　　do ngiong ˇ　qin ˇ　id ˋ boi　tang ˇ
有　時　有　日　屎　尿　疴（屙）到娘　親　一　背　聽（廳）

〔註 1〕

gin ˋ gin ˋ biong ha ˇ　na ˇ loi ˇ von
緊　緊　放　下　拿　來　煥（換）

von　　qiang sui ˇ　sii ˇ cud ˋ ho ˇ gong ˇ loi ˇ　hi　se ˋ　loi ˇ hi　tong ˇ
煥（換）淨　隨　時　出　河　江　來　去　洗　來　去　湯（盪）

liug ˋ ngied　tien ˇ sii ˇ　iu ˇ　ka　　ded ˋ
六　月　天　時　有　靠（較）得

<hr />

〔註 1〕 1954 和 1958 兩版本皆作「背聽」，boi　tang ˇ，古師國順認為應是「背廳」。
　　　　但是依筆者經驗，在客語各次方言中似乎無此詞彙。依其他唱本，應作「背
　　　　囊」，boi　nong ˇ 才較合理，即是背部之意。

siib　ngi　ngied　song╱　xied╲tai
十　二　月　　霜　　雪　大

siib zag╲　su╲　zii╲　　teu╱　se╲　do　hied╲　iong╱　iong╱
十　隻　手　脂（指）頭　洗　到　血　洋　洋

zon╲　do　ga╱　zung╱　tang╱　gien　zii╲i╱　ji╱　ji╱　gieu
轉　到　家　中　听（聽）見　子　兒　悽（吱）悽（吱）叫（噭）

kien╱　ded╲tai　zii╲　loi╱ cii fan　se　zii╲loi╱　cii fan
牽　得　大　子　來　飼　飯　細　子　來　飼　飯

cii　ded╲　bau╲loi╱　id╲von╲fan　e╲　lang╱　go　song╱
飼　得　飽　來　一　碗　飯　仔　冷　過　霜

ngiong╱qin╱siid log du╲　ngang ngiong╱xim╱gon╱ngang　ngiong╱cong╱
娘　親　食落肚　硬　娘　心　肝　硬　娘　腸

iong╱do╲　iu╱hau　zii╲　ng╱van╱　ka　　ded╲
養　倒（著）有　孝　子　女　完（還）靠（較）得

giung　do╲　mo╱hau　zii╲i╱iu╱zii╲dong　mo╱iong╱
生（降）倒（著）無　孝　子　兒　有　子　當　無　養

bud╲（m╱）xin　tan　kon　ho╱bien╱　sui╲
不　（毋）信　但　看　河　邊　水

diam╲　diam╲　liu╱　ha╱　mo╱　liu╱　song╱
點　點　流　下　無　流　上

ngiu╱zii╲　go　gong╱　bud╲（m╱）di╱ngiu╱ma╱　gieu
牛　子　過　岡　不　（毋）知　牛　母（）叫（噭）

cud╲　mun╱sam╱pu　mo╱xiong╱qin╱ia╱ngiong╱
出　門　三　步　無　想　親　爺　娘

sen╱　nam╱bud╲（m╱）di╱ngiong╱xin╱ku╲
生　男　不　（毋）知　娘　辛　苦

iong╱ng╲zang　di╱ngiong╱nan╱dong╱
養　女　正　知　娘　難　當

seu ngien╱sii╱jied╲bud╲hau　sun
少　年　時　節　不　孝　順

ngid╲heu　van╱（han╱）oi　zo　ngin╱lo╲ia╱ngiong╱
日　後　完（還）愛　做　人　老　爺　娘

cai　sang　mai　ded　ban　gin　xi　liong　ngiong　qin　siid
在　　生　　買　　得　　半　斤　四　兩　　娘　　親　　食

do　go　xi　heu　gon　coi　teu　gin　zu　　iong
當　過　死　後　棺　材　頭　敬　猪（豬）羊

qien　bai　vai　bai　id　zong　zii　qien　kud　van kud　id　lu　hiong
千　拜　萬　拜　一　張　紙　千　哭　萬　哭　一　爐　香

iu　qien　mai　iu　gie　fong　qien　ban　vud
有　錢　買　有　街　方（坊）千　般　　物

qien　gim　nan　mai　tong　song　qin　ia　iong
千　金　難　買　堂　上　親　爺　娘

zeu　zeu　lin　qien　loi　fung（kong）fan
朝　朝　靈　前　來　奉　（扛）　　飯

mo　kon　ngiong　qin　siib　zag　su　zii　　na　loi　song
無　看　娘　　親　十　隻　手　脂（指）拿　來　常（嚐）

四、陳火添〈十月懷胎〉

出 版 者：新竹市竹林書局
出版日期：1954
字　　數：478

zangˊ ngied faiˇ toiˊ iˇ lu suiˋ toiˇ liˋ koiˊ faˊ ziin fungˇ cunˊ
正 月 懷 胎 如 露 水，桃 李 開 花 正 逢 春
faiˇ toiˊ kabˋ sii feuˇ pinˇ coˋ vi diˊ hoˇ ngidˋ dedˋ xiongˊ fungˇ
懷 胎 恰 似 浮 萍 草 未 知 何 日 得 相 逢

ngi ngied faiˇ toiˊ ziinˊ kib siiˇ，suˋ sonˊ giogˋ ngionˊ pu nanˇ iˇ
二 月 懷 胎 眞 及 時， 手 酸 腳 軟 步 難 移
teuˇ moˇ siiˊ loiˇ mien nanˊ seˋ，bagˋ vug ziimˊ ziiˋ pauˊ liauˋ liˊ
頭 無 梳 來 面 懶 洗，百 物 針 脂(黹)拋 了 裡(哩)

samˊ ngied faiˇ toiˊ samˊ ngied samˊ faiˇ toiˊ ngiongˇ ziiˋ ximˊ teuˇ tamˊ
三 月 懷 胎 三 月 三，懷 胎 娘 子 心 頭 貪(淡)
samˊ conˊ caˇ fan moˇ xiongˋ siid xiongˋ siid iongˇ moiˇ dongˊ siiˇ sonˊ
三 餐 茶 飯 無 想 食，想 食 楊 梅 當 時 酸

xi ngied faiˇ toiˊ giedˋ iongˇ moiˇ iongˇ moiˇ su haˊ giedˋ siinˇ toiˊ
四 月 懷 胎 結 楊 梅，楊 梅 樹 下 結 成 胎
kieuˋ zungˊ iuˊ xiongˋ iongˇ moiˇ siid nanˇ dedˋ iongˇ moiˇ diedˋ haˊ loiˇ
口 中 有 想 楊 梅 食，難 得 楊 梅 跌 下 來

ngˋ ngied faiˇ toiˊ funˊ namˇ ngˋ faiˇ toiˊ ngiongˇ ziiˋ kuˋ nan liˊ
五 月 懷 胎 份(分)男 女，懷 胎 娘 子 苦 難 裡(哩)
diamˋ diamˋ siid ngiongˇ siinˊ song hiedˋ qidˋ kungˋ badˋ kieu giedˋ siinˇ nginˇ
奌(點)奌(點)食 娘 身 上 血，七 孔 八 竅 結 成 人

liugˋ ngied faiˇ toiˊ giangˊ iˇ sanˊ faiˇ toiˊ ngiongˇ ziiˋ ximˊ gienˊ nanˇ
六 月 懷 胎 驚 如 山，懷 胎 娘 子 心 艱 難
samˊ conˊ caˇ fan nanˇ jin kieuˋ，siid bau kabˋ sii songˊ doˊ sanˊ
三 餐 茶 飯 難 進 口， 食 飽 恰 似 上 刀 山

qid丶 ngied fai丷 toi丷 sii lib qiu丷　 bad丶 bug丶　 lo丷 kiun丷 con　 con　 iu丷
七　 月　 懷　 胎　 是 立 秋，　 八　 卜(幅) 羅　 裙　 串　 串　 有

song丷 su丶 nan丷 ban丷 ha丷 ieu丷 dai sung丷　 giog丶 bud丶 gam丶 ted丶 song丷 siin丷
双(雙)手 難　 搬　 下　 腰　 帶，双(雙)腳　 不　 敢　 踢　 上　 身

bad丶 ngied fai丷 toi丷 cung丷　 i丷 san丷　，fai丷 toi丷 zang di丷 an丶　　 gien丷 nan丷
八　 月　 懷　 胎　 重　 如 山，　 懷　 胎　 正 知 幹(恁) 艱　 難

fong丷 zung丷 so ti　 siin丷 nan丷 zed丶　 iu giang丷 sun丶 siid丶 hai丷 i丷　 siin丷
房　 中　 掃地身　 難　 則(側) 又 驚　 損　 失 孩　 兒　 身

giu丷 ngied fai丷 toi丷 giu丶　 giu丶 cong丷 fai丷 toi丷 ngiong丷 ngiong丷 mien pi丷 vong丷
九　 月　 懷　 胎　 九(久)九(久)長，懷　 胎　 娘　 娘　 面 皮 黃

lo丶 ngin丷 fai丷 toi丷 han丷 ka　 ded丶 seu　 ngien丷 fai丷 toi丷 ku丶 nan丷 dong丷
老　 人　 懷　 胎　 還　 靠(較)得，少　 年　 懷　 胎　 苦　 難　 當

siib ngied fai丷 toi丷 ngied sug丶 man丷 du丶 zung丷 hai丷 i丷　 lug丶 lug丶 fan丷
十　 月　 懷　 胎　 月　 速　 滿，肚　 中　 孩　 兒　 碌　 碌　 番(翻)

kieu丶 zung丷 ngau丷 ded丶 tied丷 dang丷 ton丷 giog丶 zog丶　 xiu hai丷 tab ded丶 con丷
口　 中　 咬　 得　 鐵　 釘　 斷　 腳　 穿(著)綉 鞋　 踏　 得　 川(穿)

hai丷 i丷 log ti　 gieu　 sam丷 sang丷 po丷 po丷 sui丷 sii丷 cud丶 loi丷 tang丷
孩　 兒 落地 叫(噭) 三　 聲　 婆　 婆　 隨　 時　 出　 來　 听(聽)

bud丶(m丷) sii丶 fon丷 loi丷 bud丶(m丷)sii丶 hi丷 liong丷 ngin丷 xin miang
不(毋)　 使 歡　 來 不(毋)　 使 喜 兩　 人　 性　 命

id丶 ban丷 ban丷
一　 般　 般

zang丷 ngied fai丷 toi丷 i丷 lu　 sui丶
正　 月　 懷　 胎　 如 露　 水

ngi　 ngied　 fai丷 toi丷 xim丷　 mong丷　 mong丷
二　 月　 懷　 胎　 心　 亡（茫）亡（茫）

sam丷 ngied　 fai丷 toi丷 gien ngin丷　 iang丶
三　 月　 懷　 胎　 見　 人　 影

xi ngied　 fai丷 toi丷 gied丶 siin丷　 ngin丷
四　月　 懷　 胎　 結　 成　 人

ng、 ngied fai∨ toi∕ fun∕　　nam∨　ng、
五　月　懷　胎　份（分）男　　女

liug、 ngied fai∨ toi∕ liug、gin∨ qion∨
六　　月　懷　胎　六　經　　全

qid、 ngied fai∨ toi∕ fun∕　　qid、 kung、
七　　月　懷　胎　份（分）七　　孔

bad、 ngied　fai∨ toi∕ cung∕　i ∨ san∕
八　月　　懷　胎　重　　如　山

giu、 ngied　fai∨ toi∕ ton∕　ton∨ zon、
九　月　　懷　胎　團　　團　轉

siib ngied fai∨ toi∕ li∨　ngiong∨ siin∕
十　月　懷　胎　離　娘　　身

fai∨ toi∕ zu∕ kon siib ngied man∕
懷　胎　舟　看　十　月　　滿

sii　nam∨ sii　ng、ded、fun∕　　min∨
是　男　是　女　得　份（分）明

di∕ ded、 iong∕ i∨ an、　　xin∕ ku、
知　得　養　兒　幹（恁）辛　苦

nam∨　fu　lo、 iu　oi　gi　xim∕
男　　婦　老　幼　愛　記　心

ngin∨　sen∕ bud、di∕ hang∨　hau　sun
人　　生　不　知　行　　孝　順

vong、 fi sii song loi∨ zo ngin∨
枉　費　世　上　來　做　人

zung∕ hau liong、 sii bud、 gi ngiam
忠　孝　兩　　事　不　記　念

vong∨ gim∕ doi∕ dung ia han∨ qin∨
黃　金　堆　棟　也　閑　情

五、楊玉蘭〈玉蘭勸世歌〉(〈娘親渡子〉)

出　版　者：美樂唱片 HL-401
出版日期：1968 年 12 月
字　　　數：1190 字
時間長渡：12 分 40 秒

【平板】

loiˇ ngiongˇ qinˊ na tu li ziiˋ qiu he loiˇ kuˋ nanˇ dongˊ ni i
來　娘　親　na 渡 li 子 就 係 來　苦　難　當　ni i，

gienˊ nanˇ qiu xinˊ na kuˋ enˊ gie io ngiongˇ a
艱　難　就 辛 na 苦　　个 io 娘　a；

ngiˇ du hanˇ se io qiu teuˇ na seuˇ a ngiagˋ iu na tung a
你 都 還 細 io 就 頭 na 燒 a 額 又 na 痛 a，

jiˇ jiˇ io loiˇ lag o lag a do tienˊ lio gongˊ a
吱 吱 io 來 瀝 o 瀝 a 到 天 lio 光 a。

【平板轉什唸子】

ngiongˇ qinˊ tu ziiˋ qiu kuˋ nanˇ dongˊ
娘　親 渡 子 就 苦 難　當，

gienˊ nanˇ xinˊ kuˋ qiu enˊ gie ngiongˇ
艱　難　辛 苦 就　　个　娘；

samˊ zeuˊ qidˋ ngidˊ qiu moˇ nen siid
三　朝　七　日 就 無　奶　食，

buˇ buˇ ia ia qiu hong hiˋ loiˇ oi cii tongˇ
夜 夜 就 跠 起 來 愛 飼 糖。

aˊ meˇ gie duˋ siiˋ tai
阿 姆 个 肚 屎 大，

hongˇ lu qiu longˇ pongˇ loiˇ iu longˇ pongˊ
行　路 就 閬　碰　來 又 閬　碰，

coˇ dedˋ goˊ loiˇ giangˊ pa qiu do mag zonˋ
坐　得　高　來　驚　怕 就 倒　　轉，

coˇ dedˋ aiˋ loiˇ giangˊ pa qiu vudˋ nui songˊ
坐　得　矮　來　驚　怕 就 搵　內　傷。

seu／ gie du　m∨ gam、 siid
燒　　个都 毋 敢　　食，

lang／ gie　qiu　m∨ gam、 song∨
冷　　个　就 毋 敢　　嚐。

siib ngied qiu fai∨ toi／ sii∨ ngiong∨ xin／ ku、
十月　　就 懷 胎　斯 娘　　辛　苦，

zii、 i∨ qiu　oi　ha／ se
子 兒　就 愛 下　世，

a／ me∨ gie　du、 sii、 tung
阿 姆　个　肚 屎 痛，

ziin／ qiong　ngin∨ li　do／ loi∨ god、 du、
眞　像　　人 利 刀　來　割　　肚，

ko　bi、　qiu li　jien、 me loi∨ jien、 cong∨
可 比　　就 利 剪　乜 來　剪　　腸。

zoi hong tied、 dang／ qiu　ngau∨ ded、 ton／
嘴 項 鐵　釘　就　咬　　得　斷，

giog、 zog、 gie　pi∨ hai∨ me　dam、 ded、 con∨
腳　著　个　皮 鞋 乜　蹭　得　　穿，

ti　ha／ qiu　mo∨ mun∨ du kiong∨ oi　zon
地 下　就　無　門　都　強　　愛 鑽，

tien／ song mo∨ ngad、 du kiong∨ oi　song∨
天　上　無　囓　都　強　　愛 上。

iu∨ fug、 fu／ ngin∨ qiu　loi∨ giung zii、
有 福 夫 人　　就　來　降　　子，

ded、 ngin∨ qiu　gie／ jiu、 hiong∨
得　人　就　雞 酒 香；

mo∨ fug、 fu／ ngin∨ qiu loi∨ giung　zii、
無 福 夫 人　　就 來　降　　子，

ded、 ngin∨ gie　xi　kuai biong∨
得　人　个　四 塊 枋。

a／ me∨ na　giung zii、
阿 姆 若 降　子，

qin ∨ qiong ngin ∨ ngie gung ∨ iu ∨ vog biag ヽ
親　　像　　人　　蟻　　公　游　　鑊　壁：

iu ∨ ded ヽ go qiu en ∨ gie fo
游　得　過，就　　　个　貨；

iu ∨ m ∨ go a ∨ me ∕ qiu voi hi gien ngiam ∨ vong ∨
游　毋　過，阿　姆　就　會　去　見　閻　　王。

zii ヽ i ∨ qiu ha ∕ nam ∨（se）le ∨
子　兒　就　下　男（世）了，

diam ヽ diam ヽ siid ngiong ∨ siin ∕ song gie xim ∕ teu ∨ hied ヽ
點　　點　　食　娘　　身　上　个　心　頭　血。

id ヽ ngid ヽ sii ∨ siid ngiong ∨ sam ∕ kab ヽ　nen
一　日　斯　食　娘　　三　合　乳，

sam ∕ ngid ヽ du siid ngiong ∨ qiu giu ヽ kab ヽ jiong ∕
三　日　都　食　娘　　就　九　合　漿。

du ∨ do ヽ qiu vug ヽ ha ∕ zii ヽ so ヽ do ∕
堵　著　就　屋　下　子　嫂　多，

ia he loi ∨ su ヽ giog ヽ seu ヽ
也　係　來　手　腳　少，

iu oi ceu ∨ iu oi co ヽ
又　愛　樵，又　愛　草，

iu oi qiu fan ∕ su ∕ zu ∕ coi qiu zon ヽ ga ∕ tong ∨
又　愛　就　番　薯　豬　菜　就　轉　家　堂。

ba ∕ lam ∨ kai ∕ lui ヽ me song ∕ san ∕ gong ∕
揹　籃　　　　乜　上　山　岡，

jiong ∕ do ヽ iu zii ヽ qiu ba ∨ den ヽ loi ∨ cai boi nong ∨
將　著　幼　子　就　揹　等　來　在　背　囊，

lam ∨ e ヽ qiu loi ∨ kai ∕ den ヽ
籃　仔　就　來　　　等，

id ヽ san ∕ go id ヽ san ∕ loi ∨ id ヽ gong ∕ qiu go id ヽ gong ∕
一　山　過　一　山，來　一　岡　就　過　一　岡。

qim ∨ iu ∕ gie fan ∕ su zu ∕ coi qiu lam ∨ du ヽ zong ∕
尋　有　个　番　薯　豬　菜　就　籃　肚　張，

qim ˇ ded ˋ la man man qiu kai ˇ den ˋ oi loi ˇ zon ˋ ga ˇ tong ˇ
尋　得　罅，慢　慢　就　　　等　愛　來　轉　家　堂。

zon ˋ do qiu ban lu hong
轉　到　就　半　路　項，

tang ˇ do ˋ iu zii ˋ loi ˇ gieu iong ˇ iong ˇ
聽　著　幼　子　來　噭　洋　　洋。

giag ˋ giag ˋ qiu gie ˋ ha ˇ loi ˇ cai su ˋ song
遽　遽　就　解　下　來，在　手　上，

nen e ˋ bien ˋ koi ˇ qiu em ˇ zii siid qiu loi ˇ em ˇ zii ˋ song ˇ
乳　仔　搧　開　就　揞　子　食，就　來　揞　子　嚐。

nen e ˋ du siid bau ˋ zii ˋ a ˇ gi ˇ du seu iong ˇ iong ˇ
奶　仔　都　食　飽，子　啊　佢　都　笑　洋　洋，

zii ˋ loi ˇ seu oi ˇ loi ˇ seu
子　來　笑，哀　來　笑，

zii ˋ oi ˇ nam ˋ den ˋ loi ˇ seu id ˋ cong ˇ
子　哀　摘　等　來　笑　一　場。

nen e ˋ du siid bau ˋ giag ˋ giag ˋ qiu ba ˇ den ˋ loi ˇ cai boi nong ˇ
乳　仔　都　食　飽，遽　遽　就　揹　等　來　在　背　囊，

lam ˇ e ˋ kai ˇ hi ˋ giag ˋ giag ˋ zon ˋ ga ˇ tong ˇ
籃　仔　　起　遽　遽　轉　家　堂。

zon do sii ˇ vog ˋ ha ˇ hi sii ˋ gag ˋ ngiau
轉　到　斯　屋　下　去　屎　合　尿，

o ˇ do qiu a ˇ me ˇ sii ˇ id ˋ boi ngong ˇ
屙　到　就　阿　姆　斯　一　背　囊。

a ˇ me ˇ qiu giang ˇ zii ˋ loi ˇ hon ˇ fai
阿　姆　就　驚　子　來　寒　壞，

giag ˋ giag ˋ nam ˋ den ˋ ngib gien ˇ fong ˇ
遽　遽　摘　等　入　間　房。

ti id ˋ qiu xien ˇ von zii ˋ
第　一　就　先　換　子，

zang loi ˇ heu von ngiong ˇ
正　來　後　換　娘。

von ded丶 sii∨ sam／ fu du kiun∨ e丶ho丶
換 得 斯衫 褲 都裙 仔好，

guai丶 ded丶 qiu zii丶 i∨ soi
拐 得 就 子兒睡，

kiun∨ e丶sii∨ sam／ fu sii∨ lam丶 e丶 kuan den丶oi hi qiu do ho∨ gong／
裙 仔斯衫 褲 斯籃 仔 攔 等 愛去就 到 河 江，

ho∨ ba qiu man man se丶
河 壩 就 慢 慢 洗，

zun gieu／ qiu man man tong／
圳 溝 就 慢 慢 盪，

tong／ ded丶 qiu sam／ fu du kiun∨ e丶qiang
盪 得 就衫 褲 都裙 仔 淨。

coi／ go a／me丶 siib zag丶sii丶 su丶 zii丶 teu∨
衰 過 阿姆 十 隻 斯手 指 頭，

se丶 do qiu hied丶iong∨ iong∨
洗 到 就 血 洋 洋。

id丶 siin∨ gud丶 jied丶 qiu dai hi／ ngoi∨
一 身 骨 節 就 帶 盧 呆，

sam／ fu kiun∨ e丶 du se丶 ded丶 ho丶，kuan den丶 zon丶
衫 褲 裙 仔 都 洗 得 好， 攔 等 轉，

biag丶 song qiu man man pi／，zug丶go／loi∨ man man lang∨
壁 上 就慢 慢 披， 竹 篙 來 慢 慢 晾。

lang∨ ded丶 gie sam／ fu kiun∨ e丶 ho丶
晾 得 个衫 褲 裙 仔 好，

a／me／ gie du丶 sii丶qiu iau／ do loi∨ bien boi ngong∨
阿姆 个肚 屎 就 枵 到 來 變 背 囊，

tai cong／ iau／ do qiu bien seu丶cong∨
大 腸 枵 到就 變 小 腸。

tiam／ do丶 id丶von丶 fan e丶 du xiong丶oi siid
添 著 一 碗 飯 仔 都 想 愛 食，

iu tang／ zii丶i∨ du gieu iong∨ iong∨
又 聽 子 兒 都 噭 洋 洋。

zoˋ suˋ qiu kienˊ ziiˋ oi loiˊ guaiˋ
左　手　就　牽　子愛來拐，

iu suˋ kienˊ ziiˋ qiu oi loiˊ pien
右手牽子　就　愛來騙；

pien dedˋ qiu ziiˋ iˊ diamˊ
騙得　就　子兒恬，

aˊ meˊ ge vonˋ fan eˋ qiu langˊ go songˊ
阿姆該碗飯仔　就　冷　過霜，

langˊ coi langˊ fan qiu siid log duˋ
冷菜冷飯　就　食落肚，

enˊ gie aˊ meˊ langˊ duˋ qiu gagˋ langˊ congˊ
　个　阿姆冷　肚　就　合冷　腸。

giung ziiˋ qiu mˊ diˊ ngiongˊ xinˊ kuˋ
降　子　就母知娘　辛苦，

giung ngˋ qiu zang diˊ siiˋ ngiongˊ nanˊ dongˊ
降　女　就　正知　斯　娘　難當。

iaˇ ngiongˊ xiongˋ ziiˋ qiu congˊ gongˊ suiˋ
爺　娘　想　子　就長　江　水，

ziiˋ xiongˋiaˇ ngiongˊ moˇ giˊ dam gonˊ congˊ
子　想　爺　娘　無　支　擔竿　長。

mˇ xin qiu tan kon hoˇ gongˊ suiˋ
母信　就　但　看　河江　水，

luiˇ haˇ qiu moˇ luiˇ songˊ
流　下就　無　流　上。

zungˋ he saˇ saˇ oi zo qiu nginˇ ziiˋ ngˋ
總　係　倕倕愛做就　人　子　女，

saˇ saˇ oi zo qiu nginˇ iaˇ ngiongˊ
倕倕愛做　就　人　爺　娘。

se gienˊ song，tangˊ haˇ gie gau iˋ siiˇ lunˇ liuˇ coˊ
世　間　上，廳　下　个交椅　斯　輪　流　坐，

songˊ xiedˋ qiu lunˇ liuˇ dongˊ
霜　雪　就　輪　流　當。

cai sang′ gog丶ngin′ oi hang′ hau lo丶 ia′ ngiong′
在 生 各 人 愛 行 孝 老 爺 娘，

van′ sang′ god丶ded丶qiu ban gin′ xi liong′ qiu log oi′ du丶
還 生 割 得 就 半 斤 四 兩 就 落 哀 肚，

dong go xi丶ted丶 mun′ qien′ bai gie qiu tai zu′ iong′
當 過 死 忒 門 前 拜 个 就 大 豬 羊。

zu′ iong′ qiu ka tai fu
豬 羊 就 較 大 副，

mo′ kon do丶a′ me′ zon丶 loi′ siid
無 看 著 阿 姆 轉 來 食，

lin′ qien′ gie go丶zii丶sii′ kien kien iu′
靈 前 个 果 子 斯 件 件 有，

iu me qiu mo′ kon a′ me′ song′
又 乜 就 無 看 阿 姆 嚐。

giung do丶qiu iu′hau zii丶, iu han′ iu′mug丶did丶
降 著 就 有 孝 子， 又 還 有 目 的；

giung do丶gie bud丶hau zii丶ka su′qiu o′ a sii丶 log sii丶 io gong′ a。
降 著 个 不 孝 子，較 輸 就 屙 a 屎 落 屎 io 缸 a。

【平板】

zai loi′ qiu fung o kien na on′do qiu sii song ngin′ na
再 來 就 奉 o 勸 na 安 到 就 世 上 人 na，

en′ gie ia′ ngiong′lio mien no qien′ na oi hau ua xim′ ma
个 爺 娘 lio 面 no 前 na 愛 孝 ua 心 ma；

siid ngiong′ lio qiu lio′siin′ na song na gi′gie du xim′ teu′ hied丶le
食 娘 lio 就 來 身 na 上 na 佢 个 都 心 頭 血 le，

iong′en′ no zong丶a tai ia ded丶siin′ io ngin′ na
養 no 長 a 大 ia 得 成 io 人 na，

na he io loi′ cii丶na en′ na bud丶o bo dab丶lio
若 係 io 來 此 na 恩 na 不 o 報 答 lio，

vong丶vi′qiu loi′na zo o sii gien′ no ngin′ na
枉 為 就 來 na 做 o 世 間 no 人 na，

ngi loiˇ　lio fung a　kien zo nginˇ gie　fu　muˇ　nginˇ　na
二　來　　lio奉 a　勸　做 人　个　父　母　人　na，

zo　nginˇ qiu　iaˇ　na oiˋ　io　oi　piangˇ na ximˇ ma
做　人　就　爺　na 哀　io 愛　平　　na 心　ma，

ge ge loiˇ　du uo　he　enˇ　gie siinˇ haˇ log　o
個個　來　都 uo 係　　　个　身 下　落　o，

idˋ　tin　no　mˇ　mo　hoˋ　gogˋ iong io ximˇ ma
一　定　no 毋　mo 好　各　樣 io 心　ma，

iaˇ iongˇ o ximˇ ma gonˇ budˋ pinˇ lio denˋ na
爺　娘　o 心　ma 肝　不　平　lio 等　na，

hiungˇ ti io idˋ no tin budˋ foˇ lio ximˇ　ma
兄　弟 io 一 no 定 不　和 lio 心　　ma。

六、邱玉春〈娘親渡子〉

出　版　者：月球唱片初版 8169 / 改版卡帶編號：29

出版日期：1978

字　　　數：1149 字

斯間長渡：14 分 22 秒

【平板】

id丶 xiong丶　o loiˇ tu na ziiˋ　ngaiˇ qiu　moˇ　anˋ　goiˇ io
一　想　　　o 來　渡 na 子　　　就　無　恁　該　io

giˋ doˇ　lio loiˇ　gienˇ　na nanˇ　su go loiˇ　na
幾　多　lio 來　艱　　na 難　受 過 來　na

su　qin qiu giˋ na doˇ　iaˋ　ge honˇ　gangˊ ia　na
受　盡 就 幾 na 多　這　個 寒　更　夜　na

ngiong dedˋ　lo loiˇ　ziiˋ o　tai a　bo　iaˇ　lio loiˇ　ngiongˇ　na
仰　得　　lo 來　子 o　大 a　報　爺　lio 來　娘　　na

ngiongˇ qin　na　tu na　ziiˋ ngaiˇ qiu　kuˋ nanˇ dongˊ na
娘　　親　na 渡 na 子　　　就　苦 難　當　na

gienˇ　nanˇ　qiu xinˊ na　kuˋ enˇ　gie io ngiongˇ a
艱　　難　就 辛 na 苦　　　個 io 娘　a

iog sii　teuˇ na　seuˊ giˇ qiu ngiagˋ iu　tung　na
若 是　頭 na 燒 佢 就 額　又　痛　na

jiˇ　jiˇ　io loiˇ　lag o　lag　a　do　tienˊ na gongˊ na
吱　吱　io 來　瀝 o　瀝　a　到　天　na 光　na

【平板什唸子】

ngiongˇ qinˊ tu ziiˋ qiu kuˋ ua　nanˇ dongˊ
娘　　親 渡 子 就 苦 ua 難　當

gienˇ nanˇ　xinˊ kuˋ qiu　enˇ　gie ngiongˇ
艱　難　辛 苦 就　　　個　娘

samˊ zeuˊ　qidˋ ngidˋ qiu　moˇ　nen　siid
三　朝　七　日 就　無　乳　食

zeuˊ zeuˊ　ia　ia　siiˇ oi cii tongˇ
朝　朝　夜　夜 斯 愛 飼 糖

a ˊ me ˊ gie du ˋ sii ˋ loi ˇ tai
阿 姆 　个 　肚 　屎 　來 　大，

hang ˇ lu long ˇ pong ˇ ia iu long ˇ pong ˇ
行 　路 　閬 　碰 　ia 　又 　閬 　碰

co ˊ ded ˋ go ˊ loi ˇ giang ˊ pa voi do mag zon ˋ
坐 　得 　高 　來 　驚 　怕 　會 　倒 　轉

co ˊ ded ˋ ai ˋ loi ˇ iu giang ˊ voi vud ˋ nui song ˇ
坐 　得 　矮 　來 　又 　驚 　會 　搵 　內 　傷

seu ˇ gie qiu m ˇ gam ˋ siid
燒 　个 　就 　毋 　敢 　食

lang ˇ gie ngai ˇ qiu m ˇ gam ˋ song ˇ
冷 　个 　　就 　毋 　敢 　嚐

siib ngied fai ˇ toi ˊ gie ngiong ˇ xin ˋ ku ˋ
十 　月 　懷 　胎 　个 　娘 　辛 　苦

zii ˋ i ˇ qiu oi ha ˇ se
子 　兒 　就 　愛 　下 　世

a ˊ me ˊ gie du ˋ sii ˋ tung
阿 　姆 　个 　肚 　屎 　痛

gie ziin ˇ qiong li do ˊ loi ˇ god ˋ du ˋ
个 　眞 　像 　利 　刀 　來 　割 　肚

ko ˋ bi ˋ li jien ˋ qiu loi ˇ jien ˋ cong ˇ a
可 　比 　利 　剪 　就 　來 　剪 　腸 　a

zoi hong gie tied ˋ dang ˊ qiu ngau ˊ ded ˋ ton ˊ
嘴 　項 　个 　鐵 　釘 　就 　咬 　得 　斷

giog ˋ zog ˋ pi ˇ hai ˇ qiu dam ˋ ded ˋ con ˊ
腳 　著 　皮 　鞋 　就 　蹬 　得 　穿

tien ˊ song mo ˇ mun ˇ qiu kiong ˇ oi song ˇ
天 　上 　無 　門 　就 　強 　愛 　上

ti ha ˇ mo ˇ mun ˇ qiu kiong ˇ oi zon
地 　下 　無 　門 　就 　強 　愛 　鑽

iu ˊ fug ˋ fu ˇ ngin ˇ qiu loi ˇ giung zii ˋ
有 　福 　夫 　人 　就 　來 　降 　子

ded丶 ngin∨ gie　　gie∕ jiu丶 hiong∕
得　　人　　个　　雞　酒　香

mo∨ fug丶 zii∕ ngin∨　qiu loi∨　giung　zii丶
無　　福　　之　　人　　就來　　降　　子

ded丶 ngin∨ gie xi kuai biong∨
得　　人　　个四塊　枋

a∕　me∕ qiu　loi∨ giung　zii丶
阿　姆　就　來　降　　子

ko丶　bi 丶ngie　gung∕ iu∨　vog　biag丶
可　比　蟻　　公　游　鑊　壁

iu∨ ded丶　go　qiu　en∕　gie　fo
游　得　　過，就　　　　个　貨

iu∨　m∨ go　a∕ me∕　gie xin　miang　voi　gien ngiam∨ vong∨
游　毋　過，阿　姆　个　性　命　會　見　閻　王

zii丶　ng丶　qiu　ha∕ se
子　女　就　下　世

diam丶　diam丶　siid ngiong∨ siin∕　song　gie　xim∕　teu∨ hied丶
點　　點　　食　娘　　身　上　个　心　頭　血

id丶 ngid siid ngiong∨ qiu　sam∕　kab丶　nen
一　日　食　娘　　就　三　合　乳

sam∕ ngid丶siid ngiong∨ gie　giu丶 kab丶jiong∕
三　日　食　娘　个　九　合　漿

du∨　do丶gie vug丶　ha∕ sii∨　zii丶　so丶　do∕
堵　著　个屋　下　斯　子　嫂　多

ia　he loi∨　su丶 giog丶　seu丶
也　係來　手　腳　少

iu　oi　ceu∨ ngai∨　iu　oi　co丶
又　愛　樵，　　又　愛　草

iu　oi　fan∕ su∨　zu∕　coi　ngai∨ qiu　zon丶ga∕ tong∨　a
又　愛　番薯　豬　菜　　就　轉　家　堂　a

ba∨　lam∨　kai∕　lui丶qiu　song∕ san丶　gong∕
揹　籃　　簍就　上　山　岡

jiong ˊ zii ˋ ba ˇ den ˋ qiu cai boi nong ˇ
將　　子　揹　等　就　在　背　囊

lam ˇ zii ˋ kai ˊ den ˋ
籃　　子　　　　等

gie id ˋ san ˊ go id ˋ san ˊ id ˋ gong ˊ gie go id ˋ gong ˊ
个　一　山　過　一　山，一　岡　个　過　一　岡

qim ˇ iu ˊ fan ˊ su ˊ zu ˊ coi qiu lam ˇ zii ˋ zong ˊ
尋　有　番　薯　豬　菜　就　籃　子　張

qim ˇ ded ˋ la kai ˊ den ˋ qiu zon ˋ ga ˊ tong ˊ
尋　得　罅，　　等　就　轉　家　堂

zon ˋ do loi ˇ ban lu hong
轉　到　來　半　路　項

tang ˊ do ˋ iu zii ˋ qiu gieu iong ˇ iong ˇ
聽　著　幼　子　就　噭　洋　洋

a ˊ me ˇ qiu gie ˋ ha loi ˇ cai su ˋ song
阿　姆　就　解　下　來，在　手　上

nen zii ˋ gie ˋ koi ˊ qiu bun ˊ zii ˋ loi ˇ siid bun ˊ zii ˋ song ˇ
乳　子　解　開　就　分　子　來　食，分　子　嚐

zii ˋ i ˇ qiu siid bau ˋ gi ˊ qiu loi ˇ seu iong ˇ iong ˇ
子　兒　就　食　飽，佢　就　來　笑　洋　洋

zii ˋ loi ˇ seu me oi ˊ loi ˇ seu
子　來　笑，乜　哀　來　笑

zii ˋ oi ˊ nam ˋ den ˋ qiu seu a id ˋ cong ˇ
子　哀　摘　等　就　笑　a　一　場

nen zii ˋ qiu loi ˇ siid bau ˋ
乳　子　就　來　食　飽，

man man kai ˊ den ˋ qiu zon ˋ ga ˊ tong ˇ
慢　慢　　　等　就　轉　家　堂

zon ˋ do vog ˋ ha ˊ sii ˋ gag ˋ loi ˇ ngiau
轉　到　屋　下　屎　合　來　尿

o ˊ do a ˊ me ˇ sii ˇ id ˋ boi ngong ˇ
屙　到　阿　姆　斯　一　背　囊

a ˊ me ˊ giang ˊ zii ˋ qiu　loi ˇ hon ˇ fai
阿　姆　驚　　子　就　　來　寒　壞

gie giag ˋ giag ˋ nam ˋ den ˋ ngib gien ˊ fong ˇ
个　邆　　邆　　摘　等　入　間　房

ti　id ˋ qiu xien ˊ von zii ˋ
第　一　就　先　換　子

zai　loi ˇ qiu heu　von　ngiong ˇ
再　來　就　後　換　娘

a ˊ me ˊ guai ˋ zii ˋ qiu loi ˇ soi　ho ˋ
阿　姆　拐　　子　就　來　睡　好

lam ˇ zii ˋ kuan den ˋ qiu giag ˋ giag ˋ do　ho ˇ gong ˊ
籃　子　摜　等　就　邆　　邆　　到　河　江

ho ˇ ba　qiu　man man se ˋ
河　壩　就　慢　慢　洗

ngai ˇ zun gieu ˊ qiu man man tong ˇ
圳　溝　就　慢　慢　盪

tong ˊ ded ˋ gie sam ˊ fu　kiun ˇ zii ˋ qiang
盪　得　个　衫　褲　裙　子　淨

coi ˊ go　a ˊ me ˊ gie siib zag ˋ su ˋ zii ˋ lo ˇ
衰　過　阿　姆　个　十　隻　手　指　脶

se ˋ do　gie hied ˋ a　iong ˇ iong ˇ
洗　到　个　血　a　洋　洋

sam ˊ fu　kiun ˇ zii ˋ qiu　loi ˇ se ˋ ho ˋ , dai　den ˋ qiu　zon ˋ ga ˊ tong ˇ
衫　褲　裙　　子　就　來　洗　好，帶　等　就　轉　家　堂

zon ˋ do　gie vog ˋ ha ˊ
轉　到　該　屋　下

gie biag ˋ song loi ˇ man　man　pi ˊ , zug ˋ go ˊ gie　man　man　lang ˇ a
个　壁　上　來　慢　慢　披，竹　篙　个　慢　慢　晾　a

lang ˇ ded ˋ gie sam ˊ fu　kiun ˇ zii ˋ loi ˇ　ho ˋ
晾　得　个　衫　褲　裙　子　來　好

a ˊ me ˊ gie du ˋ sii ˋ qiu iau ˊ do loi ˇ bien　boi　ngong ˇ
阿　姆　个　肚　屎　就　枵　到　來　變　背　囊

tai　cong˅　ngo　do　loi˅　bien　seuˋcong˅
大　腸　餓　到　來　變　小　腸

tiamˊdoˋ　idˋvonˋgie　fan　ziiˋngai˅xiongˋoi　siid
添　著　一　碗　个　飯　子　想　愛　食

iu　tangˊziiˋi˅ngai˅gieu iong˅iong˅
又　聽　子　兒　嗷　洋　洋

zoˋ　suˋkienˊziiˋqiu oi　loi˅pien
左　手　牽　子　就　愛　來　騙

iu　suˋkienˊziiˋqiu　oi　loi˅guaiˋ
右　手　牽　子　就　愛　來　拐

pien dedˋ　gie　ziiˋi˅diamˊ
騙　得　个　子　兒　恬

aˊme˅gie　vonˋfan　ziiˋqiu lang˅go　song˅
阿　姆　个　碗　飯　子　就　冷　過　霜

lang˅coi　lang˅fan　qiu　siid　log aˊme˅duˋ
冷　菜　冷　飯　就　食　落　阿　姆　肚

aˊme˅lang˅duˋqiu gagˋlang˅cong˅
阿　姆　冷　肚　就　合　冷　腸

giung ziiˋqiu m˅diˊngiong˅xinˊkuˋ
降　子　就　毋　知　娘　辛　苦

giung ngˋqiu zang diˊgie　ngiong˅nan˅dong˅
降　女　就　正　知　个　娘　難　當

ia˅ngiong˅xiongˋziiˋqiu cong˅gong˅suiˋ
爺　娘　想　子　就　長　江　水

ziiˋxiongˋia˅ngiong˅mo˅gie qiu　dam　gonˊcong˅
子　想　爺　娘　無　个　就　擔　竿　長

m˅xin　tan　kon　ho˅gong˅suiˋ
毋　信　但　看　河　江　水

lui˅ha˅qiu mo˅lui˅song˅
流　下　就　無　流　上

zungˋhe　tai　gaˊqiu oi　zo　gie　ngin˅ziiˋngˋ
總　係　大　家　就　愛　做　个　人　子　女

tai　ga✓　oi　zo　qiu　ngin✓　ia✓　ngiong✓
大　家　愛　做　就　人　爺　娘

tang✓ha✓　gie gau✓　i﹨lun✓liu✓　co✓
廳　下　个交　椅　輪　流　坐

fu　gui　lun✓　liu✓　dong✓
富　貴　輪　流　當

fung kien　tai　ga✓qiu oi loi✓　gie　hang✓　hau　sun
奉　勸　大　家　就愛來　个　行　孝　順

van✓　sang✓　god﹨　liau﹨ban　gin✓loi✓　xi　liong✓qiu log oi✓　du﹨
還　生　割　了　半　斤　來　四　兩　就落哀　肚

dong go xi﹨ted﹨mun✓qien✓loi✓　bai gie qiu tai　zu✓iong✓
當　過　死　忒　門　前　來　拜　个　就大　豬羊

zu✓　iong✓　qiu　ka　tai　fu
豬　羊　就　較　大　副

mo✓　kon do﹨a✓　me✓　zon﹨a　　loi✓　siid
無　看著阿　姆　轉　a　來　食

lin✓　qien✓　gie　go﹨zii﹨sii✓kien　kien　iu✓
靈　前　个　果　子　斯　件　件　有

iu me　mo✓　kon　a✓　me✓qiu　zon﹨a　　loi✓　song✓
又乜　無　看　阿　姆　就　轉　a　來　嚐

giung　do﹨gie iu✓hau　zii﹨，iu✓mug﹨　did﹨
降　著　个　有孝　子，有　目　的

giung do﹨gie bud﹨hau zii﹨
降　著　个　不　孝　子

m✓dong　o✓sii﹨ni　i　ngai✓qiu　　log　　sii﹨lio gong✓　na
毋　當　屙　屎　ni　i　就　落　屎　lio　缸　na

【平板】

zai loi✓na fung　a　kien　ngi　✓qiu　se　gien✓ngin✓na
再　來　na奉　a　勸　你　就　世　間　人　na

zo　ngin✓　no zii﹨o　ng﹨a　oi　hau　o　xim✓ma
做　人　no子　o　女　a　愛　孝　o　心　ma

vi˘ ngin˘ no loi˘ se io ziiˋ iog sii loi˘ m˘ hang˘ hau na
為 人 no 來 細 io 子 若 是 來 毋 行 孝 na

vongˋ loi˘ io se io gien˘ loi˘ zo o loi˘ ngin˘ a
枉 來 io 世 io 間 來 做 o 來 人 a

loˋ moi ngai˘ fung na kien ngi˘ qiu tai ga˘ ngin˘ na
老 妹 奉 na 勸 你 就 大 家 人 na

oi di˘ io loi˘ fu na mu˘ a gi˘ gie en˘ ngi ciim˘ ma
愛 知 io 來 父 na 母 a 佢 个 恩 義 深 ma

se se siid na ngiong˘ gi˘ qiu siin˘ song hiedˋ na
細 細 食 na 娘 佢 就 身 上 血 na

kuˋ xim˘ mo loi˘ iong˘ o tai dedˋ siin˘ na loi˘ ngin˘ na
苦 心 mo 來 養 o 大 得 成 na 來 人 na

七、李秋霞〈娘親渡子〉

出 版 者：嵐雅
出版日期：約 1989
字　　　數：1608 字
斯間長渡：15 分 23 秒

【平板】

id丶 xiong丶 na loiˇ tu ua zii丶 a　　 giˇ qiu　 ku丶 nanˇ dongˊ na
一　想　　na 來　渡 ua 子 a　佢　就　　苦　難　當　na

gienˊ nanˇ qiu loiˇ xinˊ na loiˇ ku丶 ua　　enˊ gie io loiˇ ngiongˇ a
艱　難　就 來　辛　na 來　苦　ua　　　个 io 來　娘　　a

su丶　qin qiu gi丶 na　doˊ ua ia丶　ge　honˇ gangˊ ia na
受　盡 就 幾 na 多　ua 這 個　寒　更　夜　na

jiˇ jiˇ io loiˇ lag a loiˇ lag a do tienˊ na loiˇ gongˊ na
吱 吱 io 來　瀝 a 來　瀝 a 到 天　na　來　光　na

aˊ meˊ io loiˇ tu ua loiˇ zii丶 a ku丶 iu　uo loiˇ nanˇ na
阿　姆　io 來　渡 ua 來　子　a 苦 又　uo 來　難　na

ko丶 bi丶 kied la loiˇ biag丶 a　id丶 banˊ na loiˇ banˊ na
可　比　蹶　la 來　壁　a　一　般　na 來　般　na

iu giangˊ o tu na tai gi丶 qiu moˇ hau sun na
又　驚　　o 渡 na 大　佢　就　無　孝　順 na

hamˇ ngaiˇ qiu loiˇ lo丶 ua li丶 ia oi ngiong丶 io loiˇ banˊ na
喊　　　就 來 老 ua 哩 ia 愛 仰　io 來　般　na

【平板什唸子】

ngiongˇ qinˊ tu zii丶 qiu ku丶 ua nanˇ dongˊ
娘　　親 渡 子 就 苦 ua 難 當

gienˊ nanˇ xinˊ ku丶 qiu enˊ gie ngiongˇ
艱　難　辛 苦 就　　个　娘

samˊ zeuˊ qid丶 ngid丶 qiu moˇ a nen siid
三　朝　七 日 就 無 a 乳 食

zeuˊ zeuˊ ia ia qiu oi ia cii tongˇ
朝　朝　夜 夜 就 愛 ia 飼 糖

a ˊ me ˊ gie du ˋ sii ˋ loi ˇ tai
阿姆 个 肚 屎 來 大

hang ˇ lu long ˇ pong ˊ qiu iu ia long ˇ pong ˊ
行 路 閬 碰 就 又 ia 閬 碰

co ˊ ded ˋ go ˊ loi ˇ giang ˊ pa voi do mag zon ˋ
坐 得 高 來 驚 怕 會 倒 轉

co ˊ ded ˋ ai ˋ loi ˇ iu giang ˊ voi vud ˋ nui song ˊ
坐 得 矮 來 又 驚 會 搵 內 傷

seu ˊ gie qiu m ˇ ma gam ˋ siid
燒 个 就 毋 ma 敢 食

lang ˇ gie qiu m ˇ ma gam ˋ song ˇ
冷 个 就 毋 ma 敢 嚐

siib ngied fai ˇ toi ˊ qiu ngiong ˇ a xin ˊ ku ˋ
十 月 懷 胎 就 娘 a 辛 苦

zii ˋ i ˇ qiu oi ha ˊ se
子 兒 就 愛 下 世

a ˊ me ˊ gie du ˋ sii ˋ loi ˇ tung
阿姆 个 肚 屎 來 痛

ziin ˊ qiong li do ˊ qiu loi ˇ ia god ˋ du ˋ
眞 像 利 刀 就 來 ia 割 肚

gie ko ˋ bi ˋ li jien ˋ qiu loi ˇ ia jien ˋ cong ˇ a
个 可 比 利 剪 就 來 ia 剪 腸 a

zoi hong gie tied ˋ dang ˊ qiu ngau ˊ ded ˋ ton ˊ
嘴 項 个 鐵 釘 就 咬 得 斷

gie giog ˋ zog ˋ qiu pi ˇ hai ˇ qiu dam ˋ ma ded ˋ con ˇ
个 腳 著 就 皮 鞋 就 蹬 ma 得 穿

tien ˊ song mo ˇ mun ˇ qiu xiong ˋ oi song ˇ
天 上 無 門 就 想 愛 上

ti ha ˊ mo ˇ mun ˇ qiu kiong ˇ a oi zon
地 下 無 門 就 強 a 愛 鑽

iu ˊ fug ˋ zii ˊ ngin ˇ qiu loi ˇ ia giung zii ˋ
有 福 之 人 就 來 ia 降 子

ded丶 ngin╱ gie gie╱ jiu丶 hiong╱
得　　人　　个　　雞　　酒　　香

mo╱ fug丶 zii╱ ngin╱ qiu loi╱ ia giung zii丶
無　　福　　之　　人　　_就來　　ia　　降　　子

ded丶 ngin╱ gie xi de biong╱
得　　人　　_个　四　　垤　　枋

a╱ me╱ loi╱ giung zii丶
阿　　姆　　_來　降　　子

ko丶 bi丶 ngie gung╱ qiu iu╱ ua vog biag丶
可　　比　　蟻　　公　　_就　游　　ua　　鑊　　壁

iu╱ ded丶 go qiu en╱ gie fo
游　　得　　過，_就　　　　个　　貨

iu╱ m╱ go a╱ me╱ gie xin miang voi gien na ngiam╱ vong╱
游　　毋　　過，阿　姆　个　　性　　命　　會　　見　　na　　閻　　王

zii丶 ng丶 qiu loi╱ ha╱ se
子　　女　　_就　來　　下　　世

diam丶 diam丶 siid ngiong╱ siin╱ song gie xim╱ teu╱ hied丶
點　　點　　食　　娘　　身　　上　　_个　心　　頭　　血

id丶 ngid siid ngiong╱ qiu sam╱ kab丶 nen
一　　日　　食　　娘　　_就　三　　合　　乳

sam╱ ngid丶 siid ngiong╱ qiu giu丶 ua kab丶 a jiong╱
三　　日　　食　　娘　　_就　九　　ua　合　　a　　漿

du╱ do丶 qiu vug丶 ha╱ zii丶 a so丶 do╱
堵　　著　　_就屋　　下　　姊　　a　　嫂　　多

ia he loi╱ su丶 giog丶 seu丶
也　　係_來　手　　腳　　少

iu oi ceu╱ loi╱ iu oi co丶
又　　愛　　樵　　_來又　　愛　　草

iu oi fan╱ su丶 zu╱ coi qiu zon丶 ga tong╱ a
又　　愛　　番　　薯　　豬　　荣　　_就　轉　　家　　堂　　a

ba╱ lam╱ kai╱ lui丶 qiu song╱ san╱ gong╱
揹　　籃　　　　　　_就　上　　山　　岡

jiong ˊ zii ˋ ba ˊ den ˋ qiu cai ia boi nong ˇ
將　　子　揹　等　就　在　ia　背　囊

lam ˇ zii ˋ kai ˊ den ˋ
籃　　子　　　等，

id ˋ san ˊ qiu go ia id ˋ san ˊ　id ˋ gong ˊ就　go ia id ˋ gong ˊ
一　山　就　過 ia 一　山，　一　岡　就　過 ia 一　岡

qim ˇ iu ˊ fan ˊ su ˇ zu ˊ coi qiu lam ˇ ma zii ˋ zong ˊ
尋　有　番　薯　豬　菜　就　籃 ma 子　張

qim ˇ do ˋ la kai ˊ den ˋ qiu zon ˋ ga ˊ tong ˇ
尋　著　鑊，　　等　就　轉　家　堂

zon ˋ do loi ˇ ban lu hong
轉　到　來　半　路　項

tang ˊ do ˋ iu zii ˋ qiu　gieu ngiong ˇ ngiong ˇ
聽　著　幼　子　就　嗷　娘　　娘

a ˊ me ˊ qiu gie ˋ ha loi ˇ qiu cai ia su ˋ song
阿　姆　就　解　下　來，就　在 ia 手　上

nen zii ˋ bien ˋ koi ˊ qiu bun ˊ a zii ˋ siid bun ˊ a zii ˋ song ˇ
乳　子　摛　開　就　分 a 子　食，分 a 子　嚐

zii ˋ i ˇ qiu loi ˇ siid bau ˋ gi ˇ qiu loi ˇ seu iong ˇ iong ˇ
子　兒　就　來　食　飽，佢　就　來　笑　洋　洋

zii ˋ loi ˇ seu qiu oi ˊ ia loi ˇ seu
子　來　笑，就　哀 ia 來　笑

zii ˋ oi ˊ nam ˋ den ˋ qiu seu a id ˋ cong ˊ
子　哀　揙　等　就　笑 a 一　場

nen zii ˋ qiu loi ˇ ia siid bau ˋ
乳　子　就　來 ia 食　飽

man man kai ˊ den ˋ qiu zon ˋ a ga ˊ tong ˇ
慢　慢　　等　就　轉 a 家　堂

zon ˋ do loi ˇ vog ˋ ha ˊ qiu sii ˋ a gag ˋ ngiau
轉　到　來　屋　下　就　屎 a 合　尿

o ˊ do a ˊ me ˊ qiu id ˋ ia boi ngong ˇ
屙　到 阿　姆　就　一 ia 背　囊

a ˊ me ˊ giang ˊ zii ˋ qiu loi ˇ ia   hon ˇ fai
阿 姆 驚 子 就 來 ia 寒 壞

giag ˋ giag ˋ nam ˋ den ˋ qiu ngib ma   gien ˊ fong ˇ
遽 遽 摘 等 就 入 ma 間 房

ti id ˋ qiu xien ˊ von zii ˋ
第 一 就 先 換 子

zai loi ˇ qiu heu a von ngiong ˇ
再 來 就 後 a 換 娘

a ˊ me ˊ guai ˋ zii ˋ qiu loi ˇ ia soi ho ˋ
阿 姆 拐 子 就 來 ia 睡 好

lam ˇ zii ˋ kuan den ˋ qiu loi ˇ do qiu tai ho ˇ gong ˊ
籃 子 摜 等 就 來 到 就 大 河 江

ho ˇ ba qiu man a   man se ˋ
河 壩 就 慢 a 慢 洗

zun gieu ˊ qiu man a man tong ˊ
圳 溝 就 慢 a 慢 盪

tong ˊ ded ˋ sam ˊ fu qiu kiun ˇ zii ˋ qiu loi ˇ qiang
盪 得 衫 褲 就 裙 子 就 來 淨

a ˊ me ˊ su ˋ zii ˋ se do   qiu hied ˋ ia iong ˇ iong ˇ
阿 姆 手 指 洗 到 就 血 ia 洋 洋

sam ˊ fu kiun ˇ zii ˋ qiu loi ˇ ia se ˋ ho ˋ
衫 褲 裙 子 就 來 ia 洗 好

kuan den ˋ qiu zon ˋ a ga ˊ tong ˇ
摜 等 就 轉 a 家 堂

zon ˋ do vog ˋ ha ˇ
轉 到 屋 下

biag ˋ song qiu man a man pi ˊ ，zug ˋ go ˊ qiu man a man lang ˇ
壁 上 就 慢 a 慢 披，竹 篙 就 慢 a 慢 晾

lang ˇ ded ˋ sam ˊ fu kiun ˇ zii ˋ ho ˋ
晾 得 衫 褲 裙 子 好

a ˊ me ˊ gie du ˋ sii ˋ ngo do qiu bien a boi ngong ˇ
阿 姆 个 肚 屎 餓 到 就 變 a 背 囊

tai cong ˇ ngo do qiu bien a seu ˋ cong ˇ
大 腸 餓 到 _就 變 a 小 腸

tiam ˊ do ˋ id ˋ von ˊ fan zii ˋ qiu xiong ˋ a oi siid
添 著 一 碗 飯 子 _就 想 a 愛 食

iu tang ˊ zii ˋ i ˇ qiu gieu ia iong ˇ iong ˇ
又 聽 子 兒 _就 噭 ia 洋 洋

zo ˋ su ˋ kien ˊ zii ˋ qiu oi ia loi ˇ pien
左 手 牽 子 _就 愛 ia 來 騙

iu su ˋ kien ˊ zii ˋ qiu oi ia loi ˇ guai ˋ
右 手 牽 子 _就 愛 ia 來 拐

guai ˋ ded ˋ qiu zii ˋ a i ˇ diam ˊ
拐 得 _就 子 a 兒 恬

a ˊ me ˇ gie fan zii ˋ qiu lang ˇ a go song ˇ
阿 姆 个 飯 子 _就 冷 a 過 霜

lang ˇ coi lang ˇ fan qiu siid la log du ˋ
冷 菜 冷 飯 _就 食 la 落 肚

a ˊ me ˇ lang ˇ du ˋ qiu gag ˋ a lang ˇ cong ˇ
阿 姆 冷 肚 _就 合 a 冷 腸

giung zii ˋ qiu m ˇ di ˊ ngiong ˇ a xin ˊ ku ˋ
降 子 _就 毋 知 娘 a 辛 苦

giung ng ˋ qiu zang di ˊ qiu ngiong ˇ a nan ˇ dong ˊ
降 女 _就 正 知 _就 娘 a 難 當

ia ˇ ngiong ˇ xiong ˋ zii ˋ qiu cong ˇ a gong ˊ sui ˋ
爺 娘 想 子 _就 長 a 江 水

zii ˋ xiong ˋ ia ˇ ngiong ˇ mo ˇ gie qiu dam gon ˊ cong ˇ
子 想 爺 娘 無 个 _就 擔 竿 長

m ˇ xin loi ˇ gie kon ho ˇ ia gong ˊ sui ˋ
毋 信 來 个 看 河 ia 江 水

lui ˇ ha ˇ qiu mo ˇ lui ˇ song ˊ
流 下 _就 無 流 上

tai ga ˊ oi zo qiu ngin ˇ a zii ˋ ng ˋ
大 家 愛 做 _就 人 a 子 女

tai　ga╱　oi　zo　qiu　ngin╲　a　　ia╲　ngiong╲

大　家　愛　做　_就　人　a　爺　娘

tang╱ha╲　gie gau╱　i╲qiu　lun╲a　liu╲　co╱

廳　下　_个　交　椅　_就　輪　a　流　坐

fu　gui　lun╲　liu╲　dong╱

富　貴　輪　流　當

cai　sang╱　god╲　liau╲ban　gin╱gie　zu╱ngiug╲　qiu　log oi╱　du╲

在　生　割　了　半　斤　_个　豬　肉　　_就　落　哀　肚

dong go xi╲　ted╲gie mun╲　qien╲gie bai gie qiu tai　ia　zu╱iong╲

當　過　死　忒　_个　門　前　_个拜_个　_就大　ia　豬　羊

zu╱　iong╲　qiu ka　tai　fu

豬　羊　　_就較　大　副

mo╲　kon do╲ a╱　me╱ qiu　zon╲a　　loi╲　siid

無　看　著　阿　姆　_就　轉　a　來　食

lin╲　qien╲　gie go╲　zii╲ qiu　kien　kien　na　iu╱

靈　前　_个　果　子　_就　件　件　na　有

iu　me　mo╲　kon　a╱　me╱ qiu　zon╲ na　loi╲　song╲

_又　_ㄟ　無　看　阿　姆　_就　轉　na　來　嚐

giung　do╲ gie iu╱ ua　hau　zii╲，a╱　me╱　iu╱ua　mug╲　did╲

降　著　_个有　ua　孝　子，阿　姆　有　ua　目　的

giung do╲ gie bud╲ hau zii╲

降　著　_个　不　孝　子

qiu vong╲　fi io　a╱ me╱ ia　gi╲ qiu loi╲　fu╲　na loi╲　iong╱

_就　枉　費 io 阿　姆　ia　_佢　_就　來　撫　na 來　養

【平板】

lo╲　moi　fung　na　kien　gi╲ qiu　se　gien╱　ngin╲　na

老　妹　奉　na　勸　_佢 _就　世　間　人　na

zo ngin╲ o　loi╲　zii╲ lio　ng╲ a　oi　hau　o xim╱ na

做　人　o　_來　子　lio 女　a　愛　孝　o 心　na

vi╲ ngin╲ no　loi╲ zii╲ a　loi╲ ng╲ a　iog sii　m╲　hang╲ hau a

為　人　no　_來　子　a　_來　女　a　_{若是}　毋　行　孝　a

ngiong、ban／no loi／ se ia loi／ gien／na loi／zo uo loi／ngin／ na
仰　　般　no來　世　ia　來　間　na　來　做　uo　來　人　　na

zai loi／ io loi／ fung a kien tai ga／lio loi／ngin／ na
再　來　io　來　奉　a　勸　大　家　lio　來　人　　na

oi di／ io qiu ia／ na loi／ngiong／a en／ ngi io loi／ciim／ma
愛　知　io　就　爺　na　來　娘　　a　恩　義　io　來　深　ma

se se siid na loi／ngiong／ia gi／qiu siin／song hied、na
細　細　食　na　來　娘　　ia　佢　就　身　上　血　na

ku、xim／mo loi／ iong／a tai ia ded、siin／na loi／ngin／ na
苦　心　mo來　養　a　大　ia得　成　na　　來　人　na

八、胡泉雄〈娘親渡子〉

出 版 者：吉聲

出版日期：2003 年 7 月

字　　　數：1204 字

斯間長渡：12 分 26 秒

【蘇萬松調】

id`xiong`o　loi`tu na zii`　ngai`qiu　mo`an`goi`na

一　想　　o　來　渡 na 子　　　就　無　恁　該　na

gi`do`lio loi`gien`na　nan`su　go o loi`na

幾　多　lio 來　艱　na　難　受　過 o 來　na

su`qin qiu gi`na　loi`do`　li`gie hon`gang`ia na

受　盡 就幾 na 來 多　裡个　寒　更　夜　na

ngiong ded`lio　loi`zii`lio　tai ia　hau ia`lio loi`ngiong`na

仰　得　lio 來　子　lio 大　ia 孝 爺　lio 來　娘　　na

ngiong`qin`na　tu na　zii`ngai`qiu　ku`nan`dong`a

娘　親　na 渡 na 子　　就　苦　難　當　a

gien`nan`ngai`qiu xin`na　ku`ua　en`gie　io ngiong`na

艱　難　　就辛 na 苦 ua　　个 io 娘　　na

iog sii teu`na　seu`gi`qiu　ngiag`iu　tung na

若 是 頭 na 燒 佢 就 額 又 痛 na

ji`ji`io loi`lag io lag　a　do tien`na gong`na

吱 吱 io 來　瀝 io 瀝 a 到 天　na 光　na

【平板什唸子】

ngiong`qin`tu　zii`qiu　ku`ua　nan`dong`

娘　親 渡 子 就 苦 ua 難 當

gien`nan`xin`ku`qiu　en`gie ngiong`

艱　難　辛　苦 就　　个 娘

sam`zeu`qid`ngid`qiu　mo`a　nen　siid

三　朝　七　日 就 無 a 乳 食

zeu`zeu`ia ia qiu　oi sii`cii tong`

朝　朝　夜 夜 就 愛 斯 飼 糖

a ˊ me ˊ gie du ˋ sii ˋ loi ˊ tai
阿 姆 ˋ个 肚 屎 ˵來 大

hang ˊ lu long ˊ pong ˊ loi ˊ iu long ˊ pong ˊ
行 路 閬 碰 ˵來 又 閬 碰

co ˊ ded ˋ go ˊ loi ˊ giang ˊ pa voi do mag zon ˋ
坐 得 高 來 驚 怕 會 倒 轉

gie co ˊ ded ˋ ai ˋ loi ˊ iu giang ˊ voi vud ˋ nui song ˊ
ˋ个 坐 得 矮 來 又 驚 會 搵 內 傷

seu ˊ gie qiu m ˊ gam ˋ siid
燒 个 ˵就 毋 敢 食

lang ˊ gie ngai ˊ qiu m ˊ gam ˋ song ˊ
冷 个 ˵就 毋 敢 嚐

siib ngied fai ˇ toi ˊ gie ngiong ˊ xin ˊ ku ˋ
十 月 懷 胎 ˋ个 娘 辛 苦

zii ˋ i ˊ qiu oi ha ˊ se
子 兒 ˵就 愛 下 世

a ˊ me ˊ gie du ˋ sii ˋ loi ˊ tung
阿 姆 ˋ个 肚 屎 ˵來 痛

gie ziin ˊ qiong gie li do ˊ qiu loi ˊ god ˋ du ˋ
ˋ个 眞 像 ˋ个 利 刀 ˵就 來 割 肚

ko ˋ bi ˋ gie li jien ˋ qiu loi ˊ jien ˋ cong ˊ
可 比 ˋ个 利 剪 ˵就 來 剪 腸

zoi hong gie tied ˋ dang ˊ qiu ngau ˊ ded ˋ ton ˊ
嘴 項 个 鐵 釘 ˵就 咬 得 斷

giog ˋ zog ˋ gie pi ˊ hai ˊ qiu dam ˋ a ded ˋ con ˊ
腳 著 ˋ个 皮 鞋 ˵就 蹬 a 得 穿

tien ˊ song mo ˊ mun ˊ qiu xiong ˋ oi song ˊ
天 上 無 門 ˵就 想 愛 上

ti ha ˊ mo ˊ mun ˊ qiu kiong ˊ oi zon
地 下 無 門 ˵就 強 愛 鑽

iu ˊ fug ˋ zii ˊ ngin ˊ qiu loi ˊ giung zii ˋ
有 福 之 人 ˵就 來 降 子

ded丶 ngin✓ gie　 gie✓ jiu丶 hiong✓
得　 人　 个　 雞　 酒　 香

mo✓ fug丶 zii✓ ngin✓ qiu loi✓ giung zii丶
無　 福　 之　 人　 _就 來　 降　 子

ded丶 ngin✓ gie xi kuai biong✓
得　 人　 个 四 塊 枋

a✓ me✓ qiu　 loi✓ giung zii丶
阿　 姆　 _就　 _來　 降　 子

ko丶 bi丶 gie ngie gung✓ loi✓ iu✓ vog biag丶
可　 比 个 蟻　 公　 _來　 游　 鑊　 壁

iu✓ ded丶 go qiu en✓ gie fo
游　 得　 過， _就　 　 个 貨

iu✓ m✓ go a✓ me✓ gie xin miang voi gien ngiam✓ vong✓
游　 毋　 過，阿　 姆　 个　 性　 命　 會　 見　 閻　 王

zii丶 ng丶 qiu loi✓ ha✓ se
子　 女　 _就 來　 下　 世

diam丶 diam丶 siid ngiong✓ siin✓ song gie xim✓ teu✓ hied丶
點　 點　 食　 娘　 身　 上　 _个 心　 頭　 血

id丶 ngid siid ngiong✓ qiu sam✓ kab丶 nen
一　 日　 食　 娘　 _就 三　 合　 乳

sam✓ ngid丶 siid ngiong✓ qiu giu丶 kab丶 liong✓
三　 日　 食　 娘　 _就 九　 合　 糧

du✓ do丶 gie vug丶 ha✓ zii丶　 so丶 do✓
堵　 著 个 屋　 下　 姊　 嫂　 多

ia he qiu su丶 giog丶 seu丶
也 係 _就手　 腳　 少

iu oi ceu✓ngai✓ iu oi co丶
又 愛 樵　 　 又 愛 草

ngai✓ iu oi fan✓ su✓ zu✓ coi ngai✓　 qiu zon丶 ga✓ tong✓
　 又 愛 番 薯 豬 菜　 _就 轉　 家　 堂

ba✓ lam✓ kai✓ lui丶qiu song✓ san✓ gong✓
揹　 籃　 　 _就 上　 山　 岡

jiong ˊ zii ˋ ba ˇ den ˋ qiu cai boi nong ˇ
將　　子　揹　等　就　在　背　囊

lam ˇ zii ˋ kai ˇ den ˋ
籃　　子　　　　　等

qiu id ˋ san ˇ qiu go id ˋ san ˇ id ˋ vong ˇ qiu go id ˋ vong ˇ
就　一　山　就　過　一　山，一　往　就　過　一　往

qim ˇ iu ˊ fan ˊ su ˇ zu ˊ coi ngai ˊ qiu lam ˇ zii ˋ zong ˊ
尋　有　番　薯　豬　菜　　就　籃　子　張

qim ˇ do ˋ la ngai ˊ kai ˊ den ˋ qiu zon ˋ ga ˊ tong ˇ
尋　著　蠊，　　　　等　就　轉　家　堂

zon ˋ do loi ˇ ban lu hong
轉　到　來　半　路　項

tang ˊ do ˋ iu zii ˋ qiu gieu ngiong ˇ ngiong ˇ
聽　著　幼　子　就　噭　娘　　娘

a ˊ me ˇ qiu gie ˋ ha ˊ loi ˇ ngai ˊ cai su ˋ song
阿　姆　就　解　下　來，　　在　手　上

nen zii ˋ bien ˊ koi ˊ qiu bun ˇ zii ˋ loi ˇ siid gie bun ˊ zii ˋ song ˇ
乳　子　摒　開　就　分　子　來　食，个分　子　嚐

zii ˋ i ˇ qiu loi ˇ siid bau ˋ gi ˇ qiu loi ˇ seu iong ˇ iong ˇ
子　兒　就　來　食　飽，佢　就　來　笑　洋　洋

zii ˋ loi ˇ seu me oi ˊ loi ˇ seu
子　來　笑，乜　哀　　來　笑

gie zii ˋ oi ˊ nam ˋ den ˋ qiu seu a id ˋ ia cong ˇ
个　子　哀　摘　等　就　笑　a　一　ia　場

nen zii ˋ qiu loi ˇ siid bau ˋ
乳　子　就　來　食　飽

man man kai ˊ den ˋ qiu zon ˋ ga ˊ tong ˇ
慢　慢　　等　就　轉　家　堂

zon ˋ do gie vog ˋ ha ˊ qiu sii ˋ gag ˋ loi ˇ ngiau
轉　到　个　屋　下　就　屎　合　來　尿

o ˊ do a ˊ me ˇ qiu id ˋ boi ngong ˇ
屙　到　阿　姆　就　一　　背　囊

a ╱ me ╱ giang ╱ zii ╲ qiu   loi ╱   hon ╱ fai
阿　姆　驚　子　就　來　　寒　壞

gie giag ╲ giag ╲ nam ╲ den ╲ ngib   gien ╱ fong ╱
ㄍ　遽　遽　摘　等　入　間　房

ti id ╲ qiu von zii ╲
第　一　就　換　子

zai loi ╱ qiu heu von ngiong ╱
再　來　就　後　換　娘

a ╱ me ╱ qiu guai ╲ zii ╲ qiu loi ╱ soi ho ╲
阿　姆　就　拐　子　就　來　睡　好

lam ╱ zii ╲ kuan den ╲ qiu giag ╱ giag ╲ loi ╱ do   ho ╱ gong ╱
籃　子　摝　等　就　遽　遽　來　到　河　江

ho ╱ ba qiu man man se ╲
河　壩　就　慢　慢　洗

ngai ╱ zun gieu ╱ man   man tong ╱
　　圳　溝　慢　慢　盪

gie tong ╱ ded ╲ qiu sam ╱ fu kiun ╱ zii ╲ loi ╱ qiang
ㄍ　盪　得　就　衫　褲　裙　子　來　淨

coi ╱ go a ╱ me ╱ gie siib zag ╲ qiu su ╲ zii ╲ lo ╱
衰　過　阿　姆　个　十　隻　就　手　指　胐

se ╲ do   gie hied ╲ ia iong ╱ iong ╱
洗　到　ㄍ　血　ia　洋　洋

sam ╱ fu kiun ╱ zii ╲ qiu loi ╱ se ╲ ho ╲
衫　褲　裙　子　就　來　洗　好

kuan den ╲ qiu zon ╲   ga ╱ tong ╱
摝　等　就　轉　家　堂

zon ╲ do vog ╲ ha ╱
轉　到　屋　下

biag ╲ song loi ╱ man man pi ╱ ，zug ╲ go ╱ gie man man lang ╱
壁　上　來　慢　慢　披，竹　篙　ㄍ　慢　慢　晾

lang ╱ ded ╲ gie sam ╱ fu kiun ╱ zii ╲ loi ╱ ho ╲
晾　得　ㄍ　衫　褲　裙　子　來　好

a⁄ me⁄ gie du﹨ sii﹨ qiu　　iau⁄ do gie bien boi ngong∨
阿姆　个肚屎　就　　枵到　个　變　背　囊

tai cong∨ ngo do loi∨　bien seu﹨ cong∨
大　腸　餓到　來　變　小　腸

tiam⁄ do﹨ id﹨ von﹨ loi⁄ fan zii﹨ ngai⁄　xiong﹨ oi siid
添　著　一　碗　來　飯　子　　　想　　愛　食

iu tang⁄ zii﹨ i⁄ ngai⁄ gieu　ngiong∨ ngiong∨
又聽　子兒　　　嗷　娘　　娘

zo﹨　su﹨ kien⁄ zii﹨ qiu　oi　loi∨ pien
左　手　牽　子　就　愛　來　騙

iu　su﹨ kien⁄ zii﹨　qiu　oi　loi∨ guai﹨
右　手　牽　子　就　愛　來　拐

gie guai﹨　ded﹨ loi∨　zii﹨　i⁄ diam⁄
个　拐　得　來　子兒　恬

a⁄ me⁄ gie　von﹨ fan zii﹨ qiu lang⁄　go　song∨
阿　姆　个　碗　飯　子　就冷　過　霜

lang⁄ coi lang⁄ fan qiu siid　log　gie a⁄　me⁄ du﹨
冷　菜　冷　飯　就　食　落个阿　姆　肚

a⁄　me⁄　lang⁄　du﹨　qiu gag﹨　lang⁄ cong∨
阿　姆　冷　肚　就合　冷　腸

giung zii﹨　qiu m∨　di⁄ gie　ngiong∨ xin﹨ ku﹨
降　子　就毋　知　个　娘　辛　苦

giung　ng﹨ qiu　zang　di⁄ gie　ngiong∨　nan∨ dong⁄
降　女　就　正　知　个　娘　　難　當

ia∨ ngiong∨ xiag﹨ zii﹨　qiu cong∨　gong⁄　sui﹨
爺　娘　惜　子　就長　江　水

zii﹨ xiong﹨ ia∨ ngiong∨ mo∨ gie qiu　dam　gon⁄ cong∨
子　想　爺　娘　無　个　就　擔　竿　長

m∨ xin　tan kon gie ho∨ gong⁄ sui﹨
毋　信　但　看　个　河　江　水

lui∨　ha⁄ qiu　mo∨ lui∨ song⁄
流　下　就　無　流　上

zung丶he tai ga✓qiu oi zo gie ngin✓ zii丶 ng丶
總 係 大 家 就 愛 做 个 人 子 女

tai ga✓qiu oi zo gie ngin✓ ia✓ ngiong✓
大 家 就 愛 做 个 人 爺 娘

tang✓ha✓gie gau✓ i丶qiu lun✓ liu✓ co✓
廳 下 个交椅 就 輪 流 坐

fu gui lun✓ liu✓ dong✓
富 貴 輪 流 當

han✓ sang✓ god丶 liau丶ban gin✓loi✓ zu✓ngiug丶 qiu log oi✓ du丶
還 生 割 了 半 斤 來 豬 肉 就 落 哀 肚

dong go xi丶ted丶 mun✓ qien✓ loi✓ bai gie qiu tai zu✓iong✓
當 過 死 忒 門 前 來 拜 个就 大 豬 羊。

zu✓ iong✓ qiu ka tai fu
豬 羊 就 較 大 副

mo✓ kon do丶a✓ me✓qiu zon丶a loi✓ siid
無 看 著阿姆 就 轉 a 來 食

lin✓ qien✓ gie go丶 zii丶qiu kien kien iu✓
靈 前 个 果 子 就 件 件 有

iu me mo✓ kon a✓ me✓qiu zon丶a loi✓ song✓
又乜 無 看 阿 姆 就 轉 a 來 嚐

giung do丶gie iu✓ hau zii丶，a✓ me✓qiu iu✓ mug丶 did丶
降 著 个 有 孝 子，阿 姆 就 有 目 的

giung do丶gie bud丶hau zii丶
降 著 个 不 孝 子

gie vong丶 fi ni a✓me✓ia gi✓ qiu loi✓ fu丶lio loi✓ iong✓
个 枉 費 ni 阿 姆 ia 佢 就 來 撫 lio 來 養

【蘇萬松調】

oi loi✓na fung na kien ngi✓qiu se gien✓ ngin✓ na
愛 來 na 奉 na 勸 你 就 世 間 人 na

zo ngin✓o loi✓ zii丶lio ng丶a oi hau o xim✓na
做 人 o 來 子 lio 女 a 愛 孝 o 心 na

vi ˇ ngin ˇ no loi ˇ zii ˋ oi ng ˋ a iog sii he m ˇ hang ˇ hau a
為 人 no 來 子 oi 女 a 若是 係 毋 行 孝 a

ngiong ˋ ban ˊ io loi ˇ se na gien ˊ a loi ˇ zo o ngin ˇ na
仰 般 io 來 世 na 間 a 來 做 o 人 na

lo ˋ tai ˊ ngai ˇ fung na kien ngai ˇ qiu tai ga ˊ ngin ˇ
老 弟 奉 na 勸 就 大 家 人

oi di ˊ io loi ˇ fu na loi ˇ mu ˊ a gi ˇ gie en ˊ ngi ciim ˊ na
愛 知 io 來 父 na 來 母 a 佢 个 恩 義 深 na

se se siid na ngiong ˇ gi ˇ qiu siin ˇ song hied ˋ na
細 細 食 na 娘 佢 就 身 上 血 na

ku ˋ xim ˊ mo loi ˇ iong ˊ na tai ia ded ˋ siin ˇ lio loi ˇ ngin ˇ na
苦 心 mo 來 養 na 大 ia 得 成 lio 來 人 na

九、黃鳳珍〈娘親渡子〉

出 版 者：行政院客家委員會

出版日期：2002 年 10 月

字　　　數：554 字

斯間長渡：8 分 24 秒

【平板】

id丶 xiong丶 a　tu ua zii丶 ku丶na　nan∨　dong∕ a

一　想　　　a　渡 ua 子　苦 na　難　　當　　a

gien∕ nan∨　xin∕ na　ku丶　en∕ gie ia　ngiong∕ a

艱　難　辛 na　苦　　　　个　ia　娘　　a

han∨　se o　siid a ngiong∨ ngia∕ gie xim∕　teu∨　hied丶 la

還　　細 o　食 a 娘　　若　个　心　頭　血　la

ngiong ded丶 a zong丶 tai ia　bo dab丶　ngai∨ gie ngiong∕　na

仰　得　a 長　大 ia　報　答　　　　个 娘　　na

【平板什唸子】

id丶 xiong丶 tu　zii丶　loi∨ ku丶　nan∨ dong∕

一　想　渡　子　來　苦　難　當

gien∕ nan∨　xin∕ ku丶 loi∨　en∕ gie　ngiong∨

艱　難　辛 苦　來　　个　娘

a∕ me∕　gie du丶　sii丶 loi∨ tai

阿　姆　个 肚　屎　來 大

hang∨　lu　a　long∕　pong∕ iu　long∨　pong∕

行　路　a　闔　碰　又　闔　碰

co∕ ded丶　go∕ loi∨　giang∕　pa　loi∨ do　mag　zon丶

坐　得　高　來　驚　怕　來 倒　　轉

co∕ ded丶 ai丶　loi∨ iu　giang∕　voi　vud丶 nui　song∕

坐　得　矮　來 又　驚　會　搵　內　傷

seu∕ gie　loi∨ m∨ gam丶　siid

燒　个　來 毋　敢　食

lang∕ gie　ngai∨ qiu　m∨　gam丶 song∕

冷　个　　就　毋　敢　嚐

siib ngied fai˅ toiˊ qiu ngiong˅ xin˅ kuˋ
十 月 懷 胎 就 娘 辛 苦

ziiˋ i˅ qiu oi ha˅ se
子 兒 就 愛 下 世

a˅ me˅ gie duˋ siiˋ tung
阿 姆 个 肚 屎 痛

tien˅ song mo˅ mun˅ xiongˋ oi song˅
天 上 無 門 想 愛 上

ti ha˅ mo˅ mun˅ kiong˅ oi zon
地 下 無 門 強 愛 鑽

zoi hong gie tiedˋ dangˊ ngau˅ dedˋ ton˅
嘴 項 个 鐵 釘 咬 得 斷

giogˋ zogˋ xiu hai˅ qiu damˋ dedˋ la con˅
腳 著 繡 鞋 就 蹬 得 la 穿

iu˅ fugˋ zii˅ ngin˅ qiu loi˅ giung ziiˋ
有 福 之 人 就 來 降 子

dedˋ ngin˅ gie gie˅ jiuˋ hiong˅
得 人 个 雞 酒 香

mo˅ fugˋ zii˅ ngin˅ qiu loi˅ giung ziiˋ
無 福 之 人 就 來 降 子

dedˋ ngin˅ gie xi kuai biong˅
得 人 个 四 塊 枋

a˅ me˅ qiu loi˅ giung ziiˋ
阿 姆 就 來 降 子

koˋ biˋ ngie gungˊ loi˅ iu˅ vog biagˋ
可 比 蟻 公 來 游 鑊 壁

iu˅ dedˋ go qiu ngai˅ gie fo
游 得 過，就 个 貨

iu˅ m˅ go a˅ me˅ gie xin miang loi˅ gien ngiam˅ vong˅
游 毋 過，阿 姆 个 性 命 來 見 閻 王

ziiˋ ngˋ qiu loi˅ ha˅ se
子 女 就 來 下 世

a′ me′ a seu iong∨ ia iong∨
阿　姆　a　笑　洋　ia　洋

a′ me′ iu oi qiu zu＼sam′ con′
阿　姆　又　愛　就　煮　三　餐

kui zii＼iu oi qiu loi∨ se＼ ia tong′
貴　子　又　愛　就　來　洗　ia　盪

jiong′ do loi∨ngai∨gie zii＼
將　　到　來　　　个　子

ba∨ den＼a′ me′ gie boi ngong∨
揹　等　阿　姆　个　背　囊

sam′ fu lam′ zii＼ kuan den＼do ho∨ gong′
衫　褲　籃　子　攔　等　到　河　江

ho∨ ba loi∨ man man se＼
河　壩　來　　慢　慢　洗

sui＼gieu　man man tong′
水　溝　　慢　慢　盪

tong′ded＼ loi∨ sam′ fu qiang
盪　　得　來　衫　褲　淨

coi∨ go a′ me′siib zag＼su＼ zii＼
衰　過　阿　姆　十　隻　手　指

se＼ do loi∨ hied＼ iong∨ia iong∨
洗　到　來　血　洋　ia　洋

sam′ fu qiu se＼ ho＼, giag＼giag＼ngai∨oi zon＼ ga′ tong∨
衫　褲　就　洗　好，遽　遽　　愛　轉　家　堂

coi∨ go a′ me′gie du＼sii＼iau′, kiong∨kiong∨loi∨bien boi ngong∨
衰　過　阿　姆　个　肚　屎　枵，強　　強　　來　變　背　囊

xiong＼oi tiam′do＼ id＼von＼fan qiu xiong＼oi ia song∨
想　愛　添　著　一　碗　飯　就　想　愛　ia　嚐

tang′do＼ngai∨gie zii＼ loi∨gieu a iong∨ iong∨
聽　著　　个　子　來　嗷　a　洋　洋

xien′jiong′zii＼ loi∨gie＼ha∨
先　將　子　來　解　下

bun ㄑzii ㄟ ua loiㄑ siid bauㄟ
分 子 ua 來 食 飽

ziiㄟ iㄑ loiㄑ seu iongㄑ ia iongㄑ
子 兒 來 笑 洋 ia 洋

ziiㄟ loiㄑ seu，oㄑ loiㄑ seu
子 來 笑，哀 來 笑

ziiㄟ oiㄑ namㄟ denㄟ loiㄑ seu idㄟ congㄑ
子 哀 揂 等 來 笑 一 場

giung doㄟ loiㄑ iuㄑ hau ziiㄟ，hanㄑ ka dadㄟ
降 著 來 有 孝 子， 還 較 得

giung doㄟ loiㄑ budㄟ hau ziiㄟ
降 著 來 不 孝 子

loiㄑ vongㄟ fi ia loiㄑ viㄑ ia oiㄑxinㄑkuㄟ idㄟ congㄑ a
來 枉 費 ia 來 爲 ia 哀 辛 苦 一 場 a

【平板】

id loiㄑia fung a kien la se gienㄑna nginㄑ na
一 來 ia 奉 a 勸 la 世 間 na 人 na

zo nginㄑna ziiㄟa ngㄟa ngiㄑ oi iuㄑhau ximㄑ ua
做 人 na 子 a 女 a 你 愛 有 孝 心 ma

viㄑ nginㄑ na zii a ngㄟiog sii lioㄑ mㄑ hangㄑhau na
爲 人 na 子 a 女 若 是 來 毋 行 孝 ua

vongㄟ fi ia se a gienㄑ loiㄑzo ua nginㄑ na
枉 費 ia 世 a 間 來 做 ua 人 na

十、古福光〈勸世歌・渡子歌〉

出 版 者：龍的攝影
出版日期：1989 年
字　　數：696 字
時間長度：不詳

【平板】

idˋ xiongˋ lio　loiˇ tu na ziiˋ　giˇ qiu　moˇ anˋ goiˊ na
一　想　　lio 來　渡 na 子　佢 就　無　恁　該　na

giˋ doˊ lio loiˇ gienˊ na　nanˇ su　go lio loiˇ na
幾　多　lio 來　艱　na　難　受　過 lio 來　na

suˋ qin qiu giˋ na　loiˇ doˊ　liˋ gie honˇ gangˊ ia na
受　盡 就 幾 na 來 多　裡 个　寒　更　夜　na

ngiong dedˋ lio　loiˇ ziiˋ o　tai　ia hau iaˇ lio loiˇ ngiongˇ na
仰　得　lio 來　子　o 大　ia 孝 爺 lio 來　娘　　na

ngiongˇ qinˊ na loiˇ tu　na　ziiˋ giˇ qiu　kuˋ nanˇ dongˊ na
娘　　親　na 來　渡　na 子　佢 就　苦　難　當　na

gienˊ nanˇ lio xinˊ na kuˋ ua enˊ gie io loiˇ ngiongˇ a
艱　難　lio 辛　na 苦　ua　　个　io 來　娘　a

iog sii teuˇ na　seuˊ giˋ qiu ngiagˋ iu tung na
若 是 頭　na 燒　佢　就　額　又　痛　na

jiˇ jiˇ lio loiˇ lag io lag　a do tienˊ lio loiˇ gongˊ na
吱　吱 lio 來　瀝 io 瀝　a 到 天　lio 來　光　na

【平板什唸子】

ngiongˇ qinˊ tu　ziiˋ qiu kuˋ ua nanˇ dongˊ
娘　　親 渡 子 就　苦 ua 難　當

gienˊ nanˇ xinˊ kuˋ qiu enˊ gie ngiongˇ
艱　難　辛　苦 就　　个 娘

samˊ zeuˊ qidˋ ngidˋ qiu moˇ a nen siid
三　朝　七　日 就　無　a 奶　食

zeuˊ zeuˊ ia ia siiˇ oi cii tongˇ
朝　朝　夜 夜 斯 愛　飼 糖

a ˊ me ˊ　gie du ˋ　sii ˋ loi ˊ tai
阿　姆　　个　肚　屎　來　大

hang ˊ　lu　long ˊ　pong ˊ loi ˊ iu　　long ˊ　pong ˊ
行　　路　閬　　碰　　來　又　閬　　碰

co ˊ ded ˋ　go　loi ˊ　giang ˊ　pa voi　do　mag　zon ˋ
坐　得　高　來　驚　　怕　會　倒　　　轉

gie　co ˊ ded ˋ　ai ˋ　loi ˊ　iu　giang ˊ　voi　vud ˋ　nui　song ˊ
个　坐　得　矮　來　又　驚　　會　搵　內　傷

seu ˊ gie qiu　m ˇ　a　gam ˋ　siid
燒　个　就　毋　a　敢　食

lang ˊ gie ngai ˇ　qiu　m ˇ　gam ˋ　song ˊ
冷　个　　就　毋　敢　嚐

siib ngied fai ˇ toi ˊ qiu　ngiong ˇ a　xin ˊ　ku ˋ
十　月　懷　胎　就　娘　a　辛　苦

zii ˋ　i ˇ qiu　oi　ha ˊ　se
子　兒　就　愛　下　世

a ˊ me ˊ　gie　du ˋ　sii ˋ loi ˊ tung
阿　姆　　个　肚　屎　來　痛

gie ziin ˊ qiong gie　li　do ˊ qiu　loi ˊ　god ˋ　du ˋ
个　眞　像　个　利　刀　就　來　割　肚

ko ˋ　bi ˋ gie li　jien ˋ qiu loi ˊ　jien ˋ　cong ˊ
可　比　个　利　剪　就　來　剪　腸

zoi　hong gie　tied ˋ dang ˊ qiu ngau ˊ　ded ˋ　ton ˊ
嘴　項　个　鐵　釘　就　咬　得　斷

giog ˋ zog ˋ gie　pi ˊ　hai ˇ qiu　dam ˋ a　ded ˋ　con ˊ
腳　著　个　皮　鞋　就　蹬　a　得　穿

tien ˊ song　mo ˇ　mun ˇ qiu　xiong ˋ　oi　song ˊ
天　上　無　門　就　想　愛　上

ti　ha ˊ　mo ˇ　mun ˇ qiu　kiong ˇ　oi　zon
地　下　無　門　就　強　愛　鑽

iu ˊ　fug ˋ zii ˊ ngin ˊ　qiu　loi ˊ　giung　zii ˋ
有　福　之　人　就　來　降　子

ded ˋ ngin ˇ gie　gie ˊ jiu ˋ hiong ˇ
得　人　个　雞　酒　香

mo ˇ fug ˋ zii ˊ ngin ˇ　qiu loi ˇ　giung　zii ˋ
無　福　之　人　就　來　降　子

ded ˋ ngin ˇ gie　xi　kuai　biong ˇ
得　人　个　四　塊　枋

a ˊ me ˇ　qiu　loi ˇ　giung　zii ˋ
阿　姆　就　來　降　子

ko ˋ bi ˋ gie　ngie　gung　loi ˇ　iu ˇ　vog　biag ˋ
可　比　个　蟻　公　來　游　鑊　壁

iu ˇ ded ˋ　go　qiu　en ˇ　gie　fo
游　得　過，就　　　个　貨

iu ˇ m ˇ go　a ˊ me ˇ　gie　xin　miang　voi　gien　ngiam ˇ　vong ˇ
游　毋　過，阿　姆　个　性　命　會　見　閻　王

giung zii ˋ　qiu m ˇ　di ˊ gie　ngiong ˇ xin ˊ ku ˋ
降　子　就　毋　知　个　娘　辛　苦

giung　ng ˋ　zang　di ˊ gie　ngiong ˇ　nan ˇ dong ˇ
降　女　正　知　个　娘　難　當

ia ˇ ngiong ˇ　xiag ˋ　zii ˋ　qiu cong ˇ　gong ˊ　sui ˋ
爺　娘　惜　子　就　長　江　水

zii ˋ　xiong ˋ ia ˇ　ngiong ˇ qiu　mo ˇ gie　dam　gon ˊ　cong ˇ
子　想　爺　娘　就　無　个　擔　竿　長

m ˇ xin　tan　kon　qiu　ho ˇ　gong ˊ sui ˋ
毋　信　但　看　就　河　江　水

lui ˇ ha ˊ qiu　mo ˇ lui ˇ　song ˇ
流　下　就　無　流　上

zung ˋ he　tai　ga ˊ qiu　oi　zo　gie　ngin ˇ zii ˋ ng ˋ
總　係　大　家　就　愛　做　个　人　子　女

tai　ga ˊ qiu　oi　zo　gie　ngin ˇ ia ˇ　ngiong ˇ
大　家　就　愛　做　个　人　爺　娘

tang ˇ ha ˊ gie gau ˊ i ˋ qiu　lun ˇ　liu ˇ　co ˇ
廳　下　个　交　椅　就　輪　流　坐

fu　gui　lun ˇ　liu ˇ　dong ˇ
富　貴　輪　流　當

fung　kien tai ga ˇ qiu oi loi ˇ gie hang ˇ　hau　sun
奉　勸　大　家　就 愛 來　个 行　孝　順

han ˇ sang ˇ god ˋ　liau ˋ ban　gin ˇ loi ˇ　zu ˇ ngiug ˋ qiu　log oi ˇ　du ˋ
還　生　割　了　半 斤　來　豬　肉　就　落 哀　肚

dong go xi ˋ ted ˋ　mun ˇ qien ˇ loi ˇ　bai gie qiu tai　zu ˇ iong ˇ
當 過 死 忒　門　前　來　拜 个 就 大　豬　羊

zu ˇ　iong ˇ qiu ka tai　fu
豬　羊　就 較 大　副

mo ˇ　kon　do ˋ a ˇ　me ˇ qiu　zon ˋ a　loi ˇ　siid
無　看　著 阿　姆 就　轉 a　來　食

lin ˇ qien ˇ　gie go ˋ zii ˋ qiu　kien　kien　iu ˇ
靈　前　个 果　子 就　件　件　有

iu me　mo ˇ kon　a ˇ me ˇ qiu　zon ˋ a loi ˇ song ˇ
又 乜　無 看 阿　姆 就　轉 a 來　嚐

giung　do ˋ gie iu ˇ hau zii ˋ，a ˇ me ˇ qiu　iu ˇ a　mug ˋ did ˋ
降　著 个 有 孝 子，阿　姆 就　有 a　目　的

giung do ˋ gie bud ˋ hau zii ˋ
降　著 个 不 孝 子

gie vong ˋ fi li a ˇ me ˇ ia gi ˇ qiu loi ˇ fu ˋ lio loi ˇ iong ˇ na
个 枉　費 li 阿 姆 ia 佢　就 來　撫 lio 來　養 na

【平板】

oi loi ˇ ia　fung na kien loi ˇ qiu se gien ˇ ngin ˇ na
愛 來 ia 奉 na 勸　來 就 世　間　人　na

vi ˇ ngin ˇ lio zii ˋ o ng ˋ a oi hau lio xim ˇ ma
為 人 lio 子 o 女 a 愛 孝 lio 心 ma

vi ˇ ngin ˇ na zii ˋ na ng ˋ a iog sii　m ˇ hang ˇ hau a
為 人 na 子 na 女 a 若 是　毋 行 孝 a

ngiong ˋ ban ˇ io loi ˇ se na gien ˇ a　loi ˇ zo o loi ˇ ngin ˇ na
仰　般 io 來 世 na 間 a　來 做 o 來　人 na

lo ˋ tai ˊ ngai ˇ loi ˇ fung a kien ngai ˇ qiu tai ga ˊ ngin ˇ
老 弟　　　來 奉 a 勸　　　就 大 家 人

oi di ˊ lio loi ˇ fu na mu ˊ a gi ˊ gie en ˊ ngi ciim ˊ ma
愛 知 lio 來 父 na 母 a 佢 个 恩 義 深 ma

se se siid na ngiong ˇ gi ˊ gie siin ˊ song hied ˋ na
細 細 食 na 娘 佢 个 身 上 血 na

ku ˋ xim ˊ lio loi ˇ iong ˊ na tai a ded ˋ siin ˇ a ngin ˇ na
苦 心 lio 來 養 na 大 a 得 成 a 人 na

十一、連仁信〈娘親渡子〉

出　版　者：龍閣

出版日期：未註明出版年月

字　　　數：687 字

全　　　長：10 分 46 秒

【平板】

ngiong ˇ qin ˊ na loi ˇ tu na　zii ˋ ngi ˇ qiu　　ku ˋ　nan ˇ dong ˊ na
娘　　　親　na 來　渡 na　子 你　就　　苦　　難　　當 na

gien ˊ nan ˇ qiu loi ˇ xin ˊ na loi ˇ ku ˋ ua　　en ˊ　gie io loi ˇ ngiong ˇ a
艱　　難　就　來　辛　na 來　苦　ua　　　　個 io 來　娘　　a

su ˋ　qin qiu gi ˋ lio loi ˇ　do ˊ ua　li ˋ　gie hon ˇ gang ˊ　ia　na
受　　盡 就 幾　lio 來　多 ua　裡　個　寒　　更　　夜 na

ji ˊ　ji ˊ　io　loi ˇ　lag　lio　lag　a　do　tien ˊ na　loi ˇ gong ˊ na
吱　吱　io　　來　瀝　lio　瀝　a　到　天　na　來　光　na

a ˊ　me ˊ　io　loi ˇ tu　na　zii ˋ　ku ˋ iu　lio　nan ˇ　na
阿　姆　io　來　渡　na　子　苦　又　lio　難　na

ko ˋ　bi ˋ　kied　la　loi ˇ　biag ˋ a　id ˋ　ban ˇ lio　loi ˇ　ban ˊ　a
可　比　蹶　la　來　壁　a　一　　般　lio　來　般　a

iu　giang ˊ　o tu na　tai　ia　en ˊ qiu　mo ˇ　hau　sun　na
又　驚　　o 渡 na　大　ia　　就　無　孝　順　na

ham ˇ gi ˇ　qiu loi ˇ lo ˋ　ua　li ˊ　ia oi　ngiong ˋ io loi ˇ ban ˊ　na
喊　佢　就　來　老　ua　哩　ia 愛　仰　　io 來　般　na

【平板什唸子】

ngiong ˇ qin ˊ tu　zii ˋ qiu　ku ˋ ua　nan ˇ dong ˊ
娘　　　親　渡 子 就　苦　ua　難　當

gien ˊ nan ˇ　xin ˊ ku ˋ qiu　en ˊ　gie　ngiong ˇ
艱　　難　辛　苦　就　　個　娘

sam ˊ zeu ˊ　qid ˋ　ngid ˋ qiu　mo ˇ ua　nen　siid
三　朝　七　日　就　無　ua　奶　食

zeu ˊ zeu ˊ　ia　ia　sii ˇ　oi　cii　tong ˇ
朝　朝　夜　夜　斯　愛　飼　糖

a ˊ me ˊ gie du ˋ sii ˋ loi ˊ tai
阿 姆　个 肚 屎 來 大

hang ˊ lu long ˊ pong ˊ a iu long ˊ pong ˊ
行　路 閬 碰　a 又　閬 碰，

co ˊ ded ˋ go ˊ loi ˊ giang ˊ pa voi do mag zon ˋ
坐 得 高 來 驚 怕 會 倒　轉

gie co ˊ ded ˋ ai ˋ loi ˊ iu giang ˊ voi vud ˋ nui song ˊ
个 坐 得 矮 來 又 驚　會 搵 內 傷

seu ˊ gie ngai ˊ qiu m ˊ gam ˋ siid
燒 个　　就 毋 敢 食

lang ˊ gie qiu m ˊ ma gam ˋ song ˊ
冷 个　就 毋 ma 敢　嚐

siib ngied fai ˇ toi ˊ gie ngiong ˇ xin ˊ ku ˋ
十 月 懷 胎 个 娘　辛 苦

zii ˋ i ˊ qiu oi ha ˊ se
子 兒 就 愛 下 世

a ˊ me ˊ gie du ˋ sii ˋ loi ˇ tung
阿 姆　个 肚 屎 來 痛

gie ziin ˊ qiong gie li do ˊ qiu loi ˇ god ˋ du ˋ
个 眞 像 个 利 刀　就 來 割 肚

ko ˋ bi ˋ gie li jien ˋ qiu loi ˇ jien ˋ cong ˇ
可 比 个 利 剪　就 來 剪 腸

zoi hong gie tied ˋ dang ˊ qiu ngau ˊ ded ˋ ton ˊ
嘴 項 个 鐵　釘　就 咬 得 斷

giog ˋ zog ˋ gie pi ˇ hai ˇ qiu dam ˋ ded ˋ con ˊ
腳 著　个 皮 鞋　就 蹐 得 穿

tien ˊ song mo ˇ mun ˊ qiu xiong ˋ oi song ˊ
天 上 無 門　就 想 愛 上

ti ha ˊ mo ˇ mun ˇ qiu kiong ˇ oi zon
地 下 無 門　就 強 愛 鑽

iu ˊ fug ˋ zii ˊ ngin ˇ qiu loi ˇ giung zii ˋ
有 福 之 人　就 來 降 子

ded、 ngin∨ gie　　gie∕ jiu、hiong∕
得　 人　 个　 雞　酒　香；

mo∨ fug、 zii∕ ngin∨ qiu　loi∨　　giung zii、
無　福　之　人　　就　 來　　降　子

ded、 ngin∨ gie xi kuai biong∕
得　 人　　个 四　塊　枋

a∕ me∕ qiu loi∨ giung zii、
阿　姆　就　來　降　子

ko、 bi、gie ngie gung∕ loi∨　iu∨　vog biag、
可　比　个　蟻　公　　來　 游　鑊　壁

iu∨ ded、 go qiu en∕ gie fo
游　得　過，就　　　个　貨

iu∨ m∨ go a∕ me∕ gie xin miang voi gien ngiam∨ vong∨
游　毋　過，阿　姆　个　性　命　 會　見　閻　　王

giung zii、 qiu m∨ di∕ gie ngiong∨ xin∕ ku、
降　子　就　毋　知　个　娘　　辛　苦

giung ng、 zang di∕ gie ngiong∨ nan∨ dong∨
降　女　正　知　个　娘　難　當

ia∨ ngiong∨ xiong、 zii、 qiu cong∨ gong∕ sui、
爺　娘　　想　子　就　長　江　水

zii、 xiong、ia∨ ngiong∨ mo∕ gie qiu　dam gon∕ cong∨
子　想　爺　娘　無　个　就　擔　竿　長

m∨ xin　tan kon ho∨ gong∕ sui、
毋　信　但　看　河　江　水

lui∨ ha∕ qiu mo∨ lui∨ song∨
流　下　就　無　流　上

zung、he tai ga∕ qiu oi zo gie ngin∨ zii、 ng、
總　 係 大　家　就　愛　做　个　人　子　女

tai ga∕ oi zo gie ngin∨ ia∨ ngiong∨
大　家　愛　做　个　人　爺　娘

tang∕ha∕ gau∕ i、 qiu lun∨ liu∨ co∕
廳　下　交　椅　就　輪　流　坐

fu　gui　lun ˇ　liu ˇ　dong ˊ

富　貴　輪　流　當

fung　kien tai ga ˊ qiu　oi　loi ˇ　hang ˇ　hau　sun

奉　勸大家 就 愛　來　行　孝　順

han ˇ　sang ˊ god ˋ liau ˋ ban　gin ˊ loi ˇ　zu ˊ ngiug ˋ　qiu　log oi ˊ　du ˋ

還　生　割　了　半　斤 來　豬　肉　就 落哀肚

dong go xi ˋ ted ˋ mun ˇ qien ˇ loi ˇ bai　gie　qiu　tai　zu ˊ iong ˇ

當 過 死 忒 門 前 來 拜 个 就 大 豬 羊

zu ˊ　iong ˇ　qiu　ka　tai　fu

豬　羊 就 較 大 副

mo ˇ　kon　do ˋ a ˊ　me ˇ qiu　zon ˋ　na　loi ˇ　siid

無　看　著 阿 姆 就 轉 na 來　食

lin ˇ　qien ˇ　gie　go ˋ　zii ˋ qiu　kien　kien　iu ˇ

靈　前　个　果　子 就 件　件　有

iu　me　mo ˇ　kon　a ˊ　me ˇ qiu　zon ˋ na　loi ˇ　song ˇ

又 乜 無 看 阿 姆 就 轉 na 來　嚐

giung do ˋ gie　iu ˇ　hau　zii ˋ , a ˊ　me ˇ qiu　iu ˇ　mug ˋ　did ˋ

降　著 个 有 孝 子, 阿 姆 就 有 目 的

giung do ˋ gie bud ˋ hau zii ˋ

降　著 个 不 孝 子

gie　vong ˋ　fi　ni　a ˊ me ˇ ia　gi ˇ　qiu　loi ˇ　fu ˋ lio　iong ˊ na

个 枉 費 ni 阿 姆 ia 佢 就 來 撫 lio 養 na

【平板】

lo ˋ　moi　fung　na　kien　en ˊ　li ˋ　se　gien ˊ　ngin ˇ　na

老 妹 奉 na 勸 俚 世 間 人 na

vi ˇ　ngin ˇ　no　loi ˇ　zii ˋ　o　ng ˋ　a　oi　hau　uo xim ˇ　na

爲　人 no 來 子 o 女 a 愛 孝 uo 心 a

vi ˇ　ngin ˇ　no　loi ˇ zii ˋ o loi ˇ ng ˋ a　iog sii　m ˇ　hang ˇ hau　na

爲　人 no 來 子 o 來 女 a 若 是 毋 行 孝 na

ngiong ˋ　ban ˊ　se　o　gien ˊ ia　loi ˇ　zo　ngin ˇ　na

仰　般　世 o 間 ia 來 做 人 na

zai loiˇ o fung a kien tai ga ́lio nginˇ na
再 來 o 奉 a 勸 大 家 lio 人 na

oi di ́ io ia ˇ na iongˇ en ́ngi io ciim ́ma
愛 知 io 爺 na 娘 恩 義 io 深 ma

se se siid na ngiongˇ gi ́qiu siin ́song hied ˋ na
細 細 食 na 娘 佢 就 身 上 血 na

kuˋ xim ́mo iong ́na tai ia dedˋ siinˇ na nginˇ a
苦 心 mo 養 na 大 ia 得 成 na 人 a

附錄二：〈十想渡子歌〉異本舉隅

徐本，頁 151～153，約 1910～1920	何阿信，1933 年	和源活版所出版：屏東徐天有編著，1934 年	中原週刊社，第 6 集，1976 年 9 月，頁 17～18	林瀛芳集編，林新彩著
十想度子歌	拾想度子歌	十想度子歌	十想度子歌	妹姑度子歌
一想度子大功成 不成食來不成眠 閑細頭燒額又痛 淒淒唧唧燥死人	一想度子大功成 不城食來不城眠 閑細頭燒額又痛 喇喇唧唧燥死人	一想度子大功成 不成食來不成眠 閑細頭燒額又痛 淒淒唧唧燥死人	一想度子大工程 沒好食來沒好眠 最怕頭燒額又痛 吱吱喳喳嘈死人	一想度子大功辰 不成食來不成眠 還細頭燒額又痛 唧唧嘈嘈吵死人
二想度子實在難 肚飢想食手無閑 心肝想食子又叫 正知度子幹間難	二想度子實在難 肚飢想食手無閑 心肝想食子又叫 正知度子幹間難	二想度子實在難 肚飢想食手無閑 心肝想食子又叫 正知度子眞間難	二想度子實在難 肚飢想食手沒閑 心肝想食子愛乳 正知度子難又難	二想度子實在難 肚餓想食手無閒 心中想食子又叫 唔知度子按艱難
三想度子正間辛 愛知爺娘个恩情 一夜睡無半夜目 不得子大好安身	三想度子正間辛 愛知爺娘介恩情 一夜睡無半夜目 不得子大好安身	三想度子正間辛 愛知爺娘恩親情 一夜睡無半夜目 未得子大好安身	三想度子正艱辛 愛知爺娘恩義深 一夜睡沒半夜目 難得子大好安心	三想度子苦難當 屎尿冷過雪如霜 子無睡來娘無睡 一夜唔得到天光
四想度子苦難當 屎尿冷過雪如霜 子無睡來娘無睡 一夜不得一夜光	四想度子苦難當 屎尿冷過雪如霜 子無睡來娘無睡 一夜不得一夜光	四想度子苦難當 屎尿冷過雪如霜 子無睡來娘無睡 一夜未得一夜光	四想度子苦難當 眠床冷過雪同霜 子睡燥來娘睡濕 一夜唔得到天光	四想度子眞艱辛 愛知爺娘的恩情 一夜睡無三更目 唔得子大好安身
五想度子你愛知 己多辛苦度大你 長大成人無孝順 無探爺娘介心機	五想度子汝愛知 己多辛苦度大里 成人長大不孝順 無探爺娘介心機	五想度子汝愛知 己多辛苦度大汝 長大成人無孝順 無探爺娘介心機	五想度子你愛知 幾多辛苦度大你 子大唔知行孝順 浪了爺娘苦心機	五想度子汝愛知 眞多辛苦度大汝 長大成人無孝順 無睬爺娘費心機
六想度子無奈何 恐驚度大無功勞 自己完愛生男女 愛知爺娘幹水波	六想度子無奈何 恐驚度大無功勞 自已完愛生男女 愛知爺娘幹水波	六想度子無奈何 恐驚度大無功勞 自已完愛生男女 愛知爺娘眞水波	六想度子無奈何 恐怕度大無功勞 自家也愛生男女 正知爺娘個水波	六想度子念彌陀 恐驚度大無功勞 自家也愛生男女 要念爺娘苦奔波
七想度子苦難當 爺娘恩義不可亡 愛想當初姜安子 七歲送米到庵堂	七想度子苦難當 爺娘恩義不可忘 愛想當初姜安子 七歲送米到唵當	七想度子苦難當 爺娘恩義不可忘 愛想當初姜安子 七歲送米到庵堂	七想度子苦難當 人人也愛做爺娘 生子唔知娘辛苦 生女正知苦哩娘	七想度子苦難當 爺娘恩義不可忘 七歲送汝入學堂 幾多辛苦度大汝
八想度子眞可憐 做人子女愛孝心 愛想日后春光日 就愛眼前孝雙親	八想度子正可憐 做人子女愛孝心 愛想日后春光日 就愛眼前孝雙親	八想度子眞可憐 做人子女愛孝心 愛想日後春光日 就愛眼前孝双親	八想度子眞艱辛 勸子愛記爺娘情 愛想日後春光日 就愛眼前孝雙親	八想度子眞可憐 愛想爺娘的恩情 想望日後春光日 就要眼前孝雙親

九想度子久久長 爺娘功勞不可忘 自己爺娘不敬奉 不孝之人罪難當	九想度子久久長 爺娘功勞不可忘 自己爺娘不敬奉 不孝之人罪難當	九想度子久久長 爺娘功勞不可忘 自己爺娘不敬奉 不孝之人罪難當	九想度子久久長 爺娘功勞唔好忘 自己爺娘愛敬奉 不孝之人罪難當	九想度子久久長 爺娘恩義不可忘 自家爺娘不孝順 那有面子對世人
十想度子聽言因 造出詩書勸世人 書中勸人行孝順 家中和氣斗量金	十想度子听言因 造出詩書劝世人 書中劝人行孝順 家中和氣斗量金	十想度子聽言因 造出詩書勸世人 書中勸人行孝順 家中和氣斗量金	十想度子講原因 造出詩歌勸世人 歌中勸人行孝順 家中和氣斗量金	十想度子講言語 造出詩歌勸世人 詩書教人行孝順 當過世人發萬金

附錄三：中國各地〈懷胎歌〉簡易分析表

出　處	歌名	句式字數	押韻	內容結構	開端語
(1) 1993，04高國藩《敦煌民俗資料導論》，頁49	十月懷胎	334的長短句。共10句、100字、10章。	3句1組，句句押韻。10章通押。	敘述胎兒十個月在母體發育的情況： 娘懷兒啊一個月， 不見踪影， 娘懷兒啊兩個月， 沙裡澄金。 娘懷兒，三個月， 修成血塊， 娘懷兒，四個月， 才分四梢。 娘懷兒，五個月， 才分五梢。 娘懷兒，六個月， 才觸娘懷。 娘懷兒，七個月， 才分七竅， 娘懷兒，八個月， 八寶傳身。 娘懷兒，九個月， 打個轉身。 娘懷兒，十個月， 才離娘懷。 這首敦煌民謠非常重要，中國其他地區的〈十月懷胎〉大都是由此衍生的。	（定格聯章） 娘懷兒，一個月～ 娘懷兒，十個月～
(2) 1994年11月《中國民間歌曲集成北京卷》，頁728～729，懷柔縣	十月懷胎	第3、5、6章為7686長短句。其餘章為7666長短句。共40句、300字、10章。	4句1組，1、2、4句押韻，也有4句全押。鄰韻通押，組組轉韻。	敘述懷胎及生產的艱辛：常口流白沫；想吃閭薑、紅糖、核桃等。	（定格聯章） 正月懷胎正月正 十月懷胎十月整
(3) 1994年11月《中國民間歌曲集成北京卷》，頁729～730，海淀	十月懷胎	第1、4章為7567。第2章為7574。第3、5章7566。共20句、141字、5章。	4句1組，1、2、4句押韻，也有4句全押。鄰韻通押，組組轉韻。	敘述懷胎及生產的艱辛，想吃閭薑、冰糖等。	（定格聯章） 正月懷胎正月正 五月懷胎五月五
(4) 中國民間歌曲集成河北頁776～777	十月懷胎	以5675言的長短句為主，共24句、140字，分6章。	4句1組，1、2、4句押韻，也有全押的。鄰	敘述女人懷孕後胃口的變化：初期不吃不喝還口吐白沫。後來想吃冰糖、鴨梨和肉，央求丈	（定格聯章） 懷胎正月正 懷胎六月六

，石家莊市			韻通押，5、6 章同韻，其他組組轉韻。	夫去買。	
(5)中國民間歌曲集成河北頁 776～777，平山縣	懷胎	6589 的長短句，共 4 句、25 字、1 章。	4 句全押。鄰韻通押。	敘述臘月裡梅花開，少女想摘一朵來戴，又怕人瞧見。歌詞和懷胎無多大關連。	臘月裡梅花開
(6)中國民間歌曲集成河北卷頁 779～781，張北縣	懷胎	第 1 章 5676 言；第 2 章 5675 言；第 3 章 5867 言；第 4 章 5787 言。共 20 句、99 字，分 4 章。	4 句 1 組第 1、3 章是全押。第 2 章是 1、2、4 句押韻。第 4、5 章是 1、2、3 句押韻。鄰韻通押。1、4 章同韻，2、3、5 章同韻。	分 2 部分：第 1 章，敘述少女懷春欲找婆家。第 2～5 章，敘述女人結婚懷孕後胃口的變化，想吃杏乾和酸溜溜的東西，要求丈夫去幫忙買。	第 1 章奴家十七八第 2～5 章（定格聯章）懷胎正月正懷胎四月四
(7)中國民間歌曲集成河北卷頁 781～783，尚義縣	懷胎	第 1 章 578888 言；第 2 章 78887885 言；第 3 章 55785978 言；第 4 章 7585 言；第 5 章 5566 言；第 6、7 章 55338 言；第 8 章 5558 言；第 9 章 5588 言；第 10 章 57778777 言；第 11 章 5、7、6、10、6、10 言；第 12 章 778787 言。共 68 句、514 字，分 12 章。	第 6、7、9、10 章不押韻。第 1、12 章同押一韻。第 2、3、4、11 同押一韻。鄰韻通押。	分 3 部分：第 1～2 章開篇，描寫男女戀愛、成婚。第 3～11 章「懷胎」，敘述女人結婚懷孕後胃口的變化，想吃槽子糕、酸毛杏、杏乾、肥羊肉、西瓜、黑籽。第 12 章，敘述新生兒生下，親戚忙送禮，同時回姥姥家坐月子。	第 1 章奴家十七八第 2 章莫非你一男一女第 3～11 章（定格聯章）懷胎正月正懷胎九月九第 12 章大過月底還收禮
(8)中國民間歌曲集成河南卷頁 679～680，新野縣	懷胎	以 5576 的長短句為主。共 40 句、261 字、10 章。	4 句 1 組，1、2、4 句押韻，組組轉韻。	10 個聯章敘述母親懷孕後胃口的變化，想吃細牛肉、木瓜梨、水上漂。並吩咐娘家母親多養雞，以備坐月子之用。	（定格聯章）懷胎正月正懷胎十月十
(9)中國民間歌曲集成河南卷頁 680～681，宜陽縣	十月懷胎	以 5575 的長短句為主。共 32 句、228 字、8 章。	4 句 1 組，1、2、4 句押韻。鄰韻通押，組組轉韻。	分 2 部分：第 1 章開篇；2～8 章為懷胎內容：去奶奶廟拜拜，想吃酸梅杏，懷孕難過，希望丈夫自己開舖另睡。	第 1 章正月正梅花開第 2～8 章（定格聯章）懷胎～懷胎～

（10）西南少數民族文字文獻第15卷，頁502～511（白族語）	十月懷胎	7775言，無明顯的複沓形式。共116句、754字、29章。	4句1組，1、2、4句押韻。鄰韻通押，有轉韻。	分3部分：1～5章總敘述母親辛苦。6～15聯章敘述十月懷胎。16～29章敘述母親撫育孩子，送孩子上學堂，鼓勵孩子求功名的過程。	（非聯章）第1章知我說始那肯聽第8章二月懷胎地虎生最後1章樣坐善多成眼眼
（11）中國民間歌曲集成新疆卷，頁763～764，哈薩克自治縣	十月懷胎	以第1、2句5言，第3句不固定的長短句為主。每章的句數也不同，大致以三句為主。共66句、516字、19章。	聯章大都是3句式，第2、3句押韻，組組換韻。	分2部分：1～10聯章敘述十月懷胎，想吃酸杏蛋、水蘿蔔、芥末拌涼粉。11～19章敘述生產後丈夫去娘家報喜，丈人欣喜之餘，還吩咐女婿要把女兒坐月子顧好。	第1～10章（定格聯章）懷胎正月正懷胎十月十第11～19章媽媽妳出去丈夫你過來姐姐年紀幼……
（12）中國民間歌曲集成寧夏卷，頁207～212，固原縣	懷胎	長短句。前6聯章以6565言形式為主，第4句後還重複第3、4句。後12章，以雜言的2句式為主，第2句後又再重複第2句。共71句、437字、18章。	4句一組，第2、4句押韻。幾乎章章換韻。	分2部分：1～6聯章敘述十月懷胎，和敦煌民歌〈十月懷胎〉近似。7～18章敘述母親撫育孩子，送孩子上學堂，孩子唸了〈百家姓〉、〈三字經〉。孩子終於當了私塾老師教書的過程。	第1～10章（定格聯章）娘懷兒～娘懷兒～第11章為娘男兒一歲兩歲整三歲第18章包罷一層又一層
（13）中國民間歌曲集成寧夏卷，頁453，賀蘭縣	十月懷胎	以5565的長短句為主。共36句、231字、9章。	4句1組，有的是第1、2、4句押韻。有的是1、2通押，3、4通押。有的不押。	10個聯章體敘述母親懷孕想吃的東西，如酸毛杏、五花肥羊肉；以及胎兒發育情況。	1～10章（定格聯章）懷胎正月正懷胎九月九
（14）中國民間歌曲集成寧夏卷，頁204～205，靈武縣	十月懷胎	以5557的長短句為主，每章皆為男女對唱詞。共72句、481字、9章。	4句1組，有的是第1、2、4句押韻。有的是1、2通押，3、4通押。押韻自由且幾乎組組換韻。	用9個聯章體敘述母親懷孕想吃的東西：酸杏子、五花羯羊肉、水葡萄、大果子長把梨、油餅子、西瓜，而做丈夫的馬上回答說會去買。一問一答，很像臺灣的〈病子歌〉	1～9章（聯章）女懷胎正月正懷胎九月九男我的個人，聽我說分明我的個人，聽我說分明
（15）中國民間歌曲集成寧夏卷頁206，	十月懷胎	6565的長短句。共8句、40字、2章。	4句1組，第1章2、4句押韻。第2章1、	第1章，敘述媒婆進門，父母不作聲，少女很著急。第2章，敘述媒婆和父	第1～2章媒婆子進了門媒婆子來回走

			2、4 句押韻。一韻到底。	母談婚事，少女高興極了。 和「懷胎」內容無關。	
同心縣					
(16) 2000 年 12月，《中國歌謠集成寧夏卷》，頁 237～238，同心縣	十月懷胎〈五更調〉	句長雜亂無章。懷胎部份以 5675 言為主。共 72 句、476 字、18 章。	4 句 1 組。1、2、4 句押韻。也有 4 句通押的。鄰韻通押，組組轉韻。	分 3 部分： 第 1～7 章，敘述媒婆上門說親，少女急於出嫁的心情。 第 8～17 章，敘述懷胎及生產的艱辛，想吃酸杏子、水蘿蔔、羖羊肉、大果子長把梨等。 第 18 章，敘述嬰兒已生下，女婿向丈人報喜。	第 1～7 章 女娃子十七八 念了達旦尼卡罕 第 8～17 章（定格聯章） 懷胎正月正 懷胎十月十 第 18 章 娃娃離了身
(17) 2000 年 12月，《中國歌謠集成寧夏卷》，頁 238～240，同心縣	九月懷胎	句長雜亂無章，以 5676 為主。共 92 句、632 字、23 章。	4 句 1 組。1、2、4 句押韻。也有 2、4 句押，或 不 押 韻的。鄰韻通押，組組轉韻。	分 3 部分： 第 1～10 章，敘述媒婆說親，聘禮「銀子五十兩，皮鞋二十雙，黃生生的耳環子，甩給了兩皮箱」說定，終於出嫁，小姑也來鬧洞房。 第 11～19 章，敘述懷胎及生產的艱辛，想吃酸杏子、水蘿蔔、羖羊肉、熱饅頭。 第 20～23 章，敘述生產危險，婦人叫先生準備棺材。幸好孩子順利生下，產婦以「兩碗稀米湯」補身子。	第 1～10 章 樹大葉葉兒黃 頭頭兒勾著笑 第 11～19 章（定格聯章） 懷胎正月正 懷胎九月九 第 20～23 章 疼呀疼得很 棺材沒打成
(18) 中國民間歌曲集成寧夏卷頁 206，涇源縣	懷胎〈豇豆葉葉青〉	第 1 章 5567 言，第 2 章 5665 言。共 8 句、45 字、2 章。	4 句 1 組。第 1 章，1、2 句押韻，3、4 句押韻 。 第 2章，1、2、4 句押韻。有轉韻。	第 1 章，描寫少女花樣年華，媽媽許婚給婆家。 第 2 章，敘述媒婆來回穿梭，做媽媽的倒難開口聘金要多少。	第 1～2 章 豇豆葉葉青 媒婆往來走
(19) 1990 年 6月《中國民間歌曲集成山西卷》，頁 702，湘汾縣	懷胎	以 5565 言的長短句為主，在每章之後有重複第 3、4 句。共 72 句、496 字、13 章。	4 句 1 組。1、2、4 句押韻。鄰韻通押，組組轉韻。	分 2 部分： 第 1～11 章，敘述懷胎及生產的艱辛，想吃酸杏乾、豬羊肉。 第 12～13 章，敘述生產的情形：「公公你閃開，丈夫你快來，快快與奴家，叫一個生婆來。娃娃落地生，許願又許燈，這才是前一輩，積下的陰功。」	第 1～10 章（定格聯章） 臘月梅花開 懷胎十月中 第 12～13 章 公公你閃開 娃娃落地生

（20） 1990 年 6 月 《中國民間 歌曲集成山 西卷》，頁 703，臨縣	懷 胎	以 55877 言的長短 句。共 1 句、32 字、 1 章。	5 句 1 組。 2、4、5 句 押韻。	敘述懷胎的艱辛。	懷胎正月裡
（21） 中國民間歌 曲集成陝西 卷頁 256， 綏德縣	懷 胎	5567 的長短句，共 4 句、23 字、1 章。	4 句 1 組。 第 1、2、4 句押韻。	敘述住在黃河邊的少婦 初懷孕的情形。	女兒十七八
（22） 中國民間歌 曲集成陝西 卷頁 257， 洛川縣	懷 胎	5、5、10 的長短句， 共 15 句、100 字、5 章。	3 句 1 組。 第 1、4 章， 為第 1、2 句 押韻。第 2、 3、5 為 3 句 全押。鄰韻 通押。	分 2 部分： 第 1～3 章，描寫少女懷 春，媒婆來說親，聘金 未談攏，忐忑不安的心 情。 第 4～5 章，敘述少女訂 親、結婚，接著有了身 孕。	第 1～5 章 石榴葉兒青 媒婆常來走 白的稱一斤 八月許了親 懷胎正月正
（23） 中國民間歌 曲集成陝西 卷頁 1237， 商南縣	十 月 懷 胎	5 言 4 句，第 4 句後 再重複第 5 句。共 5 句、25 字、1 章。	4 句 1 組。4 句全押，鄰 韻通押。	敘述少女結婚，接著即 有了身孕。	懷胎正月正
（24） 中國民間歌 曲集成陝西 卷》，頁 753 ～754，鳳縣	十 月 懷 胎	原為 5 言 4 句，因第 4 句後重複唱 3、4 句，形成 5 言 6 句的 句型。共 96 句、480 字、16 章。	4 句 1 組， 組組轉韻， 鄰韻通押。	分 3 部分： 1～2 章描寫少女待嫁心 情。 3～12 章描寫十月懷 胎：進廟求神保佑，想 吃酸杏。 13～16 章描寫生產時祈 求神明，以及產後向娘 家報喜的情形。	第 1～2 章 豇豆葉兒青 十月說成親 第 3～12 章（聯章） 懷胎正月正 懷胎十月整 第 13～16 章 婆娘妳出去 表兒揭三張 雞蛋打一雙 三步並兩步
（25） 中國民間歌 曲集成陝西 卷頁 1235～ 1236，安康 市	十 月 懷 胎	原為 5 言 4 句，後兩 句重複唱，即便成 5 言 6 句。共 72 句、330 字、12 章。	4 句 1 組， 組組轉韻， 鄰韻通押。	分 3 部分： 第 1 章開篇。 2～11 章描寫懷胎，想 吃酸梅，並吩咐媽媽多 養雞。 第 12 章結尾，敘述母親 剛生下娃兒，以蛋花湯 補身子。	第 1 章 臘月花兒開 第 2～11 章 （定格聯章） 懷胎正月正 懷胎十月十
（26） 中國民間歌 曲集成湖南 卷，頁 343	十 月 懷 胎	7 言 4 句，第 5 句乃 固定的增句「南無阿 彌陀佛」。共 75 句、 525 字、15 章。	4 句 1 組， 常轉韻，鄰 韻通押。	分 3 部分： 第 1 章開篇。 2～11 章懷胎。 第 12～15 章結尾，描寫	第 1 章 我乃靈山問世僧 第 2～11 章（定格 聯章）

				生產、許願，對新生兒的期望。「銀牙咬得鐵絲斷，雙腳推開地獄門」和〈懷胎寶卷〉及贛南〈十月懷胎〉有關。又嬰兒剛生下要洗「香湯水」出自敦煌民俗。「養女要學秦氏女，養兒要學目連僧」，也為後代說唱所引用。	一月懷胎在娘身 十月懷胎一年整 第12～15章 銀牙咬得鐵絲斷 一許武當香一柱 唯有心願許完了 洗了送在娘懷裡
～344，應城縣					
（27）中國民間歌曲集成湖南卷頁1074～1075，華容縣	十月懷胎	7言4句，共10個聯章，40句、280字、10章。	4句1組，鄰韻通押，一韻到底。	10個聯章都是懷胎內容，想吃酸桃、酸果、胡椒湯。其中「羅裙不敢緊纏身」、嬰兒在肚「抓娘肝膽痛娘心」和臺灣之〈娘親渡子〉有關。	（定格聯章）一月懷胎在娘身 十月懷胎在娘身
（28）中國民間歌曲集成湖南卷頁643，臨湘縣	十月懷胎	以5565的長短句為主，但是在第4句之後加增句「三嫂子」以及重複3、4句，就成為雜言7句形式。共70句、419字、10章。	四句1組，鄰韻通押，組組轉韻。	10個聯章依序描寫懷胎生理變化與不便，想吃辣蘿蔔、雞、羊肉。交待爸媽多養雞，並要求老公另開舖歇。求神拜佛，生下嬰兒全家歡欣鼓舞。	（定格聯章）懷胎正月正 懷胎十月十
（29）中國民間歌曲集成湖南卷，頁662～663，桑植縣	十月懷胎	5、12、5、12言的長短句。共40句、340字、10章。	4句1組，鄰韻通押，組組轉韻。	10個聯章依序描寫懷胎生理變化與不便，交待爸媽多養雞，求神拜佛，生下嬰兒全家歡欣鼓舞。	（定格聯章）懷胎正月正 懷胎十月十
（30）中國民間歌曲集成湖南卷，頁662～663，津市市	十月懷胎	59537的長短句。共50句、290字、10章。	4句1組，鄰韻通押，組組轉韻。	10個聯章依序描寫懷胎生理變化與不便以及生產的痛楚。許多詞句，如「四肢無力腳癱軟」、「兒在腹中吃娘血」、「面浮臉腫不像樣」、「伸腳伸手痛難忍」、「娘奔死來兒奔生」和贛南喪俗歌相似。	（定格聯章）懷胎正月正 懷胎十月十
（31）中國民間歌曲集成湖南卷頁917，永興縣	十月懷胎	第3章為577言。第7章為557言。其餘為555的齊言。共30句、189字、10章。	3句1組，大都是2、3句押韻，也有3句全押。鄰韻通押，組組轉韻。	10個聯章依序描寫懷胎生理變化與不便以及生產前的準備工作：雞、鴨、甜酒。	（定格聯章）懷胎正月正 懷胎十月十

(32) 1999 年 7 月，中國歌 謠集成湖南 卷，頁467， 永興縣	懷胎 歌	7言4句的整齊句。 共40句、280字、10 章。	4句1組。 1、2、4句 押韻。鄰韻 通押。	敘述懷胎及生產的艱 辛，想吃楊梅、醋、薑、 鯉魚、雞湯。	（定格聯章） 正月懷胎正月正 十月懷胎正當生
(33) 1994 年 10 月，中國民 間歌曲集成 湖南卷頁 861，桃源縣	十 月 懷 胎	第1、2、8章為7、5、 10言。其餘為757 言。共30句、228字、 10章。	3句1組， 大都是2、3 句押韻，也 有 3 句全 押。鄰韻通 押，組組轉 韻。	10個聯章依序描寫懷胎 生理變化與不便，想吃 酸的。以及生產前的準 備工作，如多養點雞。 生產時胎兒好似「鯉魚 跳龍門」，家人一則以 喜，一則以憂。	（定格聯章） 正月懷胎正月正 十月懷胎十月正
(34) 中國民間歌 曲集成湖南 卷，頁829， 祁陽縣	十 月 懷 胎	第1、5章為557言。 第2、3、4、7、9、 10章為559言。第6 章為5、5、10言。第 8章為5、5、11言。 每章第三句後加「五 嫂嫂」或「二嫂嫂」 增句，以及重複唱第 三句，就形成雜言五 句形式。共50句、361 字、10章。	3句1組， 大都是2、3 句押韻，也 有 3 句全 押。鄰韻通 押，組組轉 韻。	10個聯章依序描寫懷胎 生理變化，想吃鰍魚煮 豆腐。又吩咐爹娘多養 雞。以及生產前祈求廟 公廟婆保佑的情形。	（定格聯章） 懷胎正月正 懷胎十月十
(35) 中國民間歌 曲集成湖南 卷頁 795， 冷江市	十 月 懷 胎	559言的長短句。共 30句、190字、10章。	3句1組， 大都是2、3 句押韻或 1、2句押 韻，也有3 句全押。鄰 韻通押，組 組轉韻。	10個聯章依序描寫懷胎 時想吃楊梅。又吩咐爹 娘多養雞和鴨。又去拜 菩薩，希望生產順利。	（定格聯章） 懷胎正月正 懷胎十月十
(36) 中國民間歌 曲集成湖南 卷頁 601～ 602，邵陽縣	十 月 懷 胎	第1、2、6、8、10章 為5、5、10言。其餘 為559言。每章第三 句後加增句「叫一聲 乾哥哥，叫一聲王媽 媽」以及重複第三 句，形成雜言六句 式。共60句、420字、 10章	3句1組，3 句全押。鄰 韻通押，組 組轉韻。	10個聯章依序描寫懷胎 生理變化與不便。想吃 楊梅。並吩咐爹娘多養 雞少養鴨。丈夫最好另 睡他房且早為新生兒準 備新衣裳。	（定格聯章） 懷胎正月正 懷胎十月足
(37) 中國民間歌 曲集成福建 卷頁 978～ 979，龍溪縣	十 月 懷 胎	以5言4句的10個聯 章為基調，但是每章 皆把第 4 句再唱一 遍，形成5言5句。 共60句、369字、12 章。	押韻自由， 大都是1、 2、4句押 韻，章章換 韻。有的甚 至不押韻。	分2部分： 前 10 章敘述母親懷孕 的生理變化及辛苦，想 吃楊梅。 後 2 章，敘述生產時當 丈夫、婆婆的忙著進房	第1～10章（定格 聯章） 懷胎正月正 懷胎九月九 11、12章 丈夫請來看

				看是生男嬰還是女嬰？並欲爲嬰兒取個好名字	婆婆快進房
(38)中國民間歌曲集成福建卷，頁1189，松溪縣	十月懷胎	七言四句，共44句、308字、11章。	押韻自由，大都是二、四句押韻，章章換韻。有的甚至不押韻。	分2部分：前10聯章敘述母親懷孕、生產的辛苦，如想吃楊梅。又「八幅羅裙銅鞍帶」、「懷胎娘子面皮黃」、「牙齒咬得鐵釘斷，雙腳踩得地皮穿」等歌詞，和陳火添〈十月懷胎〉、〈娘親渡子勸世文〉的內容有關。第11章，描寫生下嬰兒時，丈夫和公公欣喜之情。	第1～10章（定格聯章）正月懷胎一露水十月懷胎月中滿第11章生下兒來叫二聲
(39)中國民間歌曲集成福建卷頁612～613，漳浦縣	十月懷胎〈洗佛歌〉	第1、3、6章786言。第2、4章776言。第5、7章5、10、6言。第8章9、10、6言。第三句皆是「阿彌佛阿彌佛」，共24句、174字、8章。	押韻自由，大都是1、2句押韻，章章換韻。有的甚至不押韻。	前2章勸孝；後6聯章敘述嬰兒十月成長、生產的情形。	第1章靈山和尚成迦尊第3～8章（定格聯章）一月懷胎如露水懷胎但看十個月內滿
(40)2000年12月，聶德仁〈淺談建寧道教〉，楊彥杰主編《閩西北的民俗宗教與社會》，頁370	十月懷胎	7言4句的整齊句。共56句、392字、14章。	4句1組。1、2、4句押韻，也有4句全押的。鄰韻通押，組組轉韻。	分3部分：第1～5章，敘述胎兒在母體內的發育及母親懷孕的艱辛。第6～9章，敘述生產、撫育的過程。第10～14章，主要在勸孝。	第1～5章（定格聯章）正月懷胎如露水十月懷胎將將滿第6～9章一陣痛來一陣死第10～14章媳婦歸來半個月
(41)中國民間歌曲集成江西卷頁1388～1391，南康縣	十月懷胎	本爲7言4句的整齊句，但是每句第1、3句後固定加「叫娘親」；第2、4句後加「叫娘親報娘恩呀」的增句，於是形成長短的8句式。共80句、645字、11章。	押韻自由，大都是1、2、4句押韻，章章換韻。有的甚至不押韻。	第1章爲開篇；2至11章爲懷胎，敘述母親懷孕的生理變化及辛苦，如想吃酸醋、楊梅、牛肉炒子薑、閹雞湯等。「手拿芒掃懶掃地」、「八幅羅裙長安帶」、「頭陣痛來平平過，二陣痛來苦難當」，和陳火添〈十月懷胎〉、〈娘親渡子勸世文〉的內容有關。每章都富有濃厚的報娘恩思想。	第1章盤古分天至如今2～11章（聯章）正月懷胎蒙露生十月懷胎是立多
(42)中國民間歌曲集成江西	懷胎歌	7言4句的整齊句。但是在第2句後加「生流水」，第4句後	押韻自由，4句1組，有的甚至不押	全爲十月懷胎內容，如想吃楊梅、枇杷。又「低頭容易抬頭難」、「羅裙	（定格聯章）正月懷胎如露水十月懷胎當月落

卷》，頁1280 ～1281，寧 都縣		加「有情我的哥，荷花生流水那個彎山流水轉」，即形成雜言10句。共100句、783字、10個聯章。	韻。鄰韻通押。組組轉韻。	不敢緊緊繫身」、「牙齒咬得鐵釘斷，花鞋踩得地頭穿」等歌詞，和陳火添〈十月懷胎〉、〈娘親渡子勸世文〉的內容有關。	
(43) 2002 年 10月，彭月生〈石上鎮的墟市、寺廟與民間風俗〉，收錄劉勁峰主編《寧都縣的宗教、廟會與經濟》，頁191～193	十月懷胎歌	7 言 4 句的整齊句，在每章之後有「荷花成流水喲，萬山流水轉。」增句。共60句、420字、10章。	4 句 1 組。1、2、4 句押韻。鄰韻通押，組組轉韻。	敘述懷胎及生產的艱辛，「心中只想酸辣充」、「一心只想楊梅嚐」、「牙齒咬得鐵釘斷」和〈娘親渡子〉內容有關。	第1章～10章（定格聯章）正月懷胎一露水十月懷胎月已滿
(44) 中國民間歌曲集成江西卷，頁 553 ～555，崇仁縣	十月懷胎	第 1、2、3、5 為 737 言。第 4 為 739 言。第 7 章為 7、3、10 言。其餘為 738 言。但是每章第 3 句固定加「叫聲我的夫」以及重複第 3 句，即形成雜言 5 句。共50句、354 字、10 章。	3 句 1 組，句句押韻，鄰韻通押，組組轉韻。	敘述母親懷孕十個月的生理變化及辛苦：三餐茶飯並兩餐；想吃梅子、杏子。	（定格聯章）正月懷胎正月春十月懷胎十月整
(45) 中國民間歌曲集成江西卷，頁 1173 ～1174，遂川縣	懷胎歌	7 言 4 句的整齊句，共40句、280 字、10 章。	4 句 1 組，大都是 1、2、4 句押韻。鄰韻通押、組組轉韻。	敘述母親懷孕十個月的生理變化及辛苦，三餐茶飯不想吃，只想吃楊梅。其它句子如：「八幅羅裙長安帶，緊繫腰間好育生」以及「左手翻娘肚內腸，右手扯娘肚內肝」和陳火添〈十月懷胎〉、〈娘親渡子勸世文〉的內容有關。	（定格聯章）正月懷胎如露水十月懷胎重如山
(46) 2005 年 2 月，郭贛生〈遂川城廂的婚喪習俗與遺風雜俗〉，收錄劉勁峰、耿艷鵬《吉安市的宗教、經濟與文化》，頁512～515	懷胎歌〈節選〉	7 言 4 句的整齊句。共84句、588 字、21 章。	4 句 1 組。1、2、4 句押韻。鄰韻通押，組組轉韻。	分 4 部分：第 1 章，為開篇，說明報恩經的作用。第 2～11 章，敘述懷胎及生產的艱辛，「只思楊梅口中酸」、「八幅羅裙去安帶」、「左手翻娘心中腸，右手翻娘肚內肝」等和〈娘親渡子〉內容有關。第 12～17 章，敘述生產、撫育的辛苦，如「牙	第1章昔日唐僧去取經第2～11章正月懷胎如露水十月懷胎十月滿第12～17章一陣痛來一陣苦第18～21章看我今晚堂中坐三殿官女血湖罪

				齒咬得鐵釘斷，兩足踏得地皮穿」、「日裏抱兒猶自可，夜裏抱兒苦更深。左邊溫去右邊轉，右邊溫去冷冰冰。若是兩邊都濕了，抱兒胸前到天明。」和〈娘親渡子〉內容有關。 第18～21章爲勸孝。後面還附〈苦楚經〉，是其特殊之處。	
(47) 1998 年 12月，姚榮滔〈興國縣的跳覡風俗〉，收入羅勇、林曉平《贛南廟會與民俗》，頁157～158	十月懷胎	7言4句的整齊句。共88句、616字、22章。	4句1組。1、2、4句押韻，也有4句全押的。鄰韻通押，組組轉韻。	分3部分： 第1～10章，敘述胎兒在母體內的發育及母親懷孕的艱辛，想吃楊梅等。 第11～18章，敘述生產、撫育的不易，如：「孩兒在身團團轉，如同利刀扎心肝；牙齒咬得鐵釘斷，雙腳踏得地皮穿。娘親呼天天不應，娘親喊地地不靈；閻王面前隔重紙，地獄之間隔扇門。」、「十月懷胎娘辛苦，多年哺育更艱辛；左邊燥蓆孩兒睡，右邊濕蓆母安身。一日吃娘三次奶，三日吃娘幾次漿；點點吃娘心頭血，未曾年老面皮黃。」和〈娘親渡子〉有直接關聯。 第19～22章，主要在勸孝。「養崽不知娘辛苦，養女曉得娘恩情；父母在世不孝敬，死後啼哭哄鬼神。……子女若是不孝順，活在世間枉爲人；若是爲人有教（孝）道，子孫發達萬事興。」和後世勸世山歌等也有關聯。	第1～10章（定格聯章） 正月懷胎～ 十月懷胎～ 第11～18章 孩兒在身團團轉 第19～22章 養崽不知娘辛苦
(48) 1990 年 6月，高國藩《敦煌民俗與民俗流變——中國民	十月懷胎	7言4句的整齊句。共54句、378字、14章。	4句1組。1、2、4句押韻。鄰韻通押，組組轉韻。	分2部分： 第1～10章，敘述胎兒在母體內的發育及母親懷孕的艱辛，也想吃仙桃、石榴、菊花酒等。 第11～14章，敘述生產、撫育的不易，如：「不	第1～10章（定格聯章） 正月裡懷胎～ 十月裡懷胎～ 第11～14章 肚子連痛四五陣 人家都說養兒好

俗探微》，頁443～444，江蘇句容茅山蔣家莊				當家不知柴米貴，不養兒不知報娘恩。打開冰凍洗屎布，十指冰得血淋淋。把兒擺在床裏邊睡，裏邊睡得濕淋淋，把兒擺在娘身上睡，爲娘帶兒要當心。」等詞句，和其他唱本有類似之處。	
（49）中國民間歌曲集成浙江卷，頁428，慶元縣	十月懷胎	5言4句的整齊句。共4句、20字、1章。	4句1組。句句押韻。	描寫婦人有孕在身，丈夫卻漂洋過海去，不在身邊。婦人對丈夫的愛情矢志不移。	懷胎正月正
（50）中國民間歌曲集成浙江卷，頁560～561，嵊縣	十月懷胎【宣卷調】	7736的長短句，第3句爲「南无佛」，第4句爲「南无阿彌陀佛」。共6句、46字、2章。	4句1組。1、2、4句押韻。兩章同韻。	描寫十月懷胎辛苦，父母恩情不可丢。孝順父母勝過到靈山去拜佛。	第1～2章十月懷胎勸英豪父母可比靈山佛
（51）1995年12月，《中國歌謠集成浙江卷》，頁320～321，安吉縣	十月懷胎歌【寶卷調】	7言4句的整齊句。共41句、287字、11章。	4句1組。1、2、4句押韻。鄰韻通押，組組轉韻。	分2部份第1～10章，敘述懷胎的艱辛：茶不思來飯不吃，只吃桃李過時辰。第11章，敘述生產的危險：娘在房中叫肚痛。牙齒咬斷青絲髮，雙腳蹬開地獄門。陰陽如隔一張紙，娘奔死來兒奔生。孩兒出世聲聲哭，娘才漸漸還了魂。	第1～10章（定格聯章）一月懷胎在娘身十月懷胎在娘身第11章陰陽如隔一張紙
（52）2006年8月，蘇桂〈陽山縣黃坌傳統社會與寺廟〉，收錄譚偉倫、曾漢祥主編《陽山、連山、連南的傳統社會與民俗·下》，頁451～454	十月懷胎經	7言4句的整齊句。共114句、798字、29章。	4句1組。1、2、4句押韻。鄰韻通押，組組轉韻。	分3部分：第1～10章，敘述懷胎及生產的艱辛，「只思果子口中嚼」、「八幅羅裙長續帶」、「左手翻娘心中腸，右手翻娘肚內肝」等和〈娘親渡子〉內容有關。第11～20章，敘述生產、撫育的辛苦，如「牙齒咬得鐵釘斷，腳底磨得鐵皮穿」、「一日吮娘三度乳，三日食娘九度漿。口口吃娘身上血，點點吃娘身上漿。娘乳	第1～10章（定格聯章）正月懷胎成水露十月懷胎月足滿第11～20章牙齒咬得鐵釘斷第21～29章早早請媒定媳婦行孝目蓮大尊者

				不是長流水，不是深山樹木漿。生男不知娘辛苦，養女方知父母恩。」、「冬天雪水洗兒裙。洗淨衣裳歸家裏，冷得娘手似薑。夜晚抱兒床上睡，胸中吃乳不離身。三更半夜賴屎尿，屎床尿蓆不能乾，爲子爲女眠濕蓆，濕床濕蓆母安身，將兒安在乾處睡，母親眠在濕床，若是兩處都濕盡，雙手扶兒肚上安。養得孩兒成長大，送入學堂習文章。早早請媒定媳婦，又恐年老難定親。」和〈娘親渡子〉內容有關。第21～29章爲勸孝。後面還附7言4句、18章的〈目蓮經〉，是其特殊之處。	
(53)2002年2月，楊民生〈梅遼客家人文習俗〉，譚偉倫主編《樂昌縣的傳統經濟、宗教與宗教文化》，頁216～217	十月懷胎	7言4句的整齊句。共72句、504字、18章。	4句1組。1、2、4句押韻。鄰韻通押，組組轉韻。	分2部分：第1～8章，「孝順之人生孝子，忤逆之人生逆兒」勸孝，類似《血盆經》。第9～18章，敘述懷胎及生產的艱辛。「八幅羅裙長安帶……左手如抓娘心肺，右手如抓娘心肝……呼娘上天天無路，喊爹下地地無門。」等和〈娘親渡子〉內容有關。後面還附7言22句的〈西方經〉，是其特殊之處。	第1～8章昔日唐僧去取經第9～18章正月懷胎如露水十月懷胎兒當生
(54)中國民間歌曲集成貴州卷，頁162～163，獨山縣	懷胎調	第1章7597言；第2章7588言。共8句、56字、2章。	4句1組。4句全押韻。有換韻。	第1章，敘述新入門的少婦，仍未確定是否懷孕的心情。第1章，敘述少婦確定已懷孕時，反而覺得不好意思。	第1～2章懷胎一個正月正懷胎一個二月多
(55)1921年，張進科抄本（新竹關西林德富提供）（客語）	十月懷胎	分2組，第1組爲7言4句，共44句、308字、11章。第2組前10章爲7言1句，共10句、70字、10章；後爲7言4句共8句	4句1組。1、2、4句押韻，也有全押的。鄰韻通押，5、6章同韻，	包括2組〈十月懷胎〉內容。第1組，敘述女人懷孕後胃口的變化，如想吃楊梅等。又「懷胎娘面皮黃」、「口中咬得鐵	第1組正月懷胎～十月懷胎～孩兒落地叫三聲第2組正月懷胎～

		、56 字、2 章。	其他組組轉韻。	釘斷、腳穿繡鞋踏得穿」皆和後來的〈娘親渡子〉有關。第 2 組，前 10 章在敘述胎兒在母親肚裡的發育。後 8 句主要在勸孝：「人生不知行孝順，枉費世上來做人；忠孝兩事不記念，黃金堆棟也閑情」常為後來的勸世山歌引用。	十月懷胎～懷胎舟看十月滿
(56) 1954、1958 年，陳火添〈拾月懷胎〉新竹，竹林書局（客語）	拾月懷胎	分 2 組，第 1 組為 7 言 4 句，共 44 句、308 字、11 章。第 2 組前 10 章為 7 言 1 句，共 10 句、70 字、10 章；後為 7 言 4 句共 8 句、56 字、2 章。	4 句 1 組，1、2、4 句押韻，也有全押的。鄰韻通押，5、6 章同韻，其他組組轉韻。	包括 2 組〈十月懷胎〉內容。第 1 組，敘述女人懷孕後胃口的變化，如想吃楊梅等。又「懷胎娘娘面皮黃」、「口中咬得鐵釘斷、腳穿繡鞋踏得穿」皆和後來的〈娘親渡子〉有關。第 2 組，前 10 章在敘述胎兒在母親肚裡的發育。後 8 句主要在勸孝：「人生不知行孝順，枉費世上來做人；忠孝兩事不記念，黃金堆棟也閑情」常為後來的勸世山歌引用。	第 1 組 正月懷胎～十月懷胎～孩兒落地叫三聲 第 2 組 正月懷胎～十月懷胎～懷胎舟看十月滿
(57) 1969 年，客家歌謠專輯第三集，頁 39～40（客語）	十月懷胎	7 言 4 句的整齊句。共 44 句、308 字、11 章。	4 句 1 組，1、2、4 句押韻，也有全押的。鄰韻通押，組組轉韻。	敘述女人懷孕後胃口的變化，如想吃楊梅等。又「懷胎娘娘面皮黃」、「口中咬得硬鐵斷、腳穿繡鞋都著穿」皆和後來的〈娘親渡子〉有關。	第 1～10 章（定格聯章）正月懷胎～十月懷胎～第 11 章 孩兒落地叫三聲
(58) 1993，8 月賴碧霞《台灣客家民謠薪傳》，頁 92～93	懷胎	五言 4 句的整齊句。共 40 句、200 字、10 章。	4 句 1 組，1、2、4 句押韻。鄰韻通押，組組轉韻。	敘述女人懷孕後胃口的變化，如想吃楊梅鳳梨、麻豆文旦柚等。	（定格聯章）懷胎喜歡歡懷胎十月中
(59) 2010、10、5 日電話訪問雷紹均道士（客語）	十月懷胎	第 6、9 章為 9 言 1 句，其餘為 7 言 1 句。每句後加「彌陀佛」。共 10 句、106 字、10 章。	10 句 1 組。鄰韻通押，組組轉韻。	敘述胎兒在娘胎十月發育的情形。	第 1～10 章（定格聯章）正月懷胎一點紅十月懷胎脫娘身
(60) 1921 年，片崗巖著，陳	僧侶歌	每章 1 句，雜言式的聯章。共 37 句、330 字、20 章。	第 1～10 章一起押韻，鄰韻通押。	分 2 部分：第 1～10 章，描寫胎兒在母體發育的過程。	第 1～10 章 正月的懷胎來十月懷胎都脫娘身

金田譯《臺灣風俗誌》，頁281～283（閩南語）			又第 12、13、14、15 通押，其餘不押韻。	第 11～20 章，描寫撫育、教育的過程：一歲二歲手裡抱，三歲四歲土腳四過趖，五歲六歲都能去迌迌，七歲八歲送伊去落學。九歲十歲知人事，十一、十二、十三、十四讀冊考校成舉人，十五、十六中進士，十七、十八娶新婦。	第 11～20 章 一歲二歲都手裡抱 十七、十八娶新婦
(61) 1989 年 9 版，不註撰人，新竹市竹林書局，頁 1～3，收錄楊士賢《臺灣的喪葬法事——以花蓮縣閩南釋教系統之冥路法事爲例》（閩南語）	十月懷胎〈十月花胎〉	7 言 4 句的整齊句。共 142 句、994 字、36 章。	4 句 1 組。1、2、4 句押韻，也有全押的。鄰韻通押，組組轉韻。	分 4 部分：第 1～10 章敘述胎兒在母體內的發育。第 11～15 章敘述生產情況。第 16～23 章敘述撫育及教育的情形：「一歲二歲手裡抱，三歲四歲土腳趖……九歲十歲教針黹，十一十二學做衫，十三十四學煮荣，十五十六卜返大，十七十八做親戚」等。第 24～36 章勸孝。	第 1～10 章（定格聯章）一月花胎龍眼大 十月花胎苦年代 第 11～15 章 摸著查埔講有秧 第 16～23 章 歡喜有了袂曉講 第 24～36 章 去那有緣得人痛
(62)《俗文學叢刊》，頁 518～519。收 F-014-7《中國俗曲總目稿》377 頁。（閩南語）	十月懷胎	7 言 4 句的整齊句。共 40 句、280 字、10 章。	4 句 1 組。1、2、4 句押韻。鄰韻通押，組組轉韻。	敘述胎兒在母體內的發育及母親懷孕的艱辛。	（定格聯章）一个月日懷胎雨露朱（珠）十个月日懷胎已週全
(63) 上海協成書局《新編時調大觀·49集》	新編十月懷胎	分 3 部分：第 1 部分爲長短句、共 8 句、81 字、不分章。第 2 部分以 10、10、9、9 的長短句爲主，共 36 句、406 字、9 個聯章。第 3 部爲長短句，共 12 句、112 字、不分章。	4 句 1 組。1、2、4 句押韻。鄰韻通押，一韻到底。	分 3 部分：第 1 部分爲開篇，不分章，總敘母親恩情昊天罔極，應感恩圖報。第 2 部分爲 9 個聯章，敘述母親懷孕的辛苦。「養下了男孩兒公婆多歡喜，養下了女孩兒多是別人家的人。」有重男輕女觀念。第 3 部分敘述生產情況，不分章。「臨養之時九死一生，渾身好比山崩並地裂，眼前好比地獄門」，丈夫忙著燒香，祈求母子平安。	第 1 部分 人乃天地配三才 第 2 部分 一个月懷胎，懷在娘的身 九个月懷胎，懷在娘的身 第 3 部分 十月懷胎要降生

附錄四：標音體例

　　本論文標音以臺灣客語拼方案的四縣腔為主。為了讓讀者對臺灣客語次方言，如四縣、海陸、大埔、饒平、詔安之聲、韻、調有更清晰的了解，茲將〈臺灣客家語拼音方案〉〔註1〕引錄於後：

表一：客家語聲母、韻母對照表

客　家　語　拼　音					注音符號	例　　　字		
四縣	海陸	大埔	饒平	詔安				
b	b	b	b	b	ㄅ	－a 巴霸	－i 埤比	－u　補
p	p	p	p	p	ㄆ	－a 划怕	－i 被備	－u 舖部
m	m	m	m	m	ㄇ	－a 馬麻	－i 迷米	－u 模墓
f	f	f	f	f	ㄈ	－a 花化	－i／ui 非	－u 夫胡
v	v	v	v	v（*bb）	万	－ong 黃旺	－i／ui－畏	－u 烏舞
d	d	d	d	d	ㄉ	－a 打	－i 知抵	－u 都肚
t	t	t	t	t	ㄊ	－a 他	－i 第提	－u 土途
n	n	n	n	n	ㄋ	－a 拿那	－i 尼宜	－u 奴努
l	l	l	l	l	ㄌ	－a 拉罅	－i 里梨	－u 鹵路
g	g	g	g	g	ㄍ	－a 加價	－i 居己	－u 姑古
k	k	k	k	k	ㄎ	－a 卡	－i 企其	－u 枯庫
ng	ng	ng	ng	ng	π	－a 牙雅	－i 議汝	－oi 外呆
*ngi	*ngi	*ngi	*ngi	*ngi	π丨	－a 惹	－u 牛扭	－ab 業
h	h	h	h	h	ㄏ	－a 哈暇	－i 希許	－o 耗好
j					ㄐ	－ia 借嗟	－iu 酒	－iab 接
	zi	zi	zi	zi	ㄗ丨	－ia 借嗟	－u 酒	－ab 接
q					ㄑ	－ia 謝斜	－iu 秋	－iab 妾捷
	ci	ci	ci	ci	ㄘ丨	－ia 謝斜	－u 秋	－ab 妾捷
x					ㄒ	－ia 斜寫	－iu 修	－iab 洩

〔註1〕引錄自黃玉振：《客語能力認證基本詞彙——中級、中高級暨語料選粹（上冊、四縣腔）》（臺北：行政院客家委員會，2009年7月），頁14～17編輯說明。其原始資料出處是教育部國語推行委員會之「臺灣客家語拼音方案」。

	si	si	si	si	ㄙㄧ	-a 斜寫	-u 修	-ab 洩
	zh	zh	zh	zh	ㄓ	-a 遮者	-i 紙製	-iu 周晝
	ch	ch	ch	ch	ㄔ	-a 車扯	-i 癡齒	-iu 抽臭
	sh	sh	sh	sh	ㄕ	-a 舍蛇	-i 屍時	-iu 收手
	rh	rh	rh	rh	ㄖ	-a 野也	-i 衣椅	-iu 有油
z	z	z	z	z	ㄗ	-a 楂詐	-o 糟	-u 租祖
c	c	c	c	c	ㄘ	-a 差查	-o 坐	-u 粗楚
s	s	s	s	s	ㄙ	-a 砂儕	-o 簑	-u 蘇素
						-an 恁	-en 恩	-on 安
				*nn		iau- 么	pi 鼻	kai-
ii	ii	ii	ii	*ii	ㆨ	z- 資子	c- 次詞	s- 私士
i	i	i	i	i	ㄧ	d- 知啻	g- 居佢	k- 企其
e	e	e	e	e	ㄝ	m- 姆	h- 係	s- 細
				*ee		n-n 黏乳	l-u 廖料	t-u 跳挑
a	a	a	a	a	ㄚ	b- 爸把	m- 媽罵	d- 打
o	o	o	o	o (*oo)	ㄛ	g- 哥高	s- 嫂掃	d- 多倒
u	u	u	u	u	ㄨ	d- 都肚	t- 涂度	f- 呼腐
ie	ie	ie	ie	ie	ㄧㄝ	g- 計解	k- 契乞	ng- 蟻艾
eu	eu	eu	eu	eu	ㄝㄨ	φ- 歐漚	d- 斗鬥	h- 侯候
ieu	ieu	ieu	ieu	ieu	ㄧㄝㄨ	g- 鉤溝	k- 籠扣	ng- 偶藕
ia	ia	ia	ia	ia	ㄧㄚ	d- 蹀	p- 掰	ng- 惹
ua	ua	ua	ua	ua	ㄨㄚ	g- 瓜掛	k- 誇	*ng- 瓦
ai	ai	ai	ai	ai	ㄞ	z- 災債	c- 採猜	s- 曬徙
uai	uai	uai	uai	uai	ㄨㄞ	g- 乖怪	k- 快	
au	au	au	au	au	ㄠ	b- 包豹	p- 跑刨	m- 矛貌
iau	iau	iau	iau	iau	ㄧㄠ	φ- 枵	h- 曉	g- 攪
io	io	io	io	io	ㄧㄛ	k- 瘸	ng- 揉	h- 靴
oi	oi	oi	oi	oi	ㄛㄧ	b- 背	p- 賠	m- 妹
ioi	ioi	ioi			ㄧㄛㄧ	c- 脆(海)	k- 癢 （四、大）	
iu	iu	iu	iu	iu	ㄧㄨ	d- 丟	l- 流柳	g- 久救

ui	ui	ui	ui	ui	ㄨㄧ	g－鬼貴	d－追	l－類雷
iui						φ睿銳		
ue	ue	ue	ue	ue		k－□		
iim					(上)ㄇ	z－斟枕	c－深沉	s－沈甚
im	im	im	im	im	ㄧㄇ	g－金	k－欽	h－歆
em	em	em	em	em	ㄝㄇ	z－砧	c－岑	s－森蔘
*iem	*iem	*iem	*iem	*iem	ㄧㄝㄇ	g－□	k－□	h－□
am	am	am	am	am	ㄚㄇ	f－范凡	d－擔膽	l－藍覽
iam	iam	iam	iam	iam	(上)ㄚㄇ	g－兼劍	k－欠謙	ng－驗嚴
iin					(上)ㄇ	z－眞蒸	c－秤稱	s－勝神
in	in	in	in	in	ㄧㄣ	b－兵併	g－斤緊	ng－人認
en	en	en	en	en	ㄝㄣ	φ－恩應	z－曾贈	d－丁等
*ien	*ien	*ien	*ien	*ien	ㄧㄢ	b－編扁	g－見捐	ng－願原
uen	uen	uen	uen	uen	ㄨㄝㄣ	k－耿		
an	an	an	an	an	ㄢ	b－班半	d－單旦	z－贊盞
uan	uan	uan	uan	uan	ㄨㄢ	g－關慣	k－款環	ng－頑玩
on	on	on	on	on	ㆦㄣ	φ－安鞍	g－乾干	d－端短
ion	ion	ion	ion	ion	ㄧㆦㄣ	q/c－吮全		
un	un	un	un	un	ㄨㄣ	b－本	t－屯吞	z－俊
iun	iun	iun	iun	iun	ㄧㄨㄣ	g－君僅	k－裙近	ng－韌
ang	ang	ang	ang	ang	ㄤ	φ－盎	m－猛莽	g－耕庚
iang	iang	iang	iang	iang	ㄧㄤ	p－平病	g－驚鏡	l－領
uang	uang	uang	uang	uang	ㄨㄤ	g－桄		
ong	ong	ong	ong	ong	ㆦㄥ	b－榜幫	d－當擋	l－狼浪
iong	iong	iong	iong	iong	ㄧㆦㄥ	b－枋放	t－暢	ng－讓娘
ung	ung	ung	ung	ung	ㄨㄥ	p－蜂縫	d－東董	s－雙送
iung	iung	iung	iung	iung	ㄧㄨㄥ	龍壟	芎拱	共
	er		er		ㄜ	仔		
iib	iib	iib	iib	iib	(上)ㄅ	汁執	濕十	
ib	ib	ib	ib	ib	ㄧㄅ	立	急	及

eb	eb	eb	eb	eb	ㄝㄅ	□	□	澀嗇
ieb	ieb	ieb	ieb	ieb	｜ㄝㄅ	□	□	
ab	ab	ab	ab	ab	ㄚㄅ	答搭	塔踏	合盒
iab	iab	iab	iab	iab	｜ㄚㄅ	帖墊	粒獵	挾劫
iid					(ㄥ)ㄉ	質職	直姪	食失
id	id	id	id	id	｜ㄉ	筆必	力栗	特敵
ed	ed	ed	ed	ed	ㄝㄉ	北逼	德得	則仄
*ied	*ied	*ied	*ied	*ied	｜ㄝㄉ	鱉	結蕨	熱月
ued	ued	ued	ued	ued	ㄨㄝㄉ	嘓		
ad	ad	ad	ad	ad	ㄚㄉ	抹襪	達撻	辣
uad	uad	uad	uad	uad	ㄨㄚㄉ	刮括		
od	od	od	od	od	ㄛㄉ	割葛	脫奪	捋
iod	iod	iod	iod	iod	｜ㄛㄉ	j／z－喔		
ud	ud	ud	ud	ud	ㄨㄉ	不	佛	沒歿
iud	iud	iud	iud	iud	｜ㄨㄉ	屈		
ag	ag	ag	ag	ag	ㄚㄍ	伯	蘿	隔
iag	iag	iag	iag	iag	｜ㄚㄍ	壁	遽	屐
uag	uag	uag	uag	uag	ㄨㄚㄍ	□	□	
og	og	og	og	og	ㄛㄍ	惡	博駁	各角
iog	iog	iog	iog	iog	｜ㄛㄍ	縛	略掠	弱
ug	ug	ug	ug	ug	ㄨㄍ	卜	篤督	谷穀
iug	iug	iug	iug	iug	｜ㄨㄛㄍ	陸綠	局菊	肉玉

*bb 為有聲雙脣塞音，可用於詔安腔。
*ngi 實際讀音是〔ŋ〕。
*ii 在部分詔安腔讀為 u。
*ngie 在詔安腔讀為 ngi。
*□ 表示有音無字。
*ien 在部分南部四縣腔，會因聲母不同而導致實際讀音接近 ian。
*ied 在部分南部四縣腔，會因聲母不同而導致實際讀音接近 iad。
*ngua 四縣腔無此音。
*詔安腔之「ee」實際讀音是〔ɛ〕。
*詔安腔之「o」實際音讀為〔o〕；「oo」實際音讀為〔ɔ〕。
*詔安腔鼻化元音如「inn、ann、iann」，皆在元音後加「nn」，例：鼻（pinn）。

表二：成音節輔音表

客　　家　　語　　拼　　音					注音符號	例　字
四縣	海陸	大埔	饒平	詔安	ㄇ	毋
					ㄋ	嗯
					π	魚、五

註：詔安腔「魚、五」二字讀爲「m」。

表三：成音節輔音表

調類　腔調	陰　　平		陽平	上聲	陰去	陽去	陰入	陽入
例　字	夫		扶	府	富	護	福	服
記憶口訣	雞		啼	早	去	賺	八	十
四　縣	v╱24	v＋33（註5.1）	v˘11	v╲31（註5.2）	v55		vd╲2	vd5
海　陸	v╲53		v55	v╱24	v˘11	v＋33	vd5	vd╲2
大　埔	v＋33	v╱35（註5.3）	v˘113	v^31	v╲53		vd^<u>21</u>	vd╲<u>54</u>
饒　平	v˘11		v55	v╲53（註5.5）	v╱24		vd╲2	vd5
詔　安	v˘11		v╲53	v^31（註5.6）	v55		vd╱<u>24</u>（註5.7）	vd╲<u>43</u>（註5.8）

註：1. 聲調統一採右上標（客家 hag╲ga╱）。〔註2〕
　　2. 上聲調不分陰陽，古陽上調已歸併到去聲調。
　　3. v（rime）：表韻；右邊表示聲調；vd 表示入聲韻；阿拉伯數字如 24、53 表示調值。
　　4. 未有調號者以空白表示（表示高平調55 及高促調5）。
　　5. 特殊聲調：
　　　（1）南部部分地區四縣腔之陰平調（如美濃），調值爲33，以「＋」表示。
　　　（2）四縣腔上聲爲唯一下降調，故採用「╲」表示，但實際調值31與海陸腔等53調之調值不同。
　　　（3）大埔腔陰聲單字調另有超陰平調，調值爲35，以「╱」表示。
　　　（4）饒平腔有些地區（如卓蘭）的陽平、上聲及去聲，分別爲「v╲53」、「v31」、「v55」；另有超陰入調，其調值爲24，以「╱」表示。六家地區之去聲，其調值爲「v55」。
　　　（5）饒平腔之陰去聲併入上聲。
　　　（6）詔安腔之陰去聲併入上聲。
　　　（7）詔安腔 g 韻尾消失之陰入字，其調值與一般陰入調有別，爲接近舒聲韻的 24 調，以「╱」表示。
　　　（8）詔安腔 g 韻尾消失之陽入字，其調值歸併到陽去調。

〔註 2〕爲了方便起見，本論文一律不用上標。

附錄五：伯 2418 號〈父母恩重經講經文〉

出處：潘重規：《敦煌變文集新書》（臺北：文化大學，1983 年），頁 447～
484。

經：佛告阿難，我觀眾生，雖沾人品，心行愚懞，不思耶娘，有大恩
德，不生恭敬，无有仁慈。

此唱經文，是世尊呵責也。前來父母有十種恩德，皆父母之養育，是
二親之劬勞。云云

世尊道：阿難，我觀娑婆世界一切眾生，雖具人相，不知耶娘有大恩
德，不生酬答，不解報恩。命終必墮三塗，永劫不逢出離。

傷嗟世上人男女，成長了不能返思慮；

未省修治孝順心，空將習學无憑據。

縱愚癡，多抵拒，父母誡嗔撲匙筋；

只管於家弄性靈，爭知門外傳聲譽。

熱時太熱爲恩怜，寒即盡寒爲臺舉；

兒喜渾家始得安，兒嗔一舍無情緒。

盡驅馳，受煎煮，豈解酌量些子許，

容易拋離不肯歸，等閑棄背他鄉土。

不曾結識好知聞，空是剗荊惡伴侶；

家內長慊父母言，外頭卻信他人語。

大愚癡，不覺悟，恣縱身心起辜負；

佛道如斯五逆人，莫覓託生好去處。

重重地獄有何因，只爲閻浮五逆人；

莫問歲寒煎煮罪，不論年月攪磨身。

自知无理從搥斷，伏請哀矜任苦辛；

縱尔卻來人世內，從生至老是寒貧。

佛言：阿難，若行五逆之人，命終必墮惡道。縱生人世，疾病貧窮，
凡是所爲，不得稱遂。此者皆因云——若欲得來生生相周圓，有財多
福，有衣有食，須於今生，行其孝養云云

若徒感果周圓相，多福多財多義讓；

舉措長交遇吉祥，施爲不遭逢災障。
入爲侯，出爲將，土地保持人敬仰；
別處門中可惜心，捷徑无過行孝養。
若於父母解周旋，土地神龍盡喜歡；
災障年年无一點，吉祥日日有多般。
行藏逐意皆能遂，出入隨心到處安；
設使命終畈大夜，三途還是不相忏。
佛言：阿難，爲人若解行孝，見世得人敬奉，命終又不入三途。大凡世上不孝人，多在家費父母心神，出入又不依時節。致使父心愁戚，母意憂惶，終日倚門，空垂血淚云云。「書云：積穀防饑，養子備老。」縱年成長，識會東西，拋卻耶娘，向南向北。男女雖然不孝，父母未省憎慊。如斯恩念最多，爭忍拋離出外。父母在，勸君莫向他鄉住。
世人不孝堪傷嘆，於父娘邊起輕慢；
不念懷耽煞苦辛，豈知乳哺多疲惓。
恣爲非，隨惡伴，輕罵尊親毀良善；
佛道如斯一類人，生生大不易見如來面。
佛言濁世一般人，恣意爲非不可論；
縱見惡人心裏喜，亦逢善者卻生嗔。
親情勸著何曾聽，父母教招似不聞；
仕宦經營全不肯，長時閑散恣因循。
父母終朝只是憂，見兒愛伴惡時流；
貪歡逐樂无時歇，打論樗蒲更不休。
日日倚門垂血淚，朝朝煩惱向心頭；
佛言此輩非人子，死入三途堪嘆愁。
始從懷妊至嬰孩，長得身軀六尺才；
棄德背恩行不孝，貪聲逐色縱心懷。
三年乳哺誠堪嘆，十月懷耽足可哀；
不念二親恩養力，辜僥棄背也唱將來。

經云：棄德背恩。

此唱經文，是我佛世尊述五逆眾生，棄背恩德也。不孝父母，走在他鄉，拋棄尊親，不皈於舍。命終惡道，受大苦辛。只爲前生不孝父母。△──

經說：過去世中，有一罪人，頂上長被熱鐵輪旋遶。

問目連言，△──只爲前生不孝父母，

出來形狀堪驚恐，見者皆言業障重；

熱鐵輪於頂上旋，不論時節常疼痛。

未審緣何受此殃，盡因前世親修種；

爲伯叔處无心起敬崇，二親邊不省生虔奉。

佛言此鬼業難論，頭上長旋熱鐵輪；

日日每遭諸苦惱，朝朝不歇受艱辛。

皆因不孝於慈父，盡爲辜僥向母親；

普勸今朝聞法者，速須孝順莫因循。

且如侍奉父母，怜念弟兄，見必喜懽，逢之賞嘆。二時問訊，晝夜恭承，扇枕溫床，須知時節。此即是眞孝子。若是必生不孝，拋棄父娘，在外經年，无心皈舍，此即非是孝子也。更有父母約束，都不信言，應對高聲，所作違背。甘辛美味，妻子長喰，苦澀飲食，與父喫者。此孝子非也。書云曾參云──

佛交濁世男兼女，成長了直須孝父母；

暮省朝參莫憚勞，溫床枕扇无辭苦。

莫遣耶娘怨恨生，承旨候顏交得所；

不但人皆讚嘆君，兼交賢聖垂加護。

恭承侍養返心安，孝順名應世上傳；

書內曾參人盡說，經中羅卜廣弘宣。

皆懃乳哺多恩德，盡感懷耽足慇怜；

佛道若能行孝養，見生來世沒迍邅。

不孝人，難說喻，返倒二親非母魯；

家內諍喧拗父娘，門前相罵牽宗祖。

纔擬交招便氣築天，試伴約束懷嗔怒；

佛道如斯五逆人，命終大不易拋辛苦。

佛言五逆惡眾生，業報當來實不輕；
於六道中來又去，向三途內死還生。
直緣不感懷耽德，蓋爲全無養育情；
所以向三途惡道裏，長時受苦不休停。
堪愍念，又堪哀，望卻深恩大苦哉；
禽獸尚猶行孝義，爲人爭合縱心懷。
三年乳哺猶爲可，十月懷躭苦莫裁；
佛向經中親自說，道如何擎重擔也唱將來。

經云：阿娘懷子，十月之中，起座不安，如擎重擔，飲食不下，如長
病人。此唱經文，是世尊重明懷妊艱難也。前來十恩中第一懷躭守護
恩。准花嚴經說，我等身攬父母赤白二物，成此身形。此有五色，初
生羯邏藍△──三十八七日方知我等於母腹內，受多少苦辛。阿娘形
貌汪羸。△──
十月懷躭諸弟子，萬苦千辛逐日是；
起坐朝朝體似山，施爲日日心如醉。
鳳釵鸞鏡不曾捻，玉貌花容轉枯悴；
念佛求神即有心，看花逐樂都无意。
十月懷躭弟子身，如擎重擔苦難論；
翠眉桃臉潛消瘦，玉貌花容頓改春。
雲髻不梳經累月，鏡臺一任有埃塵；
緣貪保惜懷中子，長皺雙眉有淚痕。
行嘆恨，坐悲愁，懷躭十月抵千秋；
心中不醉長如醉，意內无憂恰似憂。
聞語笑時无意聽，見歌懽處不擡頭；
專希母子身安樂，念佛焚香百種求。
慈母自從懷妊，憂惱千般，或坐或行，如擎重擔。
所喫飲食，滋味都无。
只憂身命片時，阿那裏有心語話。
思量慈母生身日，苦惱千般難可述；
淚落都緣惜此身，愁生只爲憂形質。

忽然是孝順女兼男，一旦生來極峻疾；

若是冤家託蔭來，阿娘身命逡巡失。

如此思量，一場苦事，

萬劫千生，酬填不易。

只須受戒聞經，此外難申孝義。

今日座中人，分明須總記。

思量慈母養君時，萬苦千辛總不辭；

消瘦容顏爲醜差，改張花貌作汪羸。

低頭不語長如病，抵頦无言恰似癡；

日夜專憂分娩苦，等閑惆悵淚雙垂。

懷躭十月事堪哀，苦惱千般不可裁；

念佛求神希救護，焚香發願乞无災。

專憂煞鬼相追捉，怕被无常一念催；

經說母親臨產月，受沒量多苦惱也唱將來。

經：月滿生時，受諸痛苦，須臾好惡，只怒无常，如煞豬羊，血流洒
地。此唱經文，明產相貌也。孩子未降，母憂性命逡巡；及至生來，
血流洒地。渾家大小，各自忙然，只怕身命參差，急手看其好惡。經
月滿生時，受諸痛苦至徹。

月滿初生下，慈母懷驚怕，

只恐命無常，赤血滂沱洒。

苦惱莫能言，是事都來罷，

保借惜若違和，便是身乖差。

生時百骨自開張，誐得渾家手腳忙；

未降孩兒慈母怕，及乎生了似屠羊。

千憂万慮猶堪忍，十月三年苦更長；

既得這身成長了，大須孝順阿耶娘。

所以書云：曾子曰：「百行之先，无以加於孝矣。夫孝者，是天之經地
之義。孝感於天地也，通於神明。孝至於天，則風雨順序；孝至於地，
則百穀成熟；孝至於人，則重譯來貢；孝至於神，則冥靈祐助。」又
太公家教「孝子事親，晨省暮省，知飢知渴，知暖知寒。憂則共戚，

樂即同歡。父母有病，甘美不餐。食无求飽，居无求安，聞樂不樂，見戲不看。不修身體，不整衣冠，待至疾愈，整亦不難。」又經云：「天地世界之大者，不過父母之恩。」經書之內，皆說父母之恩，奉勸門徒，大須行孝。

經書各有多般理，皆勸門徒行孝義；
只怕因循不報恩，故於經上明宣示。
勸門徒，諸弟子，暮省朝參勤奉侍；
永永交君播好名，長長不見逢災累。
思想身生十月閒，五般色相互推遷；
細觀不但堪愁嘆，款話須知苦百般。
草上落時風觸體，尖聲號叫不能言；
血流洒地如屠宰，母命逡巡喪百年。
既今成長爲人子，凡事挣搣十相全；
相勸事須行孝順，莫將恩德看爲閑。
慈母德，實堪哀，十月三年受苦災；
冒熱衝寒勞氣力，迴乾就濕費心懷。
憂怜不啻千千度，養育寧論萬萬迴；
既有尔多恩德事，爭合孤負也唱將來。

經：受如是苦，生我此身，咽苦吐咁，抱持養育。洗濯不淨，无憚劬勞。忍熱受寒，不辭辛苦。乾處兒臥，濕處母眠。三年之中，飲母白血。

此唱經文，分之爲二。初解辛勤保護，次釋迴乾就濕。兩段不同，且是第一辛苦保護。經道如是辛苦，生我此身。至不辭辛苦。

此是世尊告阿難道。娑婆濁世，一切眾生，皆因父母所生，咽苦吐甘，專心保護，抱持養育，不離懷中。洗濯之時，豈辭寒熱。若是家翁在上，伯叔性難。晝夜不憚劬勞，且夕常懷憂懼。衝寒受熱，蓋是尋常，臺舉女男，不辭辛苦。顏容憔悴，形貌汪羸。爭忍長成，不生酬答。△

若是嚴天月，苦惱難申說。

手冷徹心酸，十指從頭裂。

一伴餵孩兒，伏事又依時節。

伯叔及翁婆，猶更嫌癡拙。

往往淚如婆，時時心似割。

无處說心誠，苦惱如何徹。

只爲小嬰孩，洗濯无時節。

更深尙未眠，顛墜身羸劣。

就中苦是阿娘身，臺舉孩兒豈但頻；

洗浣寧辭寒與熱，抱持不惓苦兼辛。

時時愛被翁婆怪，往往頻遭伯叔嗔；

只爲這嬰孩相繫絆，致令日夜費心神。

所以經云，受如是苦，咽苦吐甘，抱持養育云云至不辭辛苦。上說第一辛懃保護也。第二，迴乾就濕者。經道乾處兒臥，濕處母眠，三年之中，飲母白血。若是九夏洗浣，稍似不難，最是三冬，異常辛苦。有人使喚，猶可辛懃，若是无人，皆須自去。堂前翁婆伯叔，日日祗承。懷抱吱駛小孩兒，又朝朝臺舉，一頭洗濯穢污，一伴又餵飼女男。濕處母眠，乾處兒臥。十月之內，受无限難辛；三年之中，飲沒量多血乳。致使娘娘形貌，日日汪羸；慈母顏容，朝朝瘦悴。

迴乾就濕爲常事，三載辛勤情不已；

辛苦朝朝有淚垂，煎熬夜夜無眠睡。

貌汪羸，形瘦悴，鸞鏡鳳釵皆厭棄；

往往人前恰似癡，時時座內猶如醉。

只爲長時，驅馳辛苦，

形貌精神，都來失緒。

一頭承仕翁婆，一伴又剗縛男女。

日夜不曾閑，往往啼如雨。

迴乾就濕最艱難，終日驅驅更不閑；

洗浣豈論朝與暮，驅驅何憚熱兼寒。

每將乾暖交兒臥，濕處尋常母自眠；

三載長來長若此，不報深恩爭得安。

所以經云，乾處兒臥，濕處母眠。三年之中，飲母白血。孩子始從生下，直至三年，飲母胸前白乳。漸漸離於懷抱，身作童兒，轉繫母

心百般憂念。臨河傍井，常憂漂溺之虞；棄狗捻刀，每慮嚙傷之苦。
云——

孩兒漸長成童子，慈母憂心不捨離；
近火專憂紅焰燒，臨河恐墜清波死。
捉蝴蝶，趁猢子，弄土擁泥向街裏；
蓋為嬌癡正是時，直緣騃小方如此。
漸離懷抱作嬰孩，匍匐初行傍砌階；
語似嬌鶯初囀舌，笑如春樹野花開。
渾家愛惜心無足，眷屬嬌怜意莫裁；
門外忽聞啼哭也，慈母奔波早到來。
嬰孩漸長作童兒，兩頰桃花色整輝；
五五相隨騎竹馬，三三結伴趁猢兒。
貪逐蝴蝶拋家遠，為釣青苔忘卻歸；
慈母引頭千度覓，心心只怕被人欺。
故知慈母惜嬰孩，怜念交招役意懷；
日月遷移年漸長，仕農工巧各躋排。
一頭訓誨交仁義，一伴求婚囑作媒；
佛向經中說著裏，依文便請唱將來。

經：嬰孩童子，乃至盛年，獎教禮儀，婚嫁宦學。為求財產，攜荷艱
辛，勤苦至終，不言恩德。
此唱經文，分之為二。初明成長教示，後說母不說恩。成長教示中又
分為二，初明獎教禮儀，後說婚嫁宦學。成長教示。經道嬰孩童子，
乃至盛年，獎教禮儀。人家男女，從小至大，須交禮儀。是男即七歲
十歲以來，便交入學。經明宜入學，胄子須努力。論語云：耕也，餒
在其中矣。學也云——。曲禮云：君子如欲化民成俗，其必由乎矣。
又書云：玉不琢云——，功高由至云——，有好男女有弱男女人家女
亦復如是。云——
女男漸長成人子，一一父娘親訓示；
臺舉還圖立得身，招交只要修仁義。
囑先生，交文字，孝養禮儀須具備；

未待教招一二年，等閑讀盡諸書史。

高低盡道好兒郎，遠近皆言骨氣異；

成長了身爲大丈夫，風流儒雅眞公子。

堂堂六尺丈夫身，雪色衣裳稱舉人；

霄漢會當承雨露，高科登第出風塵。

多應不久逢新喜，何異成龍脫故鱗；

酒熟花開三月裏，但知排打曲江春。

上來說獎教禮儀也。所以經云，嬰孩童子，乃至盛年，獎教禮儀。何
名婚嫁宦學？婚姻又別，宦學又別，宦爲士宦，學爲學業。△──今
言婚姻者。書云：男既壯而有室，女初笄年而從人。男既長成，須求
婚處云──若是好男女。△──有一類人家兒子，不行孝養，不會禮
儀，△──縱婚姻時，△──

有一類門徒弟子，爲人去就乖疏，

不修仁義五常，不管溫良恭儉。

抄手有時望卻，萬福故是隔生；

齋場上謝座早從，弔孝有時失笑。

阿娘幾度與君婚，說著人皆不欲聞；

纔始安排交仕宦，等閑早被使頭嗔。

不然與本教經紀，媿在圖兒立得身；

產業莊園折損盡，慵讒惡紹豈成人。

上來說男既成長，須爲婚姻了。

從此女從幼小交示成長了，須囑聘他門。

爲女身，更不異，最先須且教針指；

呈線呈針鬥意長，對鴉對鳳誇心智。

學音聲，屈博士，弄鉢調絃渾舍喜；

長大了擇時娉與人，六親九族皆歡美。

天生惠性異常人，疑是巫山降段雲；

鬢似寒蟬雙展翼，面如蟾月滿秋輪。

眉懸柳葉和煙翠，臉奪桃花帶雨新；

娉與他門榮九族，一場喜慶卒難論。

若是爲人智惠微，從初至大異常癡；

逢人未省知良善，共語何曾識禮儀。

刺繡裁縫无意學，調脂弄麵不曾為；

自家縫綻猶嫌拙，阿那個門蘭肯素伊。

慈母意，總恩怜，護惜都來一例看；

是女纏盤求囑娉，是男婚娶致歌懂。

男須文墨兼仁義，女要裁縫及管絃，

一个个總交成立後，阿娘方始可憂煩。

上來總是第一，明成長教示了也。從此第二，母不說恩。經道勤苦至終不言恩德。此之經意只是說慈母十月懷眈，三年乳哺，迴乾就濕，咽苦吐甘，乃至男女成長了。千般怜惜，萬種教招。女娉男婚，總皆周備。受如此苦辛，不曾於一個人前，說養育恩德。云──似世尊怜念法界內一切眾生，飛者，走者，无足，二足，四足，多足，三塗六道，五趣四生，天上人間，是貴是賤，是高是下，師僧尼眾，善女善男，一個個交出離苦源，人人盡登常樂了。我佛无心說少許恩德，說少許辛苦，似人家慈母，養育一切眾生女男，不言恩德无二。

釋迦聖主慈悲力，但是眾生總怜惜；

个个提攜證涅槃，不曾有意言恩德。

慈母心，无順逆，但是女男皆護惜；

个个教招立得身，不曾有意言恩德。

佛惜眾生，母怜男女。

一例垂情，從頭愛護。

佛如母意无殊，母似佛心堪諭。

今日座中人，分明須會取。

三千國土釋迦尊，怜念眾生不可論；

處處提拔交出離，頭頭接引越迷津。

不於愚智生偏曲，不向怨親作等倫；

一個個總交成佛了，未曾有意略言恩。

慈母德，卒難陳，養育門徒弟子身；

十月懷眈遭苦惱，三年乳哺受艱辛。

不於女處生嫌厭，不向兒邊起愛親；

一個個教招兼保惜，未曾有意略言恩。

慈母德，卒難裁，万論千經贊莫偕；
自是女男多五逆，等閑逃走不飯迴。
眷屬日日懸心望，慈母朝朝膽欲摧；
兒向外邊行万里，母心隨後去也唱將來。

經：兒行千里，母行千里，兒行万里，母行萬里。男女有病，父母亦病；子若病除，父母方差。

此唱經文：科之爲二：一，母心不忘，二，子病懷憂，兩段不同。且說母心不忘。經道兒行千里，母行千〔里〕云－－男女成長已後，各須仕宦。經營纔出他州，母心相逐。朔方征戍，而三年目斷長城；劍嶺興生，半歲而魂隨錦水。書云：父母之年不可不知。

思量我等生身母，終日憂怜男與女；
爲兒子拋出外邊，阿娘悲泣無情緒。
或仕宦，居職務，離別耶娘經歲數；
見四時八節未飯來，阿娘悲泣〔無情緒〕
或經營，逐利去，或住他鄉或道路；
兒子雖然向外安，阿娘悲泣〔無情緒〕
或在都，差鎮戍，三載防邊受辛苦；
信息希疏道路遙，阿娘悲泣〔無情緒〕
兒於萬里母先於，終日憂愁淚如雨；
念佛求神百種爲，只希闇裏垂加護。
損形容，割腸肚，乞待兒飯再團聚；
思想慈親這個恩，門徒爭忍生孤負。
經求仕宦住他鄉，或在軍中鎮外方；
兒向他州雖吉健，母於家內每憂惶。
心隨千里消容貌，意恨三年哭斷腸；
直待飯來相見了，阿娘方始有精光。
慈母德，大難酬，憶念之心更不休；
奉勸門徒諸弟子，莫拋父母住他州。

此是第一，母心不忘也。第二，子病懷憂者。經道男女有病，父母亦病，子若病除，父母方差。人家男女，父母憍怜，忽失保持，身染疾

患，便使父心切切，母意惶惶。罷寢停餐，休生忘活。煎羹煮粥，无辭曉夜之勞，拜鬼看書，豈憚往來之倦。男女稍若病差，父母頓解愁心。──

人家父母恩偏噆，於女男邊倍怜愛；
日日交招意不移，朝朝護惜心无退。
忽然男女病纏身，父母憂煎心欲碎；
念佛求神乞護持，尋醫卜問希痊瘥。
无睡眠，沒光彩，煎炒心神形貌改；
直待兒身四體安，阿娘方覺心寬泰。
女男得病阿娘憂，未教終須血淚流；
茶飯不曾著次第，罷施紅粉懶梳頭。
尋醫卜問无時歇，拜鬼求神更不休；
直待女男安健了，阿娘方始不憂愁。
思量人世事難裁，父母恩深不可皆；
纔見女男身病患，早憂性命掩泉臺。
一頭出藥交醫療，一伴邀僧為滅災；
病交了便合行孝順，卻生五逆也唱將來。

經：如斯養育，願早成人，及其長大，翻為不孝。尊親共語，應對違情。拗眼裂睛，不知恩義。

此唱經文分二：一、不念重德，二、背恩違情，兩段云──不念重德者。經道如斯養育，願早成人，及其長大翻為不孝。前來經文說父母種種養育，千辛万苦，不憚寒暄，乞求長大成人，且要紹繼宗祖。及其長大，无孝順心，不報恩德，遊閑逐日，更返倒父母。云──

人家父母多恩育，憂念女男心不足；
乞求長大得成人，紹繼門風榮爵祿。
誰知漸識會東西，時把父娘生毀辱，
佛道婆婆這个人，命終必墮阿毗獄。
為人不孝負於天，輕慢耶娘似等閑；
侍奉終朝无一點，返張逐日有千般。
等閑屋裏高聲喊，影向人前亂登言；

佛道此人纔命謝，必沈惡道出無年。

所以經云如斯養育，願早成人，及其長成，翻爲不孝。上來第一，說不念重德了也。從此第二，背恩違情。經道尊親共語，應對違情，拗眼裂睛，不知恩義。此者並是辜恩負德，五逆之人。不思養育深恩，不念劬勞大德。自小阿娘臺舉，長成嚴父教招，誰知近來稍似成人，卻學棄背恩德。逐日則長隨惡伴，終朝則不近好〔人〕。時時兩手不抄，往往便三言不遜。父母喚來約束，眈唇不語生嗔；有時拗眼裂睛，或即高聲應對。云——

爲人不解思恩德，返倒父娘生五逆；
共語高聲應對人，擬嗔瞋眼如相喫。
伴惡人，爲惡跡，飲酒樗蒲難勸激；
長遣慈親血淚垂，每令骨肉懷愁戚。
釋迦尊，留教勑，看取經文須審的；
若是長行五逆吱人，這身万計應難覓。
爲人爭不審思量，豈合將心返父娘；
應對高聲猶可怒恕，嗔眉努眼更堪傷。
不思十月懷軀苦，不念三年乳哺忙；
佛道如斯五逆者，无因得見法輪王。
奉勸門徒，△——慈烏返哺之報。爲人爭合——
幸因講說諸佛語，輒勸門徒孝父母；
禽獸猶知養育恩，爲人爭合相辜負。
十月懷軀，三年乳哺。
論苦惱兮多般，說恩怜兮幾度。
今既成人，還須報賽，
莫學愚人，返生逆害。
約束時直要諦聽，嗔罵則莫生祇對。
何假覓西方，自生極樂界。
爲人何處是聰明，莫若酬塡養育情；
不但長時逢吉慶，兼交永不見刀兵。
施爲一切皆和合，所作多應總得成；

命謝了永辭濁惡世，蓮花朵裏託身生。

須取勸，莫疑猜，聞了還須改性懷；

莫學愚人生拗拒，不行孝養恣情乖。

交招則亂發言千種，約束早嗔眉努兩顋；

應是眷屬兼骨肉，總遭毀罵也唱將來。

經云：欺凌伯叔，打罵弟兄，毀辱尊親，无有禮義，不尊師長。誘俗

第六〔註1〕

〔註 1〕 潘重規：《敦煌學叢書第六種・敦煌變文集新書》，頁 447～470。

附錄六：書影及藝人劇照

圖1：〈新刻十月懷胎寶卷〉部份內文

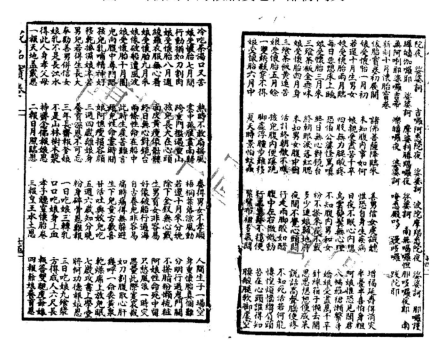

圖2：1934年嘉義和源所出版目錄

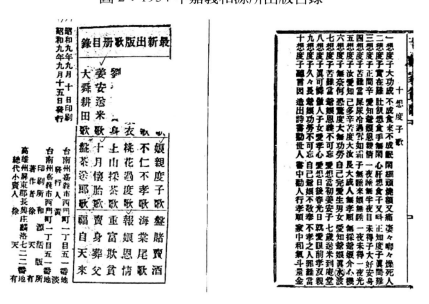

圖 3：1954《拾月懷胎・娘親渡子》封面

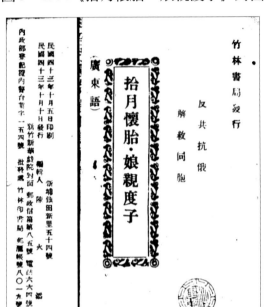

圖 4：1954 年竹林刊本〈娘親渡子勸世文〉內容

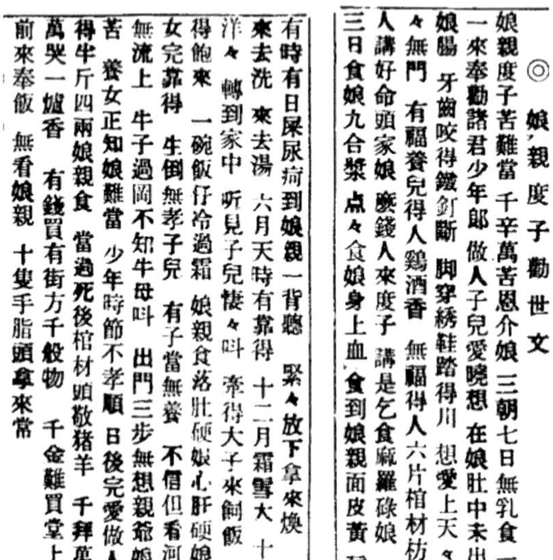

◎娘親渡子勸世文

娘親渡子苦難當　千辛萬苦恩介娘　三朝七日無乳食　三光半夜愛飼糖
一來奉勸諸君少年郎　做人子兒愛曉想　在娘肚中來出世　校娘心肝校
娘腸　牙齒咬得鐵釘斷　脚穿綉鞋踏得川　想愛上天々無路　想愛落地
々無門　有驅養兒得人鷄酒香　無驅得人六片棺材枋　有錢人來度子
人講好命頭家娘　廳錢人來度子　講是乞食麻羅碳碳娘　一日食娘三合乳
三日食娘九合漿　点々食娘身上血　食到娘親面皮黃　孩兒細々拿來抱

有時有日屎尿痾到娘親一背聽　緊々放下拿來換　換淨隨時出河江
來去洗　來去湯　六月天時有靠得　十二月霜雪大　十隻手脂頭洗到血
洋々　轉到家中　听見子兒懷々叫　奉得大子來飼飯　細子來飼飯　銅
得飽來　一碗飯仔冷過霜　娘親食落肚硬娘心肝　養倒有孝子
女完娘得　生倒無孝子　有子當無養　不信但看河邊水　點々流下
無流上　牛子過岡不知牛母叫　出門三步無想親娘　生男不知娘辛
苦　養女正知娘難當　當過死後棺材頭敬猪羊　千拜萬拜一張紙　千哭
得半斤四兩娘親食　少年時節不孝順　日後完愛做人老爺娘　在生買
萬哭一爐香　有錢買有街方千般物　千金難買堂上親爺娘　朝々靈
前來奉飯　無看娘親　十隻手脂頭拿來常

圖5：1956年竹林書局出版〈十想渡子〉封面

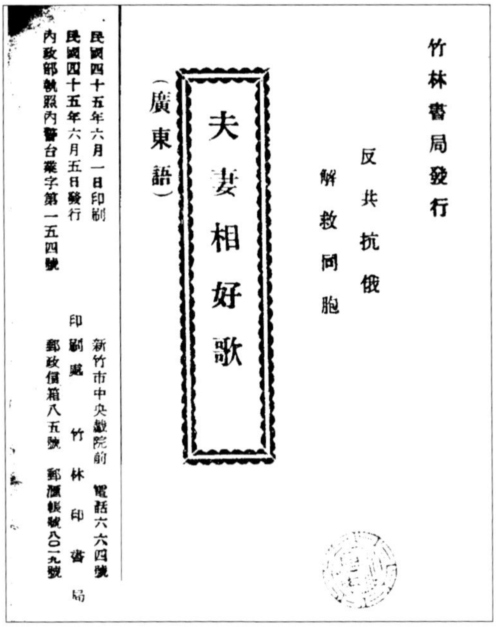

竹林書局發行

反共抗俄
解救同胞

（廣東語）

夫妻相好歌

民國四十五年六月一日印刷
民國四十五年六月五日發行
內政部執照內警台業字第一五四號

新竹市中央戲院前　電話六六四號
印刷處　竹林印書局
郵政信箱八五號　郵匯帳號八〇一九號

圖6：《俗文學叢刊‧十月懷胎》內文

★十月懷胎

一个月懷胎如露水　早時含露晚猶毛　是務是毛且忍耐　再省卜月是如何
二个月懷胎分血成　娘身漸覺月經停　五臟六腑相反覆　正是病口弄娘母
三个月懷胎血成丸　心頭飽禮欲食酸　一日三餐都毛味　思量果子口中吞
四个月懷胎日漸深　是娘是女本分明　梳頭洗血鏡禮照　面色青黃毛精神
五个月懷胎男女明　未生胶手先生頭　日間行動多辛苦　酸手軟不梳頭
六个月懷胎生六根　日轉動二三行　男左女右穀穀轉　欲吃欲困莫離床
七个月懷胎擔娘身　娘心歡喜不非輕　千斤萬擔務之著　此擔誰人替牛肩
八个月懷胎抱娘肚　渾身骨節重如山　恰似大石遙胎墜　猶如挑水上高山
九个月懷胎毛髮全　何時云開見月明　日間望天毛的暗　夜間望天毛的光
十个月懷胎已週全　惟願好日坐臨盆　生得兒童相幾面　合家大小喜團圓

★又附臨盆經
念念臨盆經　臨水夫人在房中　保得孫兒早出世　早些轉頭離根身　三十六宮

圖 7：1956 年竹林書局出版〈十想渡子〉歌詞

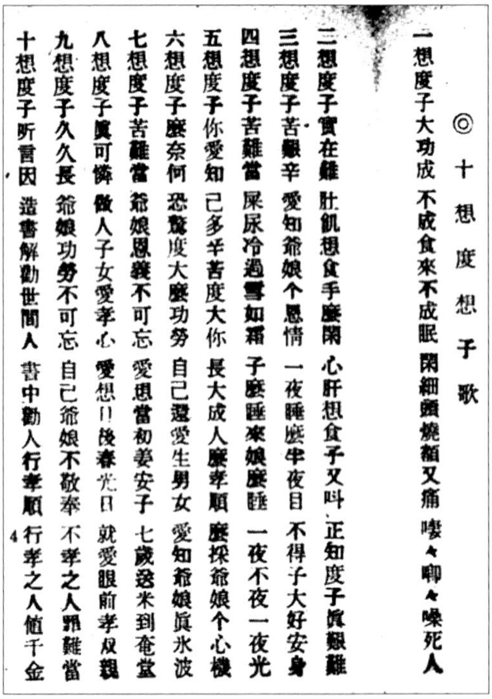

◎十想度想子歌

一想度子大功成 不成食來不成眠 閑細頭燒額又痛 嘍々啷々噪死人

二想度子實在難 肚飢想食手麼閑 心肝想食子又叫 正知度子眞艱難

三想度子苦艱辛 愛知爺娘个恩情 一夜睡麼半夜目 不得子大好安身

四想度子苦難當 屎尿冷過雪如霜 子麼睡來娘麼睡 一夜不夜一夜光

五想度子你愛知 已多辛苦度大你 長大成人麼孝順 麼採爺娘个心機

六想度子麼奈何 恐驚度大麼功勞 自己還愛生男女 愛知爺娘眞氷波

七想度子苦難當 爺娘恩義不可忘 愛思當初養安子 七歲逐米到奄堂

八想度子眞可憐 做人子女愛孝心 愛想日後春光日 就愛眼前孝双親

九想度子久久長 爺娘功勞不可忘 自己爺娘不敬奉 不孝之人罪難當

十想度子所言因 造書解勸世間人 書中勸人行孝順 行孝之人値千金

4

圖 8：1958 年竹林刊本《拾月懷胎・娘親度（渡）子》封面及版權頁

竹林書局發行

國家至上 民族至上

拾月懷胎・娘親度子

（廣東語）

民國四十七年十月一日印刷
民國四十七年十月三日發行
內政部執照內警臺業字第一五四號

新竹市中央戲院前 電話六六四號
印刷處 竹林印書局
郵政信箱八五號 郵滙帳號八〇一九號

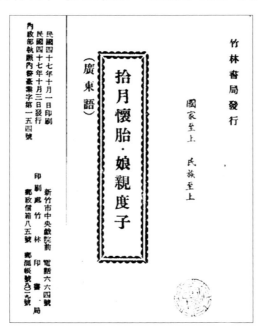

圖 9：白族抄本〈十月懷胎〉部份內文

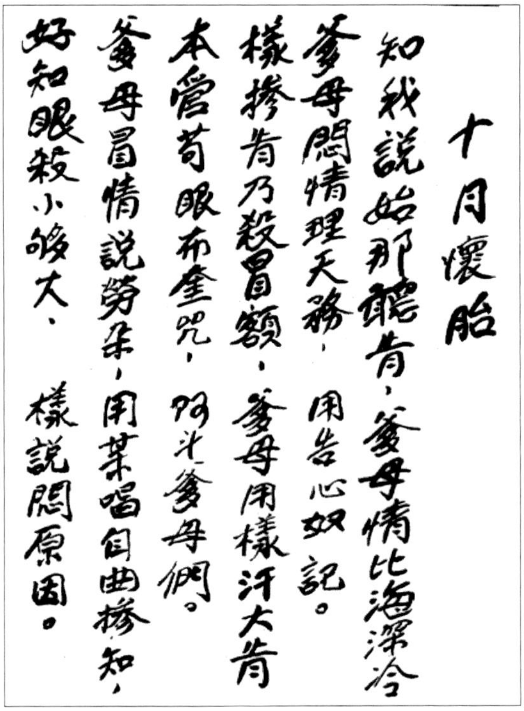

十月懷胎

知我說始那聽肯，爹母情比海深冷

爹母問情理天務，用告心奴記。

樣捺肯乃殺冒額，爹母用樣汗大肯

本營苟眼布金咒，呀光爹母們。

爹母冒情說勞朵，用某唱自曲捺知，

好知眼殺小够大，樣說悶原因。

圖 10：藝人林春榮（又名林貴水）表演說唱

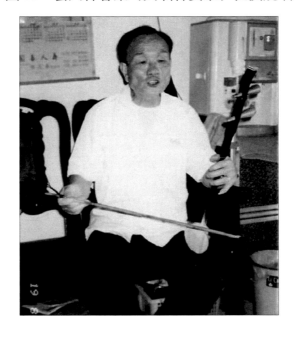

圖 11：蘇萬松唱片封面照　　　圖 12：說唱藝人黃連添

圖 13：藝人阿浪旦（吳錦浪、吳乾應）

圖 14：邱阿專（右）和新竹師對打，切搓拳術

圖 15：楊玉蘭（右）和夫婿楊木源合演《夜戰馬超》劇照

圖 16：1986 年賴碧霞得到第二屆薪傳獎

圖 17：說唱藝人范洋良（後）

圖 18：民謠、說唱藝人邱玉春（邱綉媛）

參考書目

一、專　書

（一）歌謠單曲或歌謠集

1. 中研院史語所，《新刻十月懷胎寶卷》，上海：廣記書局，石印本，出版年不詳。

2. 中研院史語所，《新編改良十月懷胎寶卷》，上海：兩宜社，石印本，出版年不詳。

3. 未註明作者，〈報娘十重恩〉，臺北：傅斯年圖書館館藏 AT-738，石印本，CD437，出版年不詳。

4. 未註明作者，〈滿江紅懷胎報娘恩〉，臺北：傅斯年圖書館善本室，俗曲 Tc12-170，出版年不詳。

5. 未註明作者，〈梳妝台調十月懷胎〉，臺北：傅斯年圖書館善本室，俗曲 Tc12-170，出版年不詳。

6. 未註明作者，〈新編十月懷胎〉，新編時調大觀 49 集，上海：協成書局，中央研究院傅斯年圖書館善本書室，TC18-218。

7. 未註明作者，《大藏血盆經》，桃園中壢：圓明堂／永順印刷文具行，1915年。

8. 王金火發行，〈最新勸世文歌〉，臺北：黃塗活版所，1926年。

9. 劉復、李家瑞等編，《中國俗曲總目稿》，臺北：中央研究院歷史語言研究所，1932年。

10. 黃淡發行，〈十想渡子歌〉，嘉義：和源活版所，1934年。

11. 陳火添，〈拾月懷胎／娘親度子〉，新竹：竹林書局，1954年。

12. 未註明作者，〈十想渡子歌〉，新竹：竹林書局，1956年。

13. 陳火添，〈拾月懷胎／娘親渡子〉，新竹：竹林書局，1958年。

14. 未註明作者,〈中部地震勸世文／廣東語劉不仁不孝歌〉,新竹:竹林書局,1959 年。

15. 謝樹新等,《客家歌謠研究》第六集,苗栗:中原苗友週刊社,1976 年。

16. 丘秀強、丘尚堯,《梅州文獻彙編》第四集,臺北:梅州文獻社,1977 年。

17. 丘秀強、丘尚堯,《梅州文獻彙編》第六集,臺北:梅州文獻社,1977 年。

18. 不註撰人,〈二十四孝新歌〉,新竹:竹林書局,1987 年。

19. 舒蘭,《中國地方歌謠集成・臺灣省民歌・渡子歌》,臺北:渤海堂,1989 年。

20. 中國民間歌曲集成全國編輯委員會,《中國民間歌曲集成遼寧卷》,北京:新華書店,1989 年。

21. 鍾敬文,《客家情歌》,上海:上海文藝,1991 年。

22. 中國民間歌曲集成寧夏卷編輯委員會,《中國民間歌曲集成寧夏卷》,北京:新華書店,1992 年。

23. 中國民間歌曲集成貴州卷編輯委員會,《中國民間歌曲集成貴州卷》,北京:新華書店,1992 年。

24. 中國民間歌曲集成浙江卷編輯委員會,《中國民間歌曲集成浙江卷》,北京:新華書店,1993 年。

25. 中國民間歌曲集成甘肅卷編輯委員會,《中國民間歌曲集成甘肅卷》,北京:新華書店,1994 年。

26. 中國民間歌曲集成陝西卷編輯委員會,《中國民間歌曲集成陝西卷》,北京:新華書店,1994 年。

27. 中國民間歌曲集成湖南卷編輯委員會,《中國民間歌曲集成湖南卷》,北京:新華書店,1994 年。

28. 中國民間歌曲集成北京卷編輯委員會,《中國民間歌曲集成北京卷》,北京:新華書店,1994 年。

29. 張希舜、濮文起、高可、宋軍主編,《寶卷初集・目連三世寶卷》,太原:山西人民出版社,1994 年。

30. 張希舜、濮文起、高可、宋軍主編,《寶卷初集・孟姜女寶卷》,太原:山西人民出版,1994 年。

31. 中國歌謠集成浙江卷編輯委員會,《中國歌謠集成浙江卷》,北京:新華書店,1995 年。

32. 中國民間歌曲集成河北卷編輯委員會,《中國民間歌曲集成河北卷》,北京:新華書店,1995 年。

33. 袁嘯波,《民間勸善書》,上海:上海古籍出版社,1995 年。

34. 中國民間歌曲集成福建卷編輯委員會，《中國民間歌曲集成福建卷》，北京：新華書店總店，1996 年。

35. 中國民間歌曲集成江西卷編輯委員會，《中國民間歌曲集成江西卷》，北京：新華書店總店，1996 年。

36. 中國民間歌曲集成黑龍江卷編輯委員會，《中國民間歌曲集成黑龍江卷》，北京：新華書店，1997 年。

37. 中國民間歌曲集成河南卷編輯委員會，《中國民間歌曲集成河南卷》，北京：新華書店，1997 年。

38. 中國民間歌曲集成全國編輯委員會，《中國民間歌曲集成吉林卷》，北京：新華書店，1997 年。

39. 黃榮洛，《臺灣客家傳統山歌詞‧渡子歌》，新竹：新竹縣立文化中心，1997 年。

40. 中國歌謠集成甘肅卷編輯委員會，《中國民間歌曲集成甘肅卷》，北京：新華書店，2000 年。

41. 中國歌謠集成海南卷編輯委員會，《中國民間歌曲集成海南卷》，北京：新華書店，2002 年。

42. 中央研究院歷史語言研究所〈十月懷胎〉，《俗文學叢刊》，臺北：新文豐，2001 年。

43. 雲南劍川縣白族民間藝人唱本〈十月懷胎〉，蘭州大學出版社，《中國西南文獻叢書》第五輯，西南少數民族文字文獻第十五卷，蘭州：蘭州大學出版社，2003 年。

（二）客家研究專書

1. 陳運棟，《客家人》，臺北：聯亞，1978 年。

2. 胡泉雄，《臺灣客家山歌——一個民間藝人的自述》，臺北：百科文化，1983 年。

3. 張祖基，《中華舊禮俗》，日本東京：日本崇正會中華舊禮俗紀念出版與贈書委員會，1984 年。

4. 劉佐權，《客家歷史與傳統文化》，開封：河南大學出版社，1991 年。

5. 張衛東，《神州文化集成叢書‧客家文化》，北京：新華出版社，1993 年。

6. 賴碧霞，《台灣客家民謠薪傳》，臺北：樂韻出版社，1993 年。

7. 陳運棟，《臺灣的客家禮俗》，臺北：臺原出版社，1993 年。

8. 羅美珍、鄧小華，《客家方言》，福州：福建教育出版社，1995 年。

9. 鍾敬文，《客家情歌》，上海：上海文藝出版社，1991 年。

10. 王東，《客家學導論》，臺北：南天書局，1998 年。

11. 鄭榮興，《臺灣客家三腳採茶戲研究》，苗栗：慶美園文教基金會，2001年。

12. 房學嘉、蕭文評、周建新、宋德釗，《客家文化導論》，梅州：嘉應大學客家研究所客家研究輯刊編輯部，2001年。

13. 房學嘉、宋德剛、周建新、肖文評，《客家文化導論》，廣州：花城出版社，2002年。

14. 黃子堯，《客家民間文學》，臺北：客家臺灣文史工作室，2003年。

15. 古國順、何石松、劉醇鑫，《客語發音學》，臺北：五南圖書，2004年。

16. 鄭榮興，《臺灣客家音樂》，臺中：晨星出版社，2004年。

17. 洪惟助等，《關西祖傳隴西八音團抄本整理研究》，臺北：臺北客家事務委員會，2004年。

18. 楊寶蓮，《臺灣客語說唱》，新竹：新竹縣文化局，2006年。

19. 房學嘉，《客家民俗》，廣州：華南理工大學，2006年。

20. 溫昌衍，《客家研究叢書》，廣州：華南理工大學，2006年。

21. 周建新等，《江西客家》，桂林：廣西師範大學出版社，2007年。

22. 徐福全，《臺灣傳統喪葬儀節研究》，臺北：徐福全，2008年。

23. 黃玉振，《客語能力認證基本詞彙——中級、中高級暨語料選粹》（上冊、四縣腔），臺北：行政院客家委員會，2009年。

（三）一般研究專書

1. 楊家駱主編，《新校本漢書集注附編二種》，臺北：鼎文書局，出版年不詳。

2. 楊家駱主編，《新校本後漢書并附編十三種》，臺北：鼎文書局，出版年不詳。

3. 〔漢〕孔安國傳，〔唐〕孔穎達等正義，《十三經注疏》，臺北：藝文印書館，出版年不詳。

4. 鄭振鐸，《中國俗文學史》下冊，北京：作家出版社，1954年。

5. 任二北，《敦煌曲初探》，上海：上海文藝出版社，1955年。

6. 鳩摩羅什譯，《佛說父母恩重難報經》，臺中：瑞成書局，1957年。

7. 〔明〕朱權，《太和正音譜》，北京：中國戲劇，1959年。

8. 〔明〕謝榛、王夫之，《四溟詩話》，北京：人民文學出版社，1961年。

9. 劉世儒，《魏晉南北朝量詞研究》，北京：中華書局，1965年。

10. 〔宋〕洪興祖，《楚辭補注》，臺北：藝文印刷館，1968年。

11. 李獻章，《臺灣民間文學集》，臺北：文光出版社，1970年。

12. 王季烈,《螾廬曲談》,臺北:商務,1971 年。

13. 〔宋〕章樵注,《古文苑》,臺北:鼎文書局,1973 年。

14. 陳萬鼐,《中國古劇樂曲之研究》,臺北:史學出版社,1974 年。

15. 〔漢〕高誘注,《淮南子》,臺北:世界書局,1974 年。

16. 黃永武,《中國詩學·設計篇》,臺北:巨流,1976 年。

17. 朱光潛,《詩論新編·替詩的音律辯護》,臺北:洪範,1982 年。

18. 〔清〕杜文瀾,《古謠諺》,臺北:世界書局,1983 年。

19. 〔明〕王驥德,陳多、葉長海注釋,《曲律》,長沙:湖南人民出版社,1983 年。

20. 潘重規,《敦煌變文新書·敦煌學叢書第六種》,臺北:中國文化大學中文研究所敦煌學研究會,1983 年。

21. 林聰明,《敦煌俗文學研究》,臺北:私立東吳大學中國學術著作獎助委員會,1984 年。

22. 韓幼德,《戲曲表演美學探討》,臺北:丹青圖書,1987 年。

23. 任半塘,《敦煌歌辭總編》,上海:上海古籍出版社,1987 年。

24. 唐作藩,《音韻學教程》,北京:北京大學出版社,1987 年。

25. 梁漱溟,《中華文化要義》,上海:學林出版社,1987 年。

26. 曾永義,《詩歌與戲曲》,臺北:聯經出版社,1988 年。

27. 黃光國,《儒家思想與東亞文化》,臺北:巨流,1988 年。

28. 黃慶萱,《修辭學》,臺北:三民書局,1990 年。

29. 孫希旦,《禮記集解》,臺北:文史哲,1990 年。

30. 高國藩,《敦煌古俗與民俗流變》,南京,河海大學出版社,1990 年。

31. 郭錫良、唐作藩、何九盈、蔣紹愚、田瑞娟,《古代漢語》上冊,天津:天津教育出版社,1991 年。

32. 郭慶藩,《莊子集解》,臺北:華正書局,1991 年。

33. 鄭騫,《龍淵述學》,臺北:大安出版社,1992 年。

34. 高國藩,《敦煌民俗資料導論》,臺北:新文豐,1993 年。

35. 鄭阿財,《敦煌寫本父母恩重經研究》,臺北:新文豐,1993 年。

36. 袁珂,《山海經校注》,臺北:里仁,1995 年。

37. 片崗嚴著,陳金田譯,《臺灣風俗誌》,臺北:眾文圖書公司,1996 年。

38. 王力,《漢語史稿》,北京:中華書局,1996 年。

39. 徐扶明,《元代雜劇藝術》,臺北:學海出版社,1997 年。

40. 汪景壽,《說唱——鄉土藝術的奇葩》,臺北:淑馨出版社,1997 年。

41. 車錫倫，《中國寶卷研究論集》，臺北：學海書局，1997年。

42. 車錫輪，《中央研究院中國文哲所圖書文獻專刊 5》，《中國寶卷總目》，臺北：中央研究院中國文哲所，1998年。

43. 段玉裁，《說文解字注》，經韻樓藏本，臺北：藝文印書館，1999年。

44. 高國藩，《中國民間文學》，臺北：學生書局，1999年。

45. 陳霞，《道教勸善書研究》，成都：巴蜀書舍，1999年。

46. 洪藝芳，《敦煌吐魯番文書中之量詞研究》，臺北：文津出版社，2000年。

47. 中央研究院歷史語言研究所俗文學叢刊編輯小組，《俗文學叢刊》第365冊，臺北：新文豐，2000年。

48. 郝春文，《英藏敦煌社會歷史文獻釋錄》第 1 卷，北京：社會科學出版社，2001年。

49. 王啟興，《校編全唐詩》，武漢，湖北人民出版社，2001年。

50. 黑格爾著，王造時譯，《歷史哲學》，上海：上海世紀出版集團，2001年。

51. 葉龍彥，《臺灣唱片思想起》，臺北縣蘆洲：博揚文化事業有限公司，2001年。

52. 竺家寧，《語言風格與文學韻律》，臺北：五南圖書，2001年。

53. 王秋桂主編，《民俗曲藝叢書泉腔目連救母》，臺北：財團法人施合鄭民俗文化基金會，2001年。

54. 黃秀政、張勝彥、吳文星，《臺灣史》，臺北：五南圖書，2002年。

55. 〔清〕徐大椿，《樂府傳聲》，上海：上海古籍出版社，2002年。

56. 肖群忠，《中國孝文化研究》，臺北：五南圖書，2002年。

57. 宗福邦等主編，《故訓匯纂》，北京：商務印書館，2003年。

58. 〔宋〕郭茂倩，《樂府詩集·第25卷·鼓吹曲辭》，北京：商務印書館，2003年。

59. 張堂錡，《現代小說概論》，臺北：五南圖書，2003年。

60. 汪維輝，《朝鮮時代漢語教科書叢刊·訓世評話》，北京：中華書局，2005年。

61. 〔日〕瀧川龜太郎，《史記會注考證》，臺北：萬卷樓，2006年。

62. 王友蘭，《薪火相傳——說唱藝術之妙》，桃園：蘭之馨文化音樂坊，2006年。

63. 〔漢〕河上公章句，《宋刊老子道德經》，福州：福建人民出版社，2008年。

64. 楊士賢，《慎終追遠——圖說臺灣喪禮》，臺北縣：博揚文化事業，2008年。

二、抄　本

1. 徐阿任，《徐阿任抄本》，新竹：關西，1910年。
2. 林進科，《山歌詞》，梁山伯祝英臺等，新竹：關西，1916年。
3. 何阿信，《何阿信抄本》，桃園：八塊庄，1933年。

三、學位論文

1. 鄭阿財，《敦煌孝道文學研究》，臺北：私立中國文化大學中國文學研究所博士論文，1982年。
2. 黃菊芳，《渡子歌研究》，臺北：政大中研所碩士論文，1999年。
3. 姚孟君，《父母恩重經的歷史發展與文化詮釋》，嘉義：中正大學中文研究所碩士論文，2004年。
4. 林光明，《蘇萬松勸世文研究》，新竹：國立新竹教育大學，2007年。
5. 鐘珮煖，《傳統孕產民俗文學作品之研究》，花蓮：花蓮教育大學民間文學研究所博士論文，2008年。
6. 林昭惠：《玉珍漢書部〈最新病子歌〉研究》，臺北：國立師範大學在職碩士班碩士論文，2008年。

四、單篇論文與期刊論文

（一）客家論文

1. 李樹軍，〈從社會習俗看二十四孝〉，《民俗研究》第1期，1985年。
2. 張強，〈苗栗縣文學家作品選集〉⑥，《鄉土人物》第1集，苗栗：苗栗縣立文化中心，1993年。
3. 賴紹洋、葉聯華，〈關於客方言的若干特點〉，謝劍、鄭赤琰主編，《1994國際客家學研討會論文集》，香港：香港中文大學／香港亞太研究所海外華人研究社，1994年。
4. 羅康，〈興寧市寧中鎮鵝湖區情摭拾〉，房學嘉主編，《梅州河源地區的村落文化》，香港：國際客家學會／海外華人研究社／法國遠東學院，1997年。
5. 賴盛庭，〈石城的閭山教〉，羅勇、勞格文主編，《贛南地區的廟會與宗族》，香港：國際客家學會／海外華人研究社／法國遠東學院，1997年。
6. 竹碧華，〈臺灣北部說唱音樂之研究〉，《復興崗學報》第63期，臺北：1998年。

7. 子羽,〈于都民俗拾零〉,羅勇、林曉平主編,《贛南廟會與民俗》,香港: 國際客家學會／海外華人研究社／法國遠東學院,1998 年。

8. 姚榮滔,〈興國縣的跳覡風俗〉,羅勇、林曉平主編,《贛南廟會與民俗》, 香港國際客家學會／海外華人研究社／法國遠東學院,1998 年。

9. 郭贛生,〈遂川城廂的婚喪習俗與遺風雜俗〉,劉勁峰、耿艷鵬主編,《吉 安市的宗教經濟與文化》,香港:國際客家學會／海外華人研究社／法 國遠東學院,1998 年。

10. 何石松,〈從客語詞彙,初探客家文化之內涵〉,《客家語言文字與教育研 討會論文集》,臺北:臺北市民政局,1999 年。

11. 聶德仁,〈淺談建寧道教〉,楊彥杰主編,《閩西北的民俗宗教與社會》, 香港:國際客家學會／海外華人資料研究中心／法國遠東學院／嶺南大 學族群與海外華人經濟研究部,2000 年。

12. 羅其森,〈老坪石的民俗文化與宗教藝術〉,譚偉倫、曾漢祥主編,《韶州 府的宗教、社會、與經濟、宗教與民俗》上冊,香港:國際客家學會／ 海外華人研究社／法國遠東學院,2000 年。

13. 劉勁峰,〈崇義上堡的民間道教文化〉,劉勁峰主編,《贛南宗族社會與道 教文化研究》,香港:國際客家學會／海外華人研究社／法國遠東學院, 2000 年。

14. 楊民生,〈梅遼客家人文習俗〉,譚偉倫主編,《樂昌縣的傳統經濟、宗教 與宗教文化》,香港:國際客家學會／法國遠東學院／海外華人資料研究 中心,2002 年。

15. 彭月生,〈石上鎮的墟市、寺廟與民間風俗〉,劉勁峰主編,《寧都縣的宗 族、廟會與經濟》,香港:國際客家學會／海外華人研究社／法國遠東學 院,2002 年。

16. 黃兆星、雷紹香,〈潭源洞的宗教活動和傳說〉,譚偉倫、曾漢祥主編, 《連州的傳統經濟宗教與民俗》上冊,香港:國際客家學會／海外華人 研究社／法國遠東學院,2005 年。

17. 龍坤章、徐名波、譚爲專,〈九陂客家傳統村落文化〉,譚偉倫、曾漢祥 主編,《連州的傳統經濟宗教與民俗》下冊,香港:國際客家學會／海外 華人研究社／法國遠東學院,2005 年。

18. 楊寶蓮,〈客家民間藝人阿浪旦之研究〉,《2006 國立台東大學語文教育 學術研討會論文集》,台東:國立台東大學語文教育系,2006 年。

19. 黃遠奇、蘇桂,〈同冠水流域傳統社會調查〉,譚偉倫、曾漢祥主編,《陽 山、連山、連南的傳統社會與民俗》上冊,香港:國際客家學會／海外 華人資料研究中心／法國遠東學院,2006 年。

20. 蘇桂,〈陽山縣黃坌傳統社會與寺廟〉,譚偉倫、曾漢祥主編,《陽山連山

連南的傳統社會與民俗》下冊，香港：國際客家學會／海外華人資料研究中心／法國遠東學院，2006 年。

21. 藍松炎，〈銅鼓西河片的本地習俗〉，劉勁峰、賴文峰主編，《銅鼓縣的傳統經濟與民俗文化》上冊，香港：國際客家學會／海外華人資料研究中心／法國遠東學院／嶺南大學族群與海外華人經濟研究部，2006 年。

22. 朱可三，〈銅鼓東河片的客家習俗〉，劉勁峰、賴文峰主編，《銅鼓縣的傳統經濟與民俗文化》，香港：國際客家學會／海外華人資料研究中心／法國遠東學院／嶺南大學族群與海外華人經濟研究部，2006 年。

23. 林曉平，〈客家文化探析〉，《客家文化特質與客家精神研究》，哈爾濱：黑龍江人民出版社，2006 年。

24. 李曉芳，〈客家文化特質研究的幾點思考〉，《客家文化特質與客家精神研究》，哈爾濱：黑龍江人民出版社，2006 年。

25. 曾祥委，〈客家的民性〉，《客家文化特質與客家精神研究》，哈爾濱：黑龍江人民出版社，2006 年。

26. 陳文紅，〈從客家山歌看客家婦女的精神個性〉，《客家文化特質與客家精神研究》，哈爾濱：黑龍江人民出版社，2006 年。

27. 劉小妮，〈從『客家魂』觀照客家女性文化〉，譚元亨，《海峽兩岸客家文學論》，香港：中國評論學術出版社，2006 年。

28. 陳運棟，〈由客家九腔十八調談到何阿文〉，《海峽兩岸客家文學論》，香港：中國評論學術出版社，2006 年。

29. 王馗，〈梅州佛教香花的結構、文本與變體〉，李豐楙，《民俗曲藝禮儀實踐與地方社會專輯》，臺北：施合鄭民俗文化基金會，第 158 期，2007 年。

30. 徐貴榮，〈台灣客語詞彙分析——以《現代客語詞彙彙編》為例〉，《2010 第一屆客家文化傳承與發展學術研討會論文集》，桃園：新生醫護管理專科學校，2010 年。

31. 艾客，〈人間萬事消磨盡只有清香似舊時〉，《客家茶文化》，客家文化第 36 期，臺北：臺北客家事務委員會，2011 年。

（二）一般論文

1. 〔宋〕嚴羽，〈滄浪詩話〉，王雲五主編，《叢書集成初編娛書堂詩話及其他三種》，上海：商務印書館，1926 年。

2. 〔元〕燕南芝庵，〈唱論〉，中國戲劇出版社，《中國古典戲曲論著集成》第 1 集，北京：中國戲劇出版社，1982 年。

3. 曾永義，〈論說「拗折天下人嗓子」〉，《王叔岷先生八十壽慶論文集》，臺北：大安出版社，1993 年。

4. 葉濤，〈二十四孝初探〉，《山東大學學報哲學社會科學版》，1996 年第 1
期。

5. 張踐，〈儒家孝道觀的形成與演變〉，《中國哲學史》第 3 期，2006 年。

6. 洪藝芳，〈吐魯番文書在中古漢語量詞研究上的價值〉，《敦煌學》第 23
輯，臺北：樂學書局，2002 年。

7. 陳寶勤，〈試論漢語詞頭「阿」的產生與發展〉，《古漢語研究》，2004
年。

8. 洪藝芳，〈敦煌變文中「阿」前綴的親屬稱謂詞──以直系血親稱謂詞為
中心〉，《敦煌學》第 27 輯，2008 年。

9. 劉志偉，〈國際農糧體制與臺灣的糧食依賴：臺灣養豬業的歷史考察〉，
《臺灣史研究》第 16 卷第 2 期，臺北：中央研究院臺灣史研究所，2009
年。

五、有聲資料

1. 古福光，〈娘親度（渡）子〉，桃園：龍的攝影傳播事業，未註明出版年
月。

2. 連仁信，〈娘親渡子〉，桃園：龍閣文化傳播，未註明出版年月。

3. 彭惠珠、陳寶蓮，〈病子歌〉，臺北：月球唱片，未註明出版年月。

4. 賴碧霞，〈孝順雙親〉（十想渡子），桃園：吉聲，未註明出版日期。

5. 蘇萬松，〈報娘恩〉，臺北：黑利家，1930 年。

6. 邱阿專，〈十月懷胎〉，桃園：遠東唱片，1960 年。

7. 歐秀英，〈渡子歌〉，桃園：遠東唱片，1964 年。

8. 彭登美，〈娘親〉，苗栗：美樂唱片，1964 年。

9. 歐秀英，〈渡子歌〉，苗栗：美樂唱片，1964 年。

10. 彭雙琳出版，〈四季花〉，苗栗：美樂唱片，1966 年。

11. 劉玉子，〈病子歌〉，美樂 HL213，1966 年。

12. 李珍祥、張瑞竹，〈花開等何時〉，苗栗：美樂 HL-306，1966 年。

13. 楊玉蘭，〈玉蘭勸世歌〉（娘親渡子），苗栗：美樂唱片，1968 年。

14. 賴碧霞、羅石金，〈病子歌〉，美樂 HL372，1968 年。

15. 湯玉蘭，〈病子歌〉，美樂 HL5001，1969 年。

16. 邱玉春，〈娘親渡子〉，臺北：行政院客家委員會，臺灣客家音樂資料庫
建置第二年計畫，1978 年。

17. 李秋霞，〈娘親渡子〉，苗栗：嵐雅影視，1989 年。

18. 廖瓊枝，〈病子歌〉，林谷芳，《本土音樂的傳唱與欣賞》，臺北：國立傳
統藝術中心籌備處，2000 年。

19. 江武昌等，《聽到臺灣歷史的聲音》，臺北：國立傳統藝術中心籌備處，2000 年。

20. 鄭榮興、張雪英，《傳統客家歌謠及音樂——山歌腔系列》，臺北：行政院客家委員會，2002 年。

21. 黃鳳珍，《傳統客家歌謠及音樂——採茶腔系列・娘親度（渡）子》，行政院客家委員會，2002 年。

22. 胡泉雄，〈度（渡）子歌〉，桃園：吉聲影視，2003 年。

23. 鄭榮興，《鄭榮興音樂專輯》伍陸，苗栗：慶美園文教基金會，2005 年。

24. 鄭榮興，《鄭榮興音樂專輯》柒捌，苗栗：慶美園文教基金會，2006 年。

25. 賴碧霞，《臺灣客家說唱忠孝節義趙五娘》，臺北：國家文化藝術基金會，2006 年。

26. 鄭榮興，《三腳採茶唱客音傳統三腳採茶串戲十齣》，宜蘭：傳統藝術中心，2007 年。

六、工具書及網路資料

1. 濮文起，《中國民間秘密宗教辭典》，成都：四川辭書出版社，1996 年。

2. 段玉裁，《說文解字註》，臺北：藝文印書館，1999 年。

3. 何石松、劉醇鑫，《現代客語詞彙彙編續篇》，臺北：臺北市客家事務委員會，2004 年。

4. 〔宋〕陳彭年等重修，林尹校訂，《新校正切宋本廣韻》，臺北：黎明文化，2008 年。

5. 王順隆「客家俗曲資料庫」http://www32.ocn.ne.jp/~sunliong/hakka.htm。

6. 維基百科 http://zh.wikipedia.org/wiki2009/02/12。

7. 漢典網 http://www.zdic.net。

8. 中央研究院歷史語言研究所「漢籍全文資料庫」。

9. 元智大學，羅鳳珠「唐宋文史資料庫」。

10. 中華電子佛典協會「CBETA 電子佛典」(《大正新修大藏經》) 第 1～55 冊暨 85 冊。

11. 教育部國語推行委員會「臺灣客家語常用詞辭典」。

12. 施文真、高英勛：〈貿易政策下的初級產品出口政策・台灣養豬業相關政策之發展〉，國立東華大學環境政策研究所網頁或行政院經濟建設委員會網頁。